달마어록

초기 선종의 사상을 엿보다

달마어록

보리달마 지음

일수 옮김

불광출판사

들어가며

2001년 도반의 청으로 우연히 서울에 있는 법천사에 올라가서 머물 때의 일이다. 선방에서 수행 정진할 줄만 알았지 신도들을 대하는 법도 모르고 기도나 불공을 할 줄도 몰랐던 나는 선방 수좌의 청으로 당시 참선에 목말라하던 재가불자들을 대상으로 정진을 지도하게 되었다. 당시 재가불자들은 정진만 했지 체계적으로 공부를 하지 못하여 참선에 대한 갈증을 느끼고 있었다. 시민선방이 시작된 것도 그쯤이었다.

그러다 어떤 도반이 육조단경이나 좋아하는 선어록을 중심으로 강연을 하는 것이 어떻겠느냐고 제안했다. 그러나 선어록의 무거움은 물론이고 '수좌가 입을 떼면 일을 그르친다[개구즉착(開口卽錯)]'는 말, 그리고 그동안 수행만 해오던 선방 수좌였던 터라 어디서부터 시작할지를 몰랐다.

선방에서 안거를 할 때는 대중과 함께 수행 정진하며 지냈지만 해제 이후 공주에 있는 청림사 토굴에서 홀로 지낼 때는 침체되거나 해이해지는 것을 막기 위해 『혈맥론』, 『관심론』, 『이십사행론』 등 달마어록을 읽고 그 뜻을 새겨보며 수년간 지냈었다. 그래서 달마 스님 어록부터 정리하고 싶은 마음이 번뜩 들었다. 그리고 이렇게 정리한 선어록으로 재가불자들이 수행하는 데 도움이 될 수 있도록 함께 읽고 싶었다.

그런 마음에 정리한 어록을 바탕으로 법천사에서 재가불자들과 몇 차례 함께 공부를 하였다. 이후 조계사에서 인연이 되어 달마어록, 『육조단경』, 『선가귀감』 등으로 여러 차례 강의를 하게 되었을 뿐만 아니라 길상사에서 『혈맥론』과 『관심론』에 대한 강의와 백담사 기본선원에서 사미들을 대상으로 선어록 강의를 할 수 있었다.

강의를 진행할 때면 재가불자와 함께 달마어록을 한 구절씩 읽고 번역하며 공부를 했는데, 이 내용을 묶어서 책 한 권을 정리할 수 있었다. 이후 번역한 내용을 도반 원소 스님과 탁마하고 교정하는 과정을 수차례 진행하면서 원고를 다듬었다. 여기에 일본에서 공부하고 해인사 학장으로 있는 도반 종묵 스님께서 『오성론』을 덧붙여서 이 책을 완성하게 되었다. 중국 선종 초조인 달마 스님의 어록을 엮은 이 책은, 비록 달마 스님이 직접 쓴 것은 아닐지라도 참선하는 사람이라면 반드시 읽어야 할 책이다. 재가불자들의 수행을 지도할 때도 실참을 하기 전에 먼저 어록 강의를 한 뒤 수행을 이어 갔다.

많은 사람들과 함께 달마어록을 읽고 공부하고 싶지만 만남의 기회가 많이 사라지고 있는 요즘에는 그러기가 쉽지 않아 한 권의 책으로 대신한다. 이 책을 통해 많은 사람들이 선사들의 어록을 읽고 반드시 실참할 수 있게 되기를 바란다.

2020년 11월 백양사 운문선원에서
일수 합장

차례

들어가며 　　　　　　　　　　　　4
해제 : 중국 선종의 성립　　　　　　12

이입사행론(二入四行論)

第一節	入道修行網要門(입도수행강요문)	35
第二節	論主意樂差別門(논주의락차별문)	46
第三節	一相平等無別門(일상평등무별문)	50
第四節	談論空無破執門(담론공무파집문)	55
第五節	絶像離說懸虛門(절상이설현허문)	57
第六節	示論觀察形色門(시론관찰형색문)	60
第七節	反詰難問現理門(반힐난문현리문)	62
第八節	開示三界別相門(개시삼계별상문)	66
第九節	問答現說三寶門(문답현설삼보문)	68
第十節	定慧分釋各別門(정혜분석각별문)	72

第十一節	諸法假相無體門(제법가상무체문)	74
第十二節	妄想建立如幻門(망상건립여환문)	76
第十三節	智斷疑惑分齊門(지단의혹분제문)	81
第十四節	眞俗二諦差別門(진속이제차별문)	84
第十五節	五種心識分異門(오종심식분이문)	87
第十六節	遣除病執正心門(견제병집정심문)	92
第十七節	離念消融差別門(이념소융차별문)	95
第十八節	卽心現示義理門(즉심현시의리문)	97
第十九節	比論合當現法門(비유합당현법문)	100
第二十節	道心增長引導門(도심증장인도문)	104
第二十一節	規域內外別相門(규역내외별상문)	112
第二十二節	心品利鈍別相門(심품리둔별상문)	120
第二十三節	一盡法界無遺門(일진법계무유문)	124
第二十四節	無我無執如空門(무아무집여공문)	127
第二十五節	是道非道差別門(시도비도차별문)	133
第二十六節	邪正一相同體門(사정일상동체문)	138
第二十七節	生死涅槃無二門(생사열반무이문)	141

第二十八節	大道遠近分別門(대도원근분별문)	146
第二十九節	大道覺悟易難門(대도각오이난문)	149
第三十節	上士無障無碍門(상사무장무애문)	155
第三十一節	正見邪見別體門(정견사견별체문)	158
第三十二節	法界菩提差別門(법계보리차별문)	160
第三十三節	開示甚深境界門(개시심심경계문)	162
第三十四節	諸法不動寂靜門(제법부동적정문)	165
第三十五節	諸法因緣無生門(제법인연무생문)	168
第三十六節	諸法因緣假有門(제법인연가유문)	170
第三十七節	心性廣大無碍門(심성광대무애문)	176
第三十八節	有知無知差別門(유지무지차별문)	178
第三十九節	明覺不覺差別門(명각불각차별문)	181
第四十節	建立波羅密多門(건립바라밀다문)	184
第四十一節	心性遠離結縛門(심성원리결박문)	189
第四十二節	無生離邊門(무생이변문)	191
第四十三節	心德自在無碍門(심덕자재무애문)	194
第四十四節	隨心諸法有無門(수심제법유무문)	199

혈맥론(血脈論)

- 第一節 心外無佛性(심외무불성)   205
- 第二節 迷心萬行 未免輪回(미심만행 미면윤회)   224
- 第三節 明不敬所以(명불경소이)   246
- 第四節 道不在山野(도부재산야)   270
- 第五節 屠漢亦得成道(도한역득성도)   274

관심론(觀心論)

- 第一節 觀心(관심)   289
- 第二節 心具染淨緣起(심구염정연기)   293
- 第三節 眞心因妄不現(진심인망불현)   298
- 第四節 善法以覺爲根者(선법이각위근자)   300
- 第五節 惡法以三毒爲根(악법이삼독위근)   302
- 第六節 正明六識(정명육식)   305

第七節	斷三毒根(단삼독근)	308
第八節	了出三界(요출삼계)	310
第九節	三界原因(삼계원인)	312
第十節	迷現六趣(미현육취)	314
第十一節	攝心解脫(섭심해탈)	318
第十二節	惡法以三毒覺爲根(악법이삼독각위근)	319
第十三節	明三聚六波羅密(명삼취육바라밀)	324
第十四節	心淨卽國土淨(심정즉국토정)	332
第十五節	重明六度(중명육도)	334
第十六節	明法乳(명법유)	339
第十七節	修活聖殿(수활성전)	345
第十八節	鑄寫佛像(주사불상)	349
第十九節	五分香(오분향)	353
第二十節	散花(산화)	357
第二十一節	明燈(명등)	361
第二十二節	行道(행도)	366
第二十三節	齋戒(재계)	370

第二十四節	齋食(재식)	372
第二十五節	斷食(단식)	375
第二十六節	禮拜(예배)	378
第二十七節	洗浴(세욕)	383
第二十八節	明念佛(명염불)	394
第二十九節	證明六道(증명육도)	399
第三十節	妄營佛像塔廟(망영불상탑묘)	402
第三十一節	結歸觀心(결귀관심)	405

오성론(悟性論)   411

부록

참사람 결사문   493
참사람 서원   499

해
제

중국 선종의 성립

초기 선종사의 어려움

중국의 선 사상사를 개관함에 있어서, 20세기 초에 발견 및 소개된 돈황선적(敦煌禪籍)에 의해 연구는 크게 변화하지 않을 수 없었다. 특히 호적(胡適, 1891~1962)이 1926년에 파리 런던에서 『신회록(神會錄)』 등을 발견해 돈황선적의 본격적인 연구가 시작되자 선종 초기 사상사의 성과는 일변했다. 그러나 방법론에는 문제도 남았다. 근년의 연구를 집대성한 야나기다 세이잔(柳田聖山, 1922~2006)의 대표작 『초기선종사서의 연구(初期禪宗史書の研究)』의 말을 빌리면 '선의 학문적 연구는, 우선 자료들의 성질을 바르게 파악하는 것부터 시작해야만 하고 직접 사실여하를 물어서는 안 된다. … 전승 자료는 바로 소위 사실 그것의 기록은 아니지만, 자료들의 출연 그 자체는 극히 역사적이고 결코 자의적인 허구가 아니기 때문에, 엄밀한 역사적이며 비판적인 연구가 요구되는 것이다'라고 했다. 이와 같은 방법으로 선 사상을 연구하지 않으면 안 되게 된 것은 야나기다가 말하는 것처럼 '비판적 학문적인 역사 연구'의 지나침이 '사실이 아닌 것을 준거해' '후세의 가탁(假託)에 지나지 않는다'라고 하여 '확실한 사료라고 할 만한 것은 전무하다고까지 논해져' '불모한 분야를 남기는' 경향을 낳고 있었기 때문이다. 그러므로 이 달마어록들은 달마 이후 6조 혜능 이전 초기 선 수행자들의 선 사상으로 새롭게 인식해야 할 필요가 있다는 것이 최근 학계의 정설이다.

보리달마계의 성립 이전에는, 여러 가지 선관을 수행하는 계통이 존재했음에도 불구하고, 마침내 대승선을 주장하는 보리달마계로부터 선종 교단이 독립·발전하게 되고, 당 중기 이후에는 중국 불교의 주류를 담당해 가게 된다.

그런데, 초기의 중국 선 사상의 성립 과정을 말하는 것은 간단한 것 같지만, 실은 어려운 일면이 있다. 예를 들면, 선종 초조 보리달마와 양 무제의 만남을 선종 교단에는 마치 역사적 사실인 것처럼 전승하고 있다. 임제종과 조동종에는 『벽암록(碧巖錄)』과 『종용록(從容錄)』이라는 각각의 근본 성전이 있다. 전자는 운문종의 설두 중현(雪竇重顯, 980~1052)의 『설두송고(雪竇頌古)』 100칙에 임제종의 원오 극근(圜悟克勤, 1063~1135)이 평창 등을 더한 것이고, 후자는 전자의 영향을 받아 조동종의 굉지 정각(宏智正覺, 1091~1157)의 『굉지송고(宏智頌古)』 100칙에 조동종의 만송 행수(萬松行秀, 1166~1246)가 평창 등을 더한 것이다. 임제종의 근본 성전 『벽암록』 제1칙 '무제문달마(武帝問達磨)'의 본칙은 다음과 같다.

양 무제가 달마대사에게 물었다. "어떤 것이 성스러운 진리의 핵심인가?" 달마가 말했다. "확연무성(텅 비어서 성스러운 진리마저 없다)" 무제가 말했다. "(그렇다면) 짐을 대한 자는 누구인가?" 달마가 말했다. "불식(모른다)" 무제는 달마의 말을 알아듣지 못했다. (그래서) 달마는 양자강을 건너 위나라로 갔다. 무제는 그 후 자공에게 물었다. 자공이 물었다. "폐하, 이 사람이 누군지 아십니까?" 무제가 말했다. "모른다." 자공이 말했다. "그는 관음보살(의 화신으)로서 부처님의 가르침을 전하고 있습니다." 무제는 후회하면서 사신을 보내어 (달마를) 모셔 오려고 했다. 자공이 말했다. "폐하께서 사신을 보내어 모셔 온다는 것은 말할 것도 없고 온 나라 사람이 다 가더라도 그는 오지 않을 것입니다."

— 석지현 옮김, 『벽암록』(민족사, 2007)에서 인용

조동종의 근본 성전인 『종용록』 제1칙은 '세존승좌(世尊陞座)'이고, 제2칙의 본칙은 같은 내용의 '달마확연(達磨廓然)'의 이야기이다. 이와 같이 임제종도, 조동종도 그 근본 성전에서는 선종 개조인 보리달마와 양 무제의 만남을 역사적 사실인 것처럼 전승하고 있으나, 실은 이 만남은 역사적으로는 인정할 수 없다. 근년의 선 사상사의 연구는 종합적인 선 사상의 성립 과정의 해명으로 진행되고 있다. 만약 역사적 사실만을 추구해 허구를 버려 버리면, 앞에서 말한 것처럼 중국선의 초기 역사는 거의 없어져 버리고 말 것이다. 역사적 사실이 무엇인지 알아본다면 양 무제와 달마의 문답 이야기를 하택 신회(荷澤神會, 684~758)가 창작했음을 밝히고, 어떤 의도로 창작했는지를 찾아 그 창작된 이야기가 취사선택의 결과로 선종에서 전승된 것이 어

떤 의미를 갖는지를 아는 것이다.

이와 같은 문제를 안고 있기 때문에, 앞에서 "초기 중국 선 사상의 성립 과정을 말하는 것은 어려운 일면이 있다."라고 말한 것이다.

달마(達摩)와 달마(達磨)

선종의 개조가 누구인가라고 묻는다면, 누구라도 보리달마라고 생각할 것이다. 하지만, 앞에서 서술한 것처럼 현재의 선종 교단이 계승하고 있는 보리달마와는 전혀 일치하지 않는다. 이것을 편의상 구별해서 역사상의 인물을 '달마(達摩)'라고 표현하고, 선종 교단의 요청에 의해 성립한 개조를 '달마(達磨)'라고 말하기도 한다. '달마(達磨)'는 하택 신회와 깊이 연관되어 등장한다.

남산 도선(南山道宣, 596~667)이 정관 19년(645)에 『속고승전』의 '보리달마' 장을 쓸 때 두 개의 자료에 기초했다. 『이입사행론(二入四行論)』의 「담림서(曇林序)」, 『낙양가람기(洛陽伽藍記)』이다.

달마(達摩)의 설로서 오랜 전승을 가지고 있는 것이 '이입사행설'이다. 이입(二入)은 깨달음에 들어가는 두 가지 방법으로, 이입(理入, 원리적으로 들어가는 방법)과 행입(行入, 실천적으로 들어가는 방법)이 있다. 앞의 이입은 가르침에 의지하면서 근본을 깨닫는 것으로, 모든 생명으로 살아가는 것이 갖는 동일한 진성(眞性)을 깊이 믿고 벽관에 몰입해서, 가르침과 일체가 되는 것이다. 행입은 더 구체적으로 사행[四行, 보원행(報怨行)·수연행(隨緣行)·무소구행(無所求行)·칭법행(稱法行)]으로 나뉜다. 제1의 보원행은 과거의 원한을 자기 자신의 것으로 받아들여 도에 나아가는 것, 제2의 수연행은 과거의 과보는 인연으로 태어난 것으로 인연에 따라 도에 따를 것, 제3의 무소구행은 추구하는 바가 없는 즐거움이야말로 참다운 도행(道行)인 것, 제4의 칭법행은 육바라밀행을 실천해 그 행위에 사로잡히지 않고 청정한 성품의 이치에 맞는 것이다.

『낙양가람기』는 양현지(楊衒之)가 무정(武定) 5년(547)에 편집한 것이기 때문에 그 성립이 오래됐고, 그곳에 보리달마(菩提達摩)란 인물이 있었다라고 하는 것은 사실이다. 더욱이 현재까지 이어지는 달마가 죽을 때 150세였다는 전승도, 거슬러 올라가면 『낙양가람기』에 도달하게 된다.

그러나 보리달마가 '이입사행설'을 설했을까는 명확하지 않고, 오히려 『낙양가람기』의 보리달마(菩提達摩)와 선종의 초조라고 부르게 되는 보리달마(菩提達磨)는 다른 사람이라고 생각하는 편이 자연스럽다. 이 둘을 동일인이라고 한 것은 도선(道宣, 596~677)이었다. 도선은 '이입사행설'을 설한 보리달마와 혜가, 찬(승찬)이 『능가경』 연구자인 것을 쓴 뒤에, 새롭게 대두한 기주 쌍봉산 도신(道信, 580~651)과 제자 홍인(弘忍, 601~674) 계통의 동향이 무시할 수 없는 것을 알고 도신전을 보필했지만, 이 두 계통이 연속되는 하나의 법계로 연결되는 것으로 보지 않았다.

측천무후의 시대가 되면 낙양의 숭산이 중요한 종교 도량이 되었는데,「당중악사문석법여선사행장(唐中岳沙門釋法如禪師行狀)」에 의하면 홍인의 제자 법여(法如)는 숭산 소림사에서 활약했으며, '보리달마 - 혜가 - 찬 - 도신 - 홍인 - 법여'의 법계를 확립해, 6조의 지위를 최초로 얻게 되었다고 전하고 있다. 다만 법여는 영창(永昌) 원년(689)에 52세로 입적해 제6조의 지위는 두드러지지 않는다. 근년에는 이어서 중요한 위치를 점하게 된 인물로 홍인 문하의 숭산 혜안[嵩山慧安(老安), 582~709]이 주목되었고, 뒤의 많은 선 사상사의 원류가 여기서 찾아지게 된 것을 지적하고 있다.

마침내 '양경의 법주[兩京法主], 삼제의 국사[三帝國師]'가 된 신수(神秀, 606?~706)가 법여, 혜안을 대신해 선종 6조의 지위를 얻게 된다. 신수의 6조 지위 확립에 크게 역할한 것은 신수의 제자 제7조 보적(普寂, 651~739)이다. 법여의 「행장」을 더욱 부연해서 도신 - 홍인의 '동산법문(東山法門)' 흐름을 이어 받은 선종 집단인 북종선(北宗禪, 자칭이 아니라 뒤에 남종선으로부터의 폄칭에서 유래함)의 사람들, 즉 홍인 - 법여 - 두비(杜朏)의 계통에 속하는 사람들이 『전법보기(傳法寶記)』라는 등사(燈史, 선종 내의 자파의 정통성을 주장해 편집된 역사서)를 편집했다. 이 등사에서 보리달마의 계통에 관해서 『속고승전』에 없는 승찬과 도신의 연결을 의도한 것이다. 특히 『전법보기』에 보이는 커다란 특색은 법여와 숭산의 관계를 이용해서 원래 관계가 없던 숭산 소림사와 보리달마나 혜가를 연결하고 있는 점이다. 한 가지 특색은 신수와 숭산의 관계도 원래 없었지만, 소림사 법여가 제자에게 유언으로 형주 옥천사에게 참학할 것을 권장해, 더욱이 국사 신수의 권위로부터 '제6조'를 인정하고 입전되고 있다는 점이다. 실제로는 보적이 법여에게 참선하려고 했으나, 법여의 입적으로 뜻을 이루지 못했다. 신수의 법을 이은 뒤에는 국사 신수의 권위를 이용해서 숭산 숭악사(嵩岳寺)를 근거지로 전개되는 '숭산법문'의 복선이 되고, 보적을 위해 쓰인 이옹(李邕) '숭악사비'나 같은 이옹의 '대조선사탑명(大照禪師塔銘)'의 성립에 의해 제6조 법여는 무시되고, 제6조 신수 - 제

7조 보적의 지위를 확립하게 된다.

　다른 북종선의 등사로 『전법보기』에 대항하면서 현색(玄賾)이 편한 『능가인법지(楞伽人法志)』를 바탕으로 개원(開元) 원년(713) 쯤에 그의 제자 정각(淨覺)이 편집한 『능가사자기(楞伽師資記)』가 있다.

　『능가사자기』는 『속고승전』의 법충(法沖)전을 바탕으로 보리달마 - 혜가 - 찬의 『능가경』을 연구하는 능가사와 도신 - 홍인 - 신수 - 보적 등과, 홍인 - 현색 - 정각의 북종선 계통을 연결시켜 『능가경』 연구자인 구나발타라를 제1조로 하는 등사이다.

　승찬과 도신을 연결시킨 것은 『능가사자기』 자체가 말하고 있는 것으로, 『속고승전』에는 없는 새로운 전개였다. 이 주장으로 낙양이나 장안에서 활약한 신수 - 보적을 인정한 것에 의해 일단 달마의 법계가 정착했다. 또 이것에 의해 『능가사자기』에 수록된 달마의 '이입사행설'이 인정된 것으로 생각된다.

북종선과 남종선

신수 - 보적을 중심으로 하는 북종선은 하택 신회의 공격에 의해 멸망하게 되고, 달마의 이입사행설도 무시하거나 중요하지 않게 되었다. 남종선의 달마(達磨)는 북종선을 비판하는 가운데서 등장했고, 그 비판을 선종 교단이 계승한 것이다. 앞에 언급한 임제종과 조동종의 달마는 개원 20년(732) 신회가 북종선을 공격한 기록인 『보리달마남종정시비론(菩提達摩南宗定是非論)』의 독고패(獨孤沛) 서문에서 그 원형을 볼 수 있다.

양조(梁朝) 바라문승에 이름을 보리달마라고 하는 자가 있었다. 그는 남천축국 국왕의 셋째 아들이었다. 어려서 출가하여 그 지혜가 대단히 심원했다. 여러 가지 선정 수행을 거쳐 여래선을 획득했다. 그곳에서 이 법을 교화하기 위하여 멀리 바다와 산을 넘어 양 무제에 이르렀다. 무제는 법사에게 물었다. "짐은 절을 짓고 승려의 출가를 허가하고, 불상을 조성하고 사경을 행해 왔다. 어떠한 공덕이 있는가?" 달마는 대답했다. "공덕은 없습니다." 무제의 평범한 생각으로는 달마의 말을 이해할 수 없었다. 그 때문에 달마는 추방당했다.

달마와 양 무제가 여기에서 처음 등장한다. 신회가 처음 주장한 달마는 실은 북종선의 권위를 부정하는 인물이었다. 왜 무제가 새롭게 등장한 것인가, 그의 등장은 무엇을 의미하는 것일까. 창작자인 신회에게 있어서는 그 인물이 양 무제가 아니어도 좋았을 것이다. 신회가 등장시킨 무제라는 인물은 북종선의 배경이 된 측천무후, 중종, 예종 등의 권위를 암시하는 것과 다름없다. 신회의 목적은 달마가 '무공덕(無功德)'이라고 말하는 것에 의해, 무제로 상징되는 장안과 낙양에서 번창했던 북종선을 부정하는 것에 있었다.

비판의 중심은, 정혜등학(定慧等學)에 기초한 신회의 사상으로 북종선의 슬로건인 '응심입정(凝心入定), 주심간정(住心看淨), 기심외조(起心外照), 섭심내증(攝心內證)[1] 4구(四句)의 책략'에 의한 선정 비

---

[1] 마음을 집중해서 선정에 들고, 마음을 머물게 하여 청정함을 보고, 마음을 일으켜 밖을 비추고, 마음을 거두어 안으로 증득한다.

판으로 정리된다. 이후 선종의 해석에서는 유위(有爲)를 좋아하는 양 무제를 부정한다. 또한 안사의 난(755~763)[2]으로 인해 북종선이 쇠망의 길로 향했고, 이 비판은 결과적으로 멋지게 목적을 달성했다. 신회가 창작한 달마(達磨)와 무제의 이야기는 선종 교단을 떠맡은 남종선 초조의 이야기로서 오랫동안 전승되었다. 전승된 이유에 대해 오오백세설(五五百歲說)을 빌리자면, 당연히 탑사견고(塔寺堅固), 다문견고(多聞堅固)보다 선정견고(禪定堅固), 해탈견고(解脫堅固)가 불교로서는 중요하다는 주장을 기반으로 선종의 초조 보리달마에 어울리는 무공덕설이라고 받아들이기 때문일 것이다.

남종선의 대표적인 저술 중 하나인 돈황본『육조단경』에서도 이 이야기가 계승되고 있다는 것이 그 증거이다. 이 이야기는 나아가 『벽암록』제1칙이나『종용록』제2칙의 본칙으로 유명하다는 것은 이미 말했지만, 달마가 답한 '무공덕(無功德)'의 문답이 아닌 '확연무성(廓然無聖, 활짝 트여서 성스러운 것은 없다)'이나 '불식(不識)'의 문답으로 전승되어 간다. 이 변화는 신회에 의해 창작된 북종선 공격의 의도가 남종선이 확립된 후에는 그 의미를 유지하지 못했고, 또 그 의도가 상실했음을 의미한다. 선 사상의 역사에 있어서 설사 그처럼 변화했더라도 달마전 가운데에 양 무제를 등장시킨 것은 신회이기 때문에, 근래의 연구에서는 앞에서 말한 것처럼『능가경』연구자와 북종계에 전해지는 선종 초조를 '달마(達摩)'라고 말하는 것에 대해서, 남종선의 초조를 '달마(達磨)'라고 구별하지만, 글자뿐 아니라 초조

---

[2] 중국사를 이분하는 분수령으로, 불교도 이 난을 중심으로 교학불교에서 선·정토·밀교의 실천불교로 전환하였다.

가 주장하는 내용도 함께 변했다는 것을 의미한다.

돈황에서 발견된 선적 중에서 신회의 자료는 신수의 북종선에서 혜능(慧能, 638~713)의 남종선으로 어떻게 변했는지를 명확히 보여 준다. 배휴(裵休, 791~864)의 질문에 규봉 종밀(圭峰宗密, 780~841)이 답한 『배휴습유문(裵休拾遺問)』에서는 신회가 북종선을 단정적으로 '사승시방 법문시점(師承是傍 法門是漸, 북종 신수는 방계이며, 북종선의 주장인 점오는 열등한 것이다)'의 2구(句)로 정리하고 있다. 즉 남종선과 북종선을 계파의 시조로 구별해서 '남능북수(南能北秀, 남종선의 시조는 혜능, 북종선의 시조는 신수)'[원래 이것도 『정시비론(定是非論)』의 말]이라고 말해, 종풍의 다름을 구별해서 '남돈북점(南頓北漸, 남종선의 주장은 돈오, 북종선의 주장은 점오)'이라고 말하게 되었다. 신회가 완수한 역할을 『배휴습유문』 2구처럼 멋지게 알려주는 말은 아마 없을 것이다. 신회가 주장한 내용의 근거로 등장한 것이 바로 '달마(達磨)로부터 전승된 가사는 혜능에게만 전해졌다'이다. 보다 한정적으로 생각한다면, 신회가 공격한 상대는 신수 - 보적이 중심이었다고 생각하는 것이 좋을 것이다.

선종 교단의 독립

신회의 활약은 결과적으로 남종선이 선종 교단의 주류를 형성하는 원인이 되었지만, 결국 교단으로서 그 주류를 담당한 것은 신회 계통이 아니라 동문의 청원 행사(青原行思, 673~741)와 남악 회양(南岳懷讓, 677~744) 계통이었다. 남악의 제자로 마조 도일(馬祖道一, 709~788)이 있는데, 이 마조가 실질적인 창시자이다. 이것이 의미하는 바는, 보리달마계는 『능가경』의 연구자이고 능가사라고 불렸지만, 『능가경』을 재편한 이는 마조라는 것이다. '조사서래의(祖師西來意)'는 초조 달마가 인도에서 중국으로 와서 무엇을 전했는가, 바꾸어 말하면 '선종은 무엇을 설하고 있는 것인가'라는 선 수행자의 근본적인 물음이다.

마조는 『능가경』을 근거로 '여등제인 각신자심시불 차심즉불(汝等諸人 各信自心是佛 此心即佛, 여러분 각자의 마음이 부처이며 이 마음 그대로가 부처인 것을 믿어라)' '달마대사 종남천축국 내지중국 전상승일심지법 영여등개오(達磨大師 從南天竺國 來至中國 傳上承一心之法 令汝等開悟, 달마 대사는 남천축국으로부터 중국에 와서 상승일심의 법을 전해 여러분을 깨닫게 했다)'라고 말해, 일심(一心)을 전했다고 했다. 일심은 '즉심시불(卽心是佛, 우리들의 마음 그대로가 부처의 마음과 다르지 않다)'이라고 단언하고 있다.

마조는 또 『능가경』에 근거해 '평상심시불(平常心是佛)'이라고 말했다. 일상의 모든 행위가 법성(法性), 불성(佛性)의 나타남이라고 말하는 것이다. 그의 주장을 '작용즉성(作用卽性)설'이라고 부르기도 한다. 모든 일상의 행위를 현실태로서, 법성·불성을 본래성이라고 한다면, 이 양자를 '심(心)'의 바탕에 무매개로 등치(等置)한 것이라고 표현하고 있다. 인도에서 중국에 불교가 들어왔을 때 중국인은 선정에서 얻어지는 불가사의한 신통력에 매력을 느꼈을 것이다. 그러나 중국 선이 주장하는 신통은 이미 불가사의한 힘이 아니다. 일상의 보편적인 작용, 그 자체에 투철한 것을 말하는 것이다. 이 주장을 들을 수 있는 것으로 마조의 제자인 방거사의 '신통 및 묘용은 물을 긷고 또 땔나무를 나르는 것'이라는 게송이다. 일상생활 속에서 식생활에 빠질 수 없는 밥 짓는 데 필요한 물을 긷는다든지, 땔나무를 나른 다든지 하는 것 외에 신통이라고 불리는 것은 없다는 것이다. 이러한 생각은 임제 의현(臨濟義玄 ?~866)에 의해 '인(人)'의 사상에 수렴되어 어떠한 것에도 속박되지 않는 철저한 자유인으로 인도한다. 대소변을 보고, 옷을 입고, 식사를 하는 이 '무사(無事)'야말로 가장 뛰어난 일이라는 것이다. 임제 의현의 '무사시귀인 단막조작 지시평상(無事是貴人 但莫造作 祇是平常)' 등의 유명한 주장에서 찾아낼 수 있다.

달마어록 텍스트에 대해서

달마어록은 역사상 실존 인물로서의 달마 자신이 쓴 것도 아니고, 그의 설법을 전승해 주는 것도 아니다. 그 내용은 모두 달마를 조사로 받드는 초기 선종 사람들의 여러 가지 주장을 모은 것으로, 중국 선의 이상을 인격화한 것이며 역사적인 다른 인물들의 일반적인 선어록과는 상당히 성격을 달리한다. 유의해야 할 것은 공안으로서 달마의 전기가 훗날 선 사상의 발전과 더불어 여러 가지 변화를 보여 주는 것에 비해, 그의 주장을 전해 주는 어록은 모두 당나라 초기부터 중기 사이에 성립되었고, 그 이후에는 아예 잊히고 말았다는 사실이다. 말하자면 송나라 이후에 공안이 된 달마와 견주어 볼 때, 달마어록이란 것은 선종 초기의 사상을 전하는 것이며, 후대에 발전하게 된 공안에서 볼 수 있는 달마와는 때때로 모순되는 일조차 있다.

다음으로 유의할 것은 그러한 선종 초기 자료들 전부가 20세기 초에 발견된 돈황 문헌의 연구에 의해 비로소 주목을 받게 되었으며, '달마어록'으로 불리는 것의 출현은 극히 새로운 사건이라는 것이다.

한국과 일본에서 달마어록이라고 전하는 문헌이 존재하기는 하지만, 그 가치와 역사적 의의에 대한 학문적 규명은 역시 돈황 문헌의 발견이 계기가 되었다.

일본에서 달마어록으로 부르는 것은 일찍이 "소림삼론(少林三論)"이 있었고, 흔히 "소실육문(小室六門)"이라는 이름으로 알려진 6종의 문헌이 현존하고 있다. 소림(少林)과 소실(小室)은 다 달마가 있었다는 숭산(嵩山)의 지명에서 유래된 것으로 모두 달마의 문집이라는 뜻이다.

소림삼론은『파상론(破相論)』,『오성론(悟性論)』,『혈맥론(血脈論)』의 3종이고, 소실육문은 소림삼론에『이종입(二種入)』,『안심법문(安心法門)』,『심경송(心經頌)』의 3부를 더한 것이다.

한국도 동일하다. 오늘날 널리 쓰이는『선문촬요(禪門撮要)』의 편집 조본(祖本)은 1883년 연방도인(蓮邦道人)이 편집 개판하고, 거사 유운(劉雲)이 서문을 쓴『법해보벌(法海寶筏)』로, 이후『선문촬요』라는 이름으로 상·하 2권이 등장했다.『선문촬요』는『법해보벌』에 수록된 9편 중『신심명』을 뺀 8편에 7편을 더 넣어 15편으로 개정되었다. 상권에는 중국의 찬술을, 하권은 우리나라 스님의 저술을 시대 순으로 수록했다. 상권은 1907년 청도 운문사에서, 하권은 1908년 범어사에서 운문사 판을 옮겨 출판하였다. 1968년 설봉 학몽(雪峰鶴夢)이 현토를 하고 금산 지원(金山智源) 스님이 활자본으로 발행한 범어사본『선문촬요』도 있다.

현토본『선문촬요』는 기존의『선문촬요』에 과거 칠불과 삽삼조사(卅三祖師), 태고 보우, 불일 보조, 경허 성우 선사의 영정과 행장을 더하고, 달마 대사『반야심경송』과『오성론』, 보조국사『원돈성불론』,『선가귀감』의 「오종가풍」을 넣었으며, 「야좌게(夜坐偈)」, 「진성송(眞性頌)」, 「자성진불게(自性眞佛偈)」,『신심명』,『증도가』를 첨부하여 발간하였다. 여기 수록된『혈맥론』,『관심론』,『사행론』은 일찍부터 한국에 전해져 개별적으로 읽혀 왔던 것이다. 이 책에서는 저본을『선문촬요』(1908)와 현토본『선문촬요』(1968)에 의거하였다.

1.『보리달마사행론(菩提達摩四行論)』(『이입사행론(二入四行論)』)

보리달마설과 달마 문하의 초기 주장을 전하는 문헌으로, 현재 이입사행(二入四行)을 설한 부분의 뒤에는 잡록이라고 불리는 선사들의 말이나 문답이 이어지고 있다. 성립 연대는 분명치 않지만 7세기 후반 이전에 성립된 것이 분명하다. 선 문헌으로서도, 어록으로서도 최초기의 것이다. 천순본에서는『보리달마사행론(菩提達摩四行論)』으로 불렸으며, 일반적으로『이입사행론(二入四行論)』으로 불린다. 이입사행의 부분은『보리달마약변대승입도사행(菩提達摩略弁大乘入道四行)』으로 명명해『경덕전등록(景德傳燈錄)』권30에 수록되었다. 전체는 중국에서 소실되었고, 20세기 초에 발견된 돈황 문서 속에서 스즈키 다이세츠(鈴木大拙, 1870~1966)가 찾아 내어 주목을 받게 되었다. 문헌이 선종답지 않은 점이 눈에 띄었기 때문이지만, 이것이야말로 중국 선종 최초기의 문헌이라는 증거로 생각된다. 잡록 부분에는 뒤의 조사선으로 이어지는 요소도 보여, 마조 도일이나 그 문하가 이 기술 내용을 활용하고 있다.

『보리달마사행론』1권의 저본은 일본 텐리대학(天理大學) 도서관 소장본이며 천순(天順) 8년(1464) 이조의 간경도감에서 간행된 관판선적이다. 이 판본은 다른 곳에는 알려지지 않은 천하 유일의 희귀본이다. 이 책은 선문 초조 보리달마와 그 문하의 언구를 집성한 선문 최고층의 어록집으로, 돈황 출토본에 『사행론장권자(四行論長券子)』나 『이입사행론장권자(二入四行論長券子)』로 가칭되는 것과 같은 내용을 가지고 있는 텍스트의 이본이다. 종래 이 책은 돈황본 한문 문헌과 티베트어 문헌 외에 융희 원년(1907)에 간행된『선문촬요』상권에 수록된 텍스트 등에서 알려졌지만,『선문촬요』본은 천순본에서 초출한 것에 불과하다. 또 돈황 문헌은 지금까지 10종 이상이 소개되었지만, 정본은 없고, 본문 말미나 전체의 서명이 미상인 한계를 지니고 있다.

돈황본 류와 천순본, 선문촬요본을 대조하면 오른쪽 그림과 같다.

● 『이입사행론』 텍스트

1) 돈황「한문 문헌」
    S. 영국 런던 대영 도서관 소장 스타인 수집 한문 문헌
    P. 프랑스 파리 국립 도서관 소장 페리오 수집 한문 문헌
    BD. 북경 중국 국가 도서관 소장 한문 문헌

    ① S.1880v
    ② S.2715
    ③ S.3375v
    ④ S.7159
    ⑤ S.11446
    ⑥ P.2923

⑦ P.3018

⑧ P.4634v

⑨ P.4795

⑩ BD.1199-1(宿99, 北8374)

⑪ BD.9829(朝50)

⑫ 杏兩書屋本 25-1

二入四行論長卷子 敦煌本
一、達摩大師二入四行論及略序等 1 (達摩의 小傳) 2 ~ (二入四行、門下의 書簡) 二、雜錄第一 6 ~ 50 (達摩의 語錄) 三、雜錄第二 51 ~ 75 (達摩門下十弟子의 語) 四、雜錄第三 76 ~ 92 (東山法門의 텍스트) (未完)

菩提達磨四行論 天順本(一四六四)
1 (第一、序文) (欠) 2 ~ 50 第二、正說分 四四門 51 ~ 93 (付) 龍門佛眼禪師坐禪偈 刊記

```
菩提達磨四行論(禪門撮要)本(一九〇七)
  1 (欠)
  2~50  四四門
```

2) 돈황 티베트어 문헌
   ⑬ P.tib. 116

3) 돈황본 이외의 문헌
   ⑭ 한국『선문촬요』본
   ⑮『소실육문집』본
   ⑯ 천순본

2.『혈맥론』

『선문촬요』가운데 제일 처음으로 기록되어 있는『혈맥론』의 혈맥이란, 스승과 제자 상호간의 법(교법, 불법)이 전승되어 가는 것을 부자간에 상속되는 혈맥에 비유해 혈맥상승(血脈相承), 혈맥부단(血脈不斷)이라고 한 것이다. 말하자면 신앙으로서 석존 이래 전법상승의 계보에 가치를 두는 것으로 중국에서는 불교의 종파를 불문하고 법계와 혈맥이 중시되었다.

그 배경에는 유교 사상에서 파생된 가계, 족보의 존재가 있다. 보리달마(菩提達摩)의 찬술로 전하는 『혈맥론』은 문답의 형식을 빌려 선종 혈맥이 자기의 마음을 깨치는 견성(見性)에 있음을 밝히고 있다. 자기의 성품을 보지 않고서는 염불, 보시, 지계, 정진과 복덕이 의미 없음을 알려준다.

텍스트는 아래와 같다.

①『선문촬요』본 (1908)
②『만신찬속장경』63권

3. 『관심론』

『대승무생방편문(大乘無生方便門)』등과 함께 북종선의 대표적인 강요서로 『관심파상론(觀心破相論)』, 혹은 『파상론(破相論)』으로 불리기도 한다. 『선문촬요』, 『달마대사삼론(達磨大師三論)』, 『소실육문(少室六門)』의 일부로서 한국이나 일본에서 전승되어 온 것 이외에 돈황 문서에도 수종의 사본이 있음이 알려져 있다. 후에는 달마의 것으로 여기는 전승도 생겼지만, 옛날부터 신수(神秀) 작(作)으로 전해지고 있다. 8세기 전반에 북종선 사람들에 의해 찬술된 후, 종조에 가탁된 것으로 보인다.

혜가(慧可)의 질문에 달마 대사가 대답하는 형식으로 모두 14단으로 이루어져 있다. 마음은 만법의 근원이고 일체제법은 마음으로부터 나온 것이라는 관점에서 관심이라는 하나의 법에 일체의 법이 포섭된다는 것을 밝히는 것을 내용으로 한다. 여기서 마음에서 일어나는 두 가지 차별상으로 염심(染心)과 정심(淨心)이 있다고 하는데, 이것은 『대승기신론』의 영향을 받은 것으로 보인다. 또한 마음을 관하여 삼독육적(三毒六賊), 삼계육취(三界六趣) 등의 고통을 제거하는 것이 바로 해탈임을 밝히고 있다.

● 『관심론』 텍스트

1) 돈황 한문 문헌
　① S.646
　② S.2595
　③ S.5532
　④ P.2460v
　⑤ P.2657v
　⑥ P.4646
　⑦ 龍谷大學圖書館藏 122 「觀門法大乘法論」本

2) 돈황본 이외의 문헌
　⑧ 金澤文庫建仁元年(1201) 寫本
　⑨ 韓國『禪門撮要』本
　⑩ 金澤文庫建長 4年(1252) 再寫本
　⑪ 韓國安心寺 隆慶 4年(1570) 本

⑫ 『少室六門集』本
⑬ 『達磨大師三論』本
⑭ 日本眞福寺本

4. 『오성론』

『소실육문(少室六門)』, 현토본 『선문촬요』(1968)에서 달마의 저술이라고 표방하고 있지만, 북종선 계통의 작품이라는 설이 유력하다. 일체의 망상과 집착을 떠난 곳에 대도가 드러나기 때문에, 최상승(最上乘)을 얻으면 일체가 평등하여 생사가 곧 열반이며, 번뇌가 곧 보리이며 미(迷)·오(悟)와 범(凡)·성(聖)의 구별이 없다는 뜻을 설하고 있다. 말미에 야좌게(夜坐偈)와 진성송(眞性頌)을 들고 있으며, 본론의 끝에 『파상론(破相論)』에 들어가야 할 부분이 혼입되어 있다. 『선문촬요』에 수록되어 있는 『오성론』에는 없는 부분도 있다. 『선문경(禪門經)』을 비롯하여 『유마경』, 『법화경』, 『금강경』, 『능가경』 등을 인용하고 있다.

● 『오성론』 텍스트

① 文永 11年(1274) 寫本
② 達磨和尙悟性論(신찬속장경) 63권
③ 현토본 『선문촬요』(1968年) 범어사

二入四行論

이입사행론

入道修行綱要門
입 도 수 행 강 요 문

깨달음에 들어가는 수행의 강요문

若夫入道多途나 **要而言之**하면 **不出二種**이니
약 부 입 도 다 도   요 이 언 지   불 출 이 종

대체로 도에 들어가는 데는 길이 많지만, 요약해서 말하면 두 가지 종류에서 벗어나지 않는다.

一은 **是理入**[1]이요 **二**는 **是行入**[2]이니라.
일   시 이 입   이   시 행 입

첫째는 이치로써 들어가는 것이요. 둘째는 수행으로써 들어

---

1   이입(理入) : 범부와 부처가 본래 하나라고 하는 것을 깊이 믿어 의심하지 않는 것. 진리와 하나가 됨.
2   행입(行入) : 실행으로부터 불도로 들어감을 말함.

가는 것이다.

理入者는 **謂藉敎悟宗**하야 **深信含生**이 **同一眞性**이나
이입자　위자교오종　　　심신함생　　동일진성
但爲妄想客塵所覆하야 **不能顯了**니 **若也捨妄歸眞**
단위망상객진소복　　　불능현료　　약야사망귀진
凝心壁觀하면 **無自無他**하고 **凡聖等一**하며
응심벽관　　　　무자무타　　　범성등일

이입(理入)은 가르침을 빌어서 종지(宗旨)를 깨닫는 것이다. 중생이[含生] 똑같은 하나의 진성임을 굳게 믿지만 단지 (그 진성이) 객진번뇌의 망상에 덮여서 분명히 나타나지 않으니, 만약 망상을 버리고 진성에 돌아가려거든 마음을 집중하여 벽관하라. 나도 없고 너도 없어 범부와 성인이 평등하게 된다.

藉(자) 깔개, 빌다 / 深(심) 깊다 / 覆(복) 뒤집히다, 반전

堅住不移하야 **更不隨於文敎**니 **此卽與理冥扶**하야
견주불이　　　　갱불수어문교　　　차즉여리명부
無有分別하고 **寂然無爲**를 **名之理入**이요.
무유분별　　　　적연무위　　　　명지이입

견고하게 머물러 움직이지 않아서 다시는 문자의 가르침에 따르지 않는다. 이와 같이 이치와 더불어 그윽하게 부합하여 분별이 없고 절대적으로 조화를 이루는 것을 이입이라고 말한다.

堅(견) 굳다, 튼튼하다 / 移(이) 옮기다, 변하다 / 扶(부) 돕다

行入者는 **所謂四行**이니 **其餘諸行**은
행 입 자　소 위 사 행　　기 여 제 행

悉入此行中이니라.
실 입 차 행 중

행입이란 것은 네 가지 수행을 말하는데, 그 나머지 여러 수행은 다 이 네 가지 수행 가운데 들어간다.

悉(실) 모두

何等이 **爲四**요. **一者**는 **報怨行**[3]이요. **二者**는
하 등　위 사　일 자　보 원 행　　이 자

隨緣行[4]이요. **三者**는 **無所求行**[5]이요.
수 연 행　　삼 자　무 소 구 행

四者는 **稱法行**[6]이니라.
사 자　칭 법 행

이른바 네 가지 행이 있는데, 첫째는 보원행이요, 둘째는 수연행이며, 셋째는 무소구행이고, 넷째는 칭법행이다.

稱(칭) 일컫다, 부르다

3　보원행(報怨行) : 원망스럽고 괴로운 인생을 모두 자업자득이라 생각하여 이것을 감수하는 것.
4　수연행(隨緣行) : 인연에 따르는 행위.
5　무소구행(無所求行) : 생각이 구속되는 것을 멀리하고 무위의 경지에서 실천하는 것.
6　칭법행(稱法行) : 법성의 체에 맞는 행법.

云何第一報怨行者오 **修道行人**이 **若受苦時**에
운하제일보원행자   수도행인   약수고시

當自念言하되 **我從往昔**의 **無數劫中**에 **棄本從末**하고
당자염언   아종왕석   무수겁중   기본종말

流浪諸有하야 **起多怨憎**하며 **違害無限**하니
유랑제유   기다원증   위해무한

첫째, 어떤 것을 처음의 보원행이라고 말하는가? 수행하는 사람이 고통을 받을 때에 마땅히 스스로 생각하여 말하되, 나는 아주 옛날의 무수겁 중에서부터 근본을 버리고 말을 따르면서 여러 현상[諸有]으로 흘러 다녔다. 많은 원한과 증오를 일으켜 해친[違害] 것이 한량이 없다.

棄(기) 버리다, 그만두다 / 違(위) 어기다

今雖無犯이나 **是我宿殃**이며 **惡業果熟**이요.
금수무범   시아숙앙   악업과숙

비록 지금 범한 일은 없으나 나의 숙세의 재앙이며 악업의 과보가 성숙된 것이다.

宿(숙) 묵다 / 殃(앙) 재앙 / 熟(숙) 익숙하다, 익다

非天이며 **非人**의 **所能見與**라. **甘心忍受**하야
비천   비인   소능견여   감심인수

都無怨讎니라.
도 무 원 수

하늘도 다른 사람도 줄 수 있는 것이 아니다. 기꺼운 마음으로 받는 것을 참아야 하며 모두 원수가 없음이라.

讎(수)원수

經에 **云**하사되 **逢苦不憂也**라 하시니 **何以故**오.
경   운   봉 고 불 우 야   하 이 고

以識達故라.
이 식 달 고

경전에 이르되 "고통을 만나도 근심할 것이 없다."고 하셨다. 왜냐하면 심식으로써 통달했기 때문이다.

此心生時에 **與理相應**하야 **體怨進道**니 **是故**로
차 심 생 시   여 리 상 응   체 원 진 도   시 고

說言報怨行이요.
설 언 보 원 행

이러한 마음이 생겨날 때에 이치와 서로 상응하여 원한을 체(득)하여 도에 나아감이니, 그러므로 원한을 갚는 수행이라고 말한 것이요.

第二隨緣行者는 **衆生無我**라 **並緣業所轉**하야
제이수연행자　중생무아　　병연업소전

苦樂齊受니 **皆從緣生**이니라.
고락제수　　개종연생

둘째, 수연행이란 것은 중생에게는 본래 '나'라는 고정된 실체가 없다. 업에 따라 윤회하면서 괴로움과 즐거움을 가지런히 받는다. 이 모두 인연을 따라 생겨남이라.

若得勝報榮譽等事라도 **是我過去宿因所感**이라.
약득승보영예등사　　　시아과거숙인소감

만약 수승한 과보와 명예 등의 일을 받는다고 해도 이것은 내가 과거 숙세의 인연이 감응된 것일 뿐이라.

譽(예) 기리다, 칭찬하다

今方得之나 **緣塵還無**하리니 **何喜之有**리오.
금방득지　　연진환무　　　　하희지유

지금 그것을 받는다지만 인연이란 숙세의 인연이 다하면 과보는 없는 것이니 어찌 기뻐할 것이 있겠는가?

得失을 **從緣**하야 **心無增減**하며 **喜風不動**하야
득실　　종연　　심무증감　　　희풍부동

冥順於道니 **是故**로 **說言隨緣行**이요.
　명 순 어 도　시 고　　설 언 수 연 행

이익과 손해는 인연에 따르지만 마음은 증가하거나 감소함이 없으며 기뻐하는 것에도 동요하지 않고 그윽하게 도에 따른다. 그러므로 인연을 따르는 수연행이라고 말한다.

冥(명) 어둡다

第三無所求行者는 **世人**이 **長迷**하야 **處處貪着**을
　제 삼 무 소 구 행 자　　세 인　　장 미　　　처 처 탐 착

名之爲求니
　명 지 위 구

셋째, 무소구행이란 것은 세간의 중생들이 오래도록 미혹하여 곳곳에서 탐착하여 명리를 구함이니

智者는 **悟眞理**하야 **將俗反心**하야 **安心無爲**하고
　지 자　　오 진 리　　　장 속 반 심　　　안 심 무 위
形隨運轉하여 **萬有斯空**하야 **無所願樂**이니라. **功德**과
　형 수 운 전　　　만 유 사 공　　　무 소 원 락　　　공 덕
黑闇이 **常相隨逐**하니 **三界久居**가 **猶如火宅**이라.
　흑 암　　상 상 수 축　　　삼 계 구 거　　유 여 화 택

지혜로운 사람은 진리를 깨달아서 세속에 처해서도 마음을 돌이켜 마음을 편안히 하여 조작이 없고 형상의 인연을 따라

변화하며 만유(萬有)가 공성(空性)이므로 바라고 즐기는 것이 없다. 공덕과 흑암이 항상 따라다니므로 삼계에 오래 머무는 것은 오히려 불난 집과 같다.

斯(사) 이(어조사)

有身皆苦니 **誰得而安**이리오 **了達此處故**로
유 신 개 고 　 수 득 이 안 　　 요 달 차 처 고
於諸有에 **息想無求**니라.
어 제 유 　 식 상 무 구

몸이 있는 것이 모두 괴로움인데 어느 누가 편안하리오. 이러한 이치를 분명히 깨달았기 때문에 모든 현상에서 망상이 그쳐 구하는 바가 없다.

息(식) 숨쉬다, 호흡하다

經에 **云**하사되 **有求皆苦**요 **無求乃樂也**라 하시니
경 　 운 　　　 유 구 개 고 　 무 구 내 락 야
判知無求가 **眞爲道行**이니라.
판 지 무 구 　 진 위 도 행

경전에서 말씀하기를 "구함이 있는 것은 모두 괴로움이요 구함이 없는 것은 곧 즐거움"이라 하시니 판단하되 구함이 없는 것이 진실로 도를 수행하는 것이라고 하느니라.

第四稱法行者는 **性淨之理**를 **目之爲法**이니 **此理**는
衆相이 **斯空**하야 **無染無着**하며 **無此無彼**니라.

넷째, 칭법행이라는 것은 성품이 청정한 이치를 지목하여 법이라고 말하니 이 이치는 모든 형상이 공하여 오염되거나 탐착함이 없으며 이것도 없고 저것도 없느니라.

染(염) 물들이다

經에 **云**하사되 **法無衆生**하니 **離衆生垢故**며
法無有我하니 **離我垢故**라 하시니 **智者**가
若能信解此理하면 **應當稱法而行**이니라.

경전에서 말씀하시되, "법에는 중생도 없으니 중생의 허물을 벗어났기 때문이며 법에는 실체[我]가 없으니 나[我]라는 허물을 벗어났기 때문이다."라고 하셨다. 지혜로운 자가 만약 이 이치를 믿어서 이해할 수 있다면 법에 걸맞은 수행이라고 말한다.

垢(구) 때, 티끌

法體는 無慳貪하야 於身命財에 行檀捨施하되
법 체　무 간 탐　　어 신 명 재　행 단 사 시
心無慳惜하며 達解三空[7]하야 不倚不着이라.
심 무 간 석　　달 해 삼 공　　불 의 불 착

법의 자체는 간탐이 없다. 몸과 생명과 재물로써 보시를 하여 베풀되 마음에 아깝고 애석한 것이 없으며, (해탈을 얻는 세 가지 방법) 삼삼매매(三三昧昧)에 삼공 요달하여 의지하거나 집착하지 않는다.

但爲去垢하야 攝化衆生而不取相하나니 此爲自利며
단 위 거 구　　섭 화 중 생 이 불 취 상　　차 위 자 리
復能利他며 亦能莊嚴菩提之道니 檀施가 旣爾인데
복 능 이 타　역 능 장 엄 보 리 지 도　단 시　기 이
餘五도 亦然이니라.
여 오　역 연

다만 허물을 버리기 위하여 중생을 교화하는 것이며, 상에 걸리지 않나니, 이것은 자신도 이롭고 또한 다른 사람도 이롭게 하는 것이다. 역시 깨달음의 도를 장엄하는 것이다. 보시하는 것이 이미 그런데 나머지 다섯 가지 바라밀도 마찬가지이다.

攝(섭) 당기다, 끌어당기다 / 爾(이) 너, 그

7　삼공(三空) : ① 공(空), 무상(無相), 무원(無願)의 3해탈문[三昧]. ② 보시를 받는 자와 하는 자, 시물(施物)이 공(空)이라 함. ③『금강삼매경』에서 말하는 소공역공(所空亦空)을 말함. ④ 대공(大空)의 묘리(妙理)를 말함.

爲除妄想하야 **修行六度而無所行**이 **是爲稱法行**이니라.
위 제 망 상　　수 행 육 도 이 무 소 행　　시 위 칭 법 행

망상을 제거하기 위하여 육바라밀을 수행하지만 행한다는 집착도 없으니 이것이 바로 법에 부합하는 수행이라고 말한다.

*『능가사지기』에만 있는 구절

此四行是達摩禪師親說. 餘則弟子曇林記師言行, 集成一卷, 名之〈達摩論〉也. 菩提師又爲坐禪中,〈釋楞伽要義〉一卷, 有十二三紙, 亦名〈達摩論〉也. 此兩本論, 文理圓淨, 天下流通. 自外更有人僞造〈達摩論〉三卷, 文繁理散, 不敢行用.

論主意樂差別門
논 주 의 락 차 별 문

진정한 즐거움을 일깨우는 문

吾가 **恒仰慕前哲**하야 **廣修諸行**하며 **常欽淨土**하야
오 항 앙 모 전 철   광 수 제 행   상 흠 정 토

渴仰遺風이라.
갈 앙 유 풍

내가 항상 이전의 철인(哲人)들을 우러러 사모하야 널리 많은 수행을 닦았으며 항상 정토를 흠모하여 유풍을 매우 그리워했다.

仰(앙) 우러르다 / 慕(모) 그리워하다 / 哲(철) 밝다, 총명하다 / 欽(흠) 공경하다 / 渴(갈) 목마르다, 갈증

得逢釋迦하야 證大乘子가 巨億이요 得四果者가
득 봉 석 가   증 대 승 자   거 억   득 사 과 자

無貲라 實謂天堂은 別國이요.
무 자   실 위 천 당   별 국

석가모니 부처님을 만나서 대승을 증득한 사람이 수억이요, 4과(四果)를 증득한 사람도 셀 수가 없다. 참으로 천당은 특별한 나라요.

億(억) 억, 편안하다 / 貲(자) 계산하다, 헤아리다

地獄은 他方이라 하며 得道獲果하면 形殊體異라 하야
지 옥   타 방   득 도 획 과   형 수 체 이

披經求福하며 潔淨行因하며 紛紛擾擾하야
피 경 구 복   결 정 행 인   분 분 요 요

隨心作業함이 向涉多載하되 未還有息이라.
수 심 작 업   향 섭 다 재   미 환 유 식

지옥은 타방이라 하며 도과를 증득하면 형체가 특이해진다고 말한다. 경전을 읽는 것으로 복을 구하고, 행동의 원인을 청정하게 한다고 하여 이리저리 바쁘게 하여 마음을 따라서 업을 짓는 것이 여러 해를 지나가지만 오히려 그치지를 못한다.

潔(결) 깨끗하다 / 紛(분) 어지러워지다, 섞히다

始復端居하야 **幽寂定境心王**하고 **但妄想久修**하야
　　시 부 단 거　　　유 적 정 경 심 왕　　　단 망 상 구 수
隨情見相이라. **其中化變**을 **略欲難窮**이로다.
　　수 정 견 상　　　기 중 화 변　　약 욕 난 궁

다시 단정하게 살면서 마음[心王]을 고요하고 안정된 경계에 머물게 하지만 다만 망상을 오래 닦은 것으로 정을 따라 현상을 볼 뿐이다. 그 가운데 변화를 간략하게 하고자 하지만 다 하기가 어렵다.

端(단) 바르다, 곧다

未及洞監法性이러니 **粗鍊眞如**하고사 **始知方寸之內**에
　　미 급 통 감 법 성　　　조 련 진 여　　　시 지 방 촌 지 내
無所不有하며 **明珠朗徹**하며 **玄達深趣**로다.
　　무 소 불 유　　　명 주 낭 철　　　현 달 심 취

법성을 다스리는 데 미치지 못하면서 진여를 수련한다고 말한다. 비로소 마음[方寸] 안에 있지 않은 것이 없다고 하며 지혜는 밝고 맑으며, 깊은 의취를 확실히 통달했다고 말한다.

洞(동) 골, 골짜기 / 監(감) 보다, 살피다 / 粗(조) 거칠다 / 鍊(연) 불리다, 정연하다

上至諸佛하며 **下及蠢動**히 **莫非妄想別名**이니라.
　　상 지 제 불　　　하 급 준 동　　막 비 망 상 별 명

위로는 모든 부처님께 이르고 아래로는 미물중생에게 미친다는 것은 모두 망상의 다른 이름에 지나지 않는다.

隨心指計하야 **故寫幽懷**하야 **聊顯入道方便偈等**하야
　수 심 지 계　　　고 사 유 회　　　요 현 입 도 방 편 게 등
用簡하노니 **有緣同悟之徒**는 **有暇**에 **披攬**하고 **坐禪**하라.
　용 간　　유 연 동 오 지 도　　유 가　　피 람　　　좌 선

마음을 따라 생각을 가다듬고 모습에 비추어 생각을 그윽이 하여라. 도에 들어가는 방편과 가르침을 나타내어 간략히 등용하노라. 함께 깨달을 무리의 인연이 있으면 틈나는 대로 펼쳐 좌선을 행하라.

蠢(준) 꿈틀거리다, 어리석다 / 寫(사) 베끼다, 옮겨놓다 / 聊(료) 기울이다, 의지하다 / 簡(간) 대쪽 / 暇(가) 느긋하다 / 攬(람) 잡다, 손에 쥐다

終須見本性하야사 **會也**니라.
　종 수 견 본 성　　　회 야

마침내 본성을 보아야 (진리에) 계합하리라.

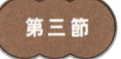

一相平等無別門
일 상 평 등 무 별 문

하나의 모습으로 평등하여 차별이 없는 문

融心令使淨이니 若其片起하면 卽便生滅이라.
융 심 령 사 정   약 기 편 기   즉 변 생 멸

於中에 憶想造邪命하며 覓法하야 計業함이 不亡하고
어 중   억 상 조 사 명   멱 법   계 업   불 망

展轉增垢하면 心難究竟이니라.
전 전 증 구   심 난 구 경

마음을 녹여 청정하게 하고자 하면서도 만약 조금이라도 망상을 일으키면 즉시 생멸하는 것이다. 그러는 가운데 생각으로는 삿된 업을 지으며 진리를(법을) 구한다지만 업을 생각하는 것이 쉬지 않고 점점 허물이 증가하면 마음은 구경을 얻기가 어렵다.

覓(멱) 찾다, 곁눈질하다

智者는 **暫聞八字**하고 **卽悟理**하면
　지 자　　잠 문 팔 자　　　즉 오 리

始知六年徒苦行이니라. **世間擾擾**함이 **盡是魔民**이라.
　시 지 육 년 도 고 행　　　　세 간 요 요　　　진 시 마 민

지혜로운 자는 잠깐 동안 여덟 자를 듣고 즉시 이치를 깨닫는다면 비로소 6년 고행을 알게 될 것이다. 세간의 시끄러운 것은 모두 마구니의 백성일 것이다.

擾(요) 어지럽다, 흐려지다

徒自喧喧하고 **空鬪爭**하며 **虛妄作解**하야
　도 자 훤 훤　　　공 투 쟁　　　허 망 작 해

化衆生하나니 **口談藥方**하되 **不除疾**이니라.
　화 중 생　　　구 담 약 방　　　부 제 질

다만 스스로 떠들썩하고 헛되이 다투며 허망하게 이해하여 중생을 교화한다 하니 입으로는 약의 처방을 말하지만 질병을 고치지 못한다.

喧(훤) 떠들썩하다 / 鬪(투) 싸움, 다툴

寂寂하야 **從來本無相**이어늘 **何有善惡及邪正**이리오.
　적 적　　　종 래 본 무 상　　　하 유 선 악 급 사 정

言生이나 **生者本不生**이요 **言滅**이나 **滅者亦不滅**이니라.
　언 생　　생 자 본 불 생　　　언 멸　　　멸 자 역 불 멸

실체가 없어 적적하여 본래부터 본래 형상이 없거늘 어찌 선악정사(善惡正邪) 등이 있겠는가? 생겨난다고 말하지만 생이란 본래 생겨나는 것이 아니며, 멸한다고 말하지만 멸이란 본래 없어지는 것이 아니다.

動卽不動이요 **定卽非定**이니 **影由形起**요 **響藉聲來**라.
동 즉 부 동　　정 즉 비 정　　영 유 형 기　　향 자 성 래

움직이는 것은 움직이는 것이 아니며, 정은 정이 아니다. 그림자는 형상으로 인하여 일어난 것이며, 메아리는 소리로 말미암아 들려온 것이다.

響(향) 울림, 명성

捺影勞形하되 **不知形之是影本**이요 **揚聲止響**하되
날 영 노 형　　부 지 형 지 시 영 본　　양 성 지 향

不知聲之是響根이로다.
부 지 성 지 시 향 근

그림자를 눌러서 형상을 부리려고 하지만 형상이 바로 그림자의 근본임을 알지 못한다. 소리를 날려서 메아리를 멈추게 하려고 하지만 소리가 바로 메아리의 근본임을 알지 못한다.

捺(날) 누르다, 찍다

蠲除煩惱而求涅槃者는 **喩如去形而覓影**이요.
견 제 번 뇌 이 구 열 반 자　유 여 거 형 이 멱 영

번뇌를 제거하여 열반을 구한다고 하는 것은 비유하면 마치 형상을 버리고 그림자를 찾는 것과 같다.

蠲(견) 밝다, 깨끗하다

捨離衆生而求佛者는 **諭如默聲而尋響**이니
사 리 중 생 이 구 불 자　유 여 묵 성 이 심 향

故知迷悟一徒요. **愚智非別**이니라.
고 지 미 오 일 도　우 지 비 별

중생을 버리고 부처를 구한다고 하는 것은 비유하면 마치 소리를 지르지 않고 메아리를 찾으려는 것과 같다. 따라서 미혹과 깨달음은 하나요. 어리석음과 지혜는 별개가 아님을 알 수 있다.

無名處에 **强爲立名**이니 **因其名**하야 **卽是非生矣**요.
무 명 처　강 위 입 명　인 기 명　　즉 시 비 생 의

無理處에 **强爲作理**하니 **因其理**하야 **卽諍論**이
무 리 처　강 위 작 리　인 기 리　　즉 쟁 론

興焉이라.
홍 언

이름 없는 곳에 억지로 이름을 붙였으니 그 이름으로 인하여 시비가 생겨났다. 이치가 없는 자리에 억지로 이치를 만들었

으니 그 이치로 인하여 논쟁이 일어나게 되었다.

焉(언) 어찌, 이에

幻化非眞이니 **誰是誰非**며 **虛妄**이 **無實**이나
환 화 비 진　　수 시 수 비　　허 망　　무 실
何有何無리오.
하 유 하 무

환상은 진실이 아닌데 누가 옳고 누가 그르겠는가? 허망은 참다운 것이 아닌데 무엇이 있고 무엇이 없겠는가?

當知하라. **得無所得**이며 **失無所失**이니라.
당 지　　　득 무 소 득　　　실 무 소 실

반드시 알아야 한다. 얻었다고 하지만 얻은 것이 없고, 잃었다고 하지만 잃은 것이 없다.

未及造談이라. **聊申此句**어니와 **詎論玄旨**리오.
미 급 조 담　　　요 신 차 구　　　거 론 현 지

말장난에 지나지 않는다. 이러한 말을 함으로써 어찌 깊고 오묘한 종지를 담론할 수 있으리오.

詎(거) 어찌, 만약

談論空無破執門
담론공무파집문

담론은 공허하며 그 집착을 타파하는 문

諸佛이 **說空法**은 **爲破諸見故**니 **而復着於空**하면
제불 설공법 위파제견고 이부착어공

諸佛도 **所不化**니라.
제불 소불화

모든 부처님께서 공법을 설하신 까닭은 모든 망견을 타파하려고 했기 때문이다. 다시 공에 집착한다면 모든 부처님께서도 교화할 수 없다.

生時에도 **唯空生**이요 **滅時**에도 **唯空滅**이니
생시 유공생 멸시 유공멸

實無一法生이며 **實無一法滅**이니라.
실무일법생 실무일법멸

생겨날 때에도 오직 생하는 것이 공하며, 멸할 때에도 오직 멸하는 것이 공한 것이다. 참으로 하나의 법이 생겨남도 없으며 실로 하나의 법이 멸함도 없느니라.

一切法이 **爲貪欲而起**니 **貪欲**은 **無內無外**하며
일 체 법   위 탐 욕 이 기   탐 욕   무 내 무 외
亦不在中間이라.
역 부 재 중 간

일체의 법은 탐욕으로부터 생겨난 것이다. 탐욕은 안도 없고 밖도 없으며, 또한 그 중간에 있는 것도 아니다.

分別是空法하야 **凡夫**가 **爲所燒**하며 **邪正**도
분 별 시 공 법   범 부   위 소 소   사 정
無內無外하고 **亦不在諸方**이나 **分別是空法**하야
무 내 무 외   역 부 재 제 방   분 별 시 공 법
凡夫가 **爲所燒**하나니 **一切法**도 **亦如是**하니라.
범 부   위 소 소   일 체 법   역 여 시

이러한 공한 법을 범부는 불타는 것으로 여긴다. 정과 사도 안팎의 구별이 없고, 역시 기타의 방위에 있는 것이 아니다. 이러한 공한 법을 범부는 불타는 것으로 여긴다. 일체법에 대해서도 역시 마찬가지다.

第五節

絶像離說懸虛門
절 상 이 설 현 허 문

형상을 버리고 말을 떠나 공을 나타내는 문

法身은 **無形故**로 **不見以見之**하고 **法無音聲故**로
법 신   무 형 고   불 견 이 견 지   법 무 음 성 고

不聞以聞之하고
불 문 이 문 지

법신은 형상이 없기 때문에 눈으로써 그것을 볼 수 없고, 법은 음성이 없기 때문에 소리로써 그것을 들을 수 없다.

般若는 **無知故**로 **不知以知**하나니 **若以見**으로
반 야   무 지 고   부 지 이 지   약 이 견

爲見하면 **卽有所不見**이요.
위 견   즉 유 소 불 견

반야는 분별이 없기 때문에 지식으로써 그것을 알 수 없다.

만약 눈으로써 보려고 한다면 보지 못할 것이며,

若以無見으로 **爲見**하면 **卽無所不見**이며 **若以聞**으로
약 이 무 견   위 견   즉 무 소 불 견   약 이 문

爲聞하면 **則有所不聞**이요.
위 문   즉 유 소 불 문

만약 본다는 상이 없는 것으로써 보려고 한다면 보지 못할 것이며, 만약 들음으로써 들으려고 한다면 듣지 못할 것이요.

若以無聞으로 **爲聞**하면 **則無所不聞**이요.
약 이 무 문   위 문   즉 무 소 불 문

듣는다는 상이 없는 것으로써 들으면 듣지 못하는 것도 없다.

若以知로 **爲知**하면 **則有所不知**요.
약 이 지 위 지   즉 유 소 부 지

若以無知로 **爲知**하면 **則無所不知**나 **不能自知**라.
약 이 무 지 위 지   즉 무 소 부 지 불 능 자 지

非有知며 **對物而知**라 **非無知**니라.
비 유 지 대 물 이 지   비 무 지

만약 분별로써 알려고 하면 알지 못하는 것이며, 만일 안다는 상이 없는 것으로써 알려고 한다면 알지 못하는 것도 없다. 스스로 아는 것도 아니므로 아는 것 아니며 사물을 대하면 알

기 때문에 알지 못하는 것도 아니다.

若以得으로 **爲得**하면 **則有所不得**이요 **若以無得**으로
약이득   위득   즉유소부득   약이무득

爲得하면 **則無所不得**이며 **若以是**로 **爲是**하면
위득   즉무소부득   약이시   위시

則有所不是요.
즉유소불시

만일 상대적으로 얻으려고 한다면 얻지 못하는 것이며, 만약 집착 없이 얻으려고 한다면 얻지 못하는 것도 없다. 만일 이것을 옳다고 한다면 옳지 못한 것이며,

若以無是로 **爲是**하면 **則無所不是**니 **一智慧門**이
약이무시   위시   즉무소불시   일지혜문

八百千智慧門이니라.
팔백천지혜문

만일 옳다는 집착 없이 옳다고 한다면 옳지 않은 것이 없다. 하나의 지혜 문이 팔백 천 개의 지혜 문이다.

示論觀察形色門
시론관찰형색문

형상을 관찰하고 방법을 가르치는 문

見柱하고 作柱解하면 是는 見柱相하고 作柱解요.
견주   작주해   시   견주상   작주해

觀心是柱라도 是는 柱相이라.
관심시주   시   주상

기둥을 보고서 기둥이라고 이해한다면 이것은 기둥의 모습을 보고 "기둥이다."라고 이해한 것이다. 마음에 비친 기둥의 모습을 보더라도 이것은 기둥 형상일 뿐이다.

法無柱柱相하니 是故로 見柱에 卽得柱法이니라.
법무주주상   시고   견주   즉득주법

見一切形色도 亦如是하니라.
견일체형색   역여시

법에는 기둥과 기둥의 모습이 없기 때문에 기둥을 보고 기둥이라는 현상을 깨달아야 한다. 일체의 형상을 보는 것도 역시 이와 같다.

反詰難問現理門
반 힐 난 문 현 리 문

질문을 꾸짖으면서 이치를 나타내는 문

有人이 **言**하되 **一切聲**이 **不有**라 하면 **難汝曰汝**가
유인 언 일체성 불유 난여왈여

見有不아.
견 유 불

어떤 사람이 "일체의 음성은 있는 것이 아니다."라고 말한다면 그대는 따져서 물을 것이다. "너는 있는 것을 보았는가?

不有於有하며 **有於不有**라도 **亦是汝有**니라. **有人**이
불유어유 유어불유 역시여유 유인

言하되 **一切法**이 **不生**이라 하면
언 일체법 불생

있는 것을 있지 않다고 하고 있지 않은 것을 있다고 하더라도

역시 이것은 그대의 망상이다." 어떤 사람이 "일체의 법은 생겨나는 것이 아니다."라고 말한다면,

難汝曰汝가 **見生不**아. **不生於生**하며
난 여 왈 여　　견 생 불　　불 생 어 생

生於不生이라도 **亦是汝生**이니라.
생 어 불 생　　　역 시 여 생

그대는 따져서 물을 것이다. "너는 생겨나는 것을 보았는가? 생겨난 것을 생기지 않는다고 하고 생겨나지 않을 것을 생겼다고 하더라도 역시 이것은 그대의 망상이다."

復言하되 **我一切無心**이라 하면 **難汝曰汝**가
부 언　　아 일 체 무 심　　　　난 여 왈 여

見心不아. **不心於心**하며 **心於無心**이라도
견 심 불　　불 심 어 심　　　심 어 무 심

亦是汝心이니라.
역 시 여 심

다시 "나는 일체의 마음이 없다."고 한다면 그대는 따져서 물을 것이다. "너는 마음을 보았는가 있는 마음을 마음이 없다고 하고 마음이 없는 것을 마음이라고 하더라도 역시 이것은 그대의 망상이다."

三藏法師[8]가 言하되 於不解時에는 人逐法하고
삼장법사　　언　　어불해시　　　인축법

解時에는 法逐人이라. 解則識攝色이요.
해시　　법축인　　해즉식섭색

迷則色攝識也라 하니
미즉색섭식야

삼장법사가 말씀하시되 "이해하지 못했을 때는 사람이 법을 따르고, 이해했을 때는 법이 사람을 따른다. 이해하면 의식이 물질을 포섭하고, 미혹하면 물질이 의식을 포섭한다."고 했다.

攝(섭) 당기다, 끌어당기다

不因色生識이 是名不見色이니라.
불인색생식　　시명불견색

대상으로 인해 식이 생겨나는 것이 아닌데 이것을 바로 불견색이라고 한다.

不求於求하며 求於無求라도 亦是汝求요.
불구어구　　구어무구　　　역시여구

不取於取하며 取於無取라도 亦是汝取니라.
불취어취　　취어무취　　　역시여취

8　삼장법사(三藏法師) : 경·율·논의 3장을 밝히 알고 이를 널리 유포하는 스님.

무엇인가를 구하지 아니하고, 구한다는 상이 없는 것을 구하더라도 이것도 역시 그대의 구함이다. 대상을 취하지 아니하고 취한다는 상이 없는 것을 취하더라도 이것 역시 그대의 망상이다.

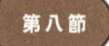

開示三界別相門
개 시 삼 계 별 상 문

삼계가 다른 모습임을 보이는 문

心有所須가 名爲欲界[9]요 心不自心이라.
심 유 소 수   명 위 욕 계   심 부 자 심

由色生心이니 名爲色界[10]요 色不自色이라.
유 색 생 심   명 위 색 계   색 부 자 색

마음에 바라는 것이 있는 것을 욕계라고 말하며, 마음은 스스로를 마음이라고 하지 않는다. 형상으로써 마음이 생겨나는데 이것을 색계라고 말하며 물질은 스스로를 물질이라고 하지 않는다.

---

9   욕계(欲界) : 지옥·아귀·축생·아수라·인간 세계와 육욕천의 총칭으로, 식욕, 색욕, 수면욕이 있는 세계임.

10 색계(色界) : 3계의 욕계 위에 있으며, 음욕·식욕·탐욕 등은 여의였으나 아직 무색계와 같이 완전히 물질을 여의어 순 정신적인 것은 되지 못한 중간의 물적인 세계, 선정의 얕고 깊고 거칠고 묘함에 의하여 크게 나누어 4선으로 하고, 다시 18천으로 나눔.

由心故로 **色**이니 **心色無色**이 **名爲無色界**[11]니라.
　유심고　색　　심색무색　　명위무색계

마음으로 인하여 색이 생겨나는데 마음의 형상은 물질이 아닌 것을 무색계라고 말한다.

11　무색계(無色界). 3계의 하나. 색계 위에 있어 물질을 여의고 순 정신적 존재인 세계. 세계가 색신에 얽매어 자유를 얻지 못함을 싫어하고 더 나아가서 들어가는 세계. 이 세계에는 온갖 형색은 없고, 수상행식(受想行識)의 4온만 있다. 여기에 공무변처, 식무변처, 무소유처, 비상비비상처의 4천이 있다.

第九節

問答現說三寶門
문 답 현 설 삼 보 문

삼보에 대한 문답을 설명하는 문

問曰何名爲佛心이닛고
문 왈 하 명 위 불 심

어떤 사람이 질문했다. "어떤 것이 부처님의 마음입니까?"

12 　진여(眞如) : 대승불교의 이상의 하나. 우주만유의 보변한 상주불변의 본체. 우리의 사상 개념으로 미칠 수 있는 진실한 경계. 오직 성품을 증득한 사람만이 알 수 있는 것이며, 거짓이 아닌 진실이란 뜻과 변천하지 않는 여상하다는 뜻으로 진여라 한다. 섭론종에서는 제8식 아뢰야식 밖에 제9 암마라식을 따로 세워 진여를 설명하고 있고, 유식종에서는 만유가 전개되는 모양을 설명할 때에 제8 아뢰야식을 세우고 진여는 그 실성이며, 생멸 변화가 없는 응적잠연한 것이라 하고, 『대승기신론』에서는 진여는 담연 적정한 무활동체가 아니고 이것이 무명의 연을 만나면 진여의 체가 온통 그대로 일어나 생멸 변화하는 만유가 되거니와 진여 자체는 조금도 변전되는 것이 아니라 하여 물과 파도에 비유하여 그 두 가지 사이의 소식을 설명한다. 또 이를 7진여, 10진여, 6무위 등으로 나눈다. 경·논에서는 진여의 다른 이름으로 법계·법성·평등성·실제·허공계·부사의계·무상·승의·실상묘유·여여·불성·여래장·중도·제일의제 등으로 말한다.

答曰 心無異相을 **名作眞如**요.[12]
　　답 왈 심 무 이 상　　명 작 진 여

心不可改를 **名爲法性**이요. **心無所屬**을 **名爲解脫**이요.
　심 불 가 개　　명 위 법 성　　　심 무 소 속　　명 위 해 탈

心性無碍를 **名爲菩提**요. **心性寂滅**을 **名爲涅槃**이니라.
　심 성 무 애　　명 위 보 리　　심 성 적 멸　　명 위 열 반

달마 스님이 대답했다. "마음에 다른 상이 없는 것을 진여라고 말하며, 마음에 고쳐진 것이 없는 것을 법성이라고 하며 마음에 소속된 것이 없는 것을 해탈이라고 말하며, 마음의 성품에 장애가 없는 것을 보리라고 말하며, 마음의 성질이 고요한 것을 열반이라고 한다."

屬(속) 엮다, 잇다

問曰 何名爲如來닛고.
　문 왈 하 명 위 여 래

어떤 사람이 질문했다. "어떤 것을 여래라고 합니까?"

答曰 解如法應物故로 **名爲如來**니라.
　답 왈 해 여 법 응 물 고　　명 위 여 래

달마 스님이 대답했다. "법에 걸맞게 이해하여 대상을 응대하기 때문에 여래라고 한다."

問曰何名爲佛이닛고.
문 왈 하 명 위 불

어떤 사람이 질문했다. "어떤 것을 부처라고 합니까?"

答曰如法覺이니 覺無所覺故로 名爲佛이니라.
답 왈 여 법 각　　 각 무 소 각 고　　 명 위 불

달마 스님이 대답했다. "법답게 깨닫되 깨달아도 깨달았다는 생각이 없기 때문에 부처라고 말한다."

問曰何名爲法이닛고.
문 왈 하 명 위 법

어떤 사람이 질문했다. "어떤 것이 법입니까?"

答曰心如法不生하며 心如法不滅故로 名爲法이니라.
답 왈 심 여 법 불 생　　 심 여 법 불 멸 고　　 명 위 법

달마 스님이 대답했다. "마음은 법과 같아서 생겨나지 않으며 마음은 법과 같아서 없어지지도 않기 때문에 법이라고 말한다."

問曰何名爲僧이닛고.
문 왈 하 명 위 승

어떤 사람이 질문했다. "어떤 것이 스님입니까?"

答曰如法和合故로 **名爲僧**이니라.
답 왈 여 법 화 합 고   명 위 승

달마 스님이 대답했다. "법답게 화합하기 때문에 승가라고 말한다."

定慧分釋各別門
정 혜 분 석 각 별 문

선정과 지혜를 구별하여 해석하는 문

問曰 何名爲空定이닛고.
문 왈 하 명 위 공 정

어떤 사람이 질문했다. "어떤 것이 공한 선정입니까?"

釋(석) 풀다, 내버리다

答曰 看法住空故로 名爲空定이니라.
답 왈 간 법 주 공 고 명 위 공 정

달마 스님이 대답했다. "법이 공에 안주함을 보기 때문에 공정이라고 말한다."

問曰 云何住法이닛고.
문 왈 운 하 주 법

어떤 사람이 질문했다. "어떤 것이 법에 안주하는 것입니까?"

答曰 不住於住하며 **不住不住**하며 **住於不住**니
답 왈 부 주 어 주   부 주 부 주   주 어 부 주

如法住故로 **名爲住法**이니라.
여 법 주 고   명 위 주 법

달마 스님이 대답했다. "안주함에도 안주하지 아니하고 안주하지 않는 것에도 안주하지 않으며 안주한다는 생각이 없는 것에 안주함에 법답게 안주하기 때문에 법에 안주한다고 말한다."

諸法假相無體門
제 법 가 상 무 체 문

모든 현상은 일시적인 모습이며 실체가 없는 것

問曰 云何卽男非男이며 卽女非女닛고.
문 왈 운 하 즉 남 비 남　　즉 녀 비 녀

어떤 사람이 질문했다. "어떤 것이 남자이지만 남자가 아니며, 여자이지만 여자가 아닌 것입니까?"

答曰 依法推求하면 男女相을 不可得이라.
답 왈 의 법 추 구　　　남 녀 상　불 가 득

달마 스님이 대답했다. "법에 의거하여 추구해 보면 남녀의 모습은 얻을 수가 없다.

何以得知오 卽色非男이니 若色是男相인데
하 이 득 지　즉 색 비 남　　약 색 시 남 상

一切草木도 **亦應是男**이리라. **其女人**도 **亦如是**하니라.
일체초목 역응시남　　기여인　역여시

어떻게 알 수 있는가. 물질 그대로는 남자가 아니다. 만일 물질이 남자의 모습이라면 일체의 초목도 역시 남자여야 할 것이다. 여자도 역시 마찬가지이다.

惑人은 **不解**하야 **妄想見之**하나니 **此是幻化男**이며
혹인　불해　　망상견지　　차시환화남

幻化女요 **畢竟無實**이니라.
환화녀　필경무실

미혹한 사람은 이해하지 못하여 망상으로 그것을 본다. 이것은 바로 허깨비의 남자이고 허깨비의 여자일 뿐이며 마침내 그 실체는 없다.

惑(혹) 미혹하다, 의심하다

諸法無行經에 **云**하사되 **知諸法**이 **如幻化**하면
제법무행경　운　　지제법　여환화

速成人中上也라 하시니라.
속성인중상야

『제법무행경』에서는 '일체 모든 법이 허깨비와 같다고 알면 속히 사람 가운데서 최상의 지위를 성취할 수 있다'고 말씀하셨다."

妄想建立如幻門
망상건립여환문

삼보에 대한 문답을 설명하는 문

問曰證有餘涅槃하야 得羅漢果者는 此是覺不닛가.
문 왈 증 유 여 열 반   득 나 한 과 자   차 시 각 불

어떤 사람이 질문했다. "유여열반을 증득하여 아라한과를 얻으면 이것은 깨달은 것입니까?"

涅槃(열반) 해탈

答曰 此是夢證이니라.
답 왈 차 시 몽 증

달마 스님이 대답했다. "이것은 꿈속에서 증득한 것이다."

問曰 行六波羅密하야 **十地萬行**이 **滿足**하고
　　문 왈 행 육 바 라 밀 　 십 지 만 행 　 만 족
覺一切法이 **不生不滅**하며 **非覺非知**요
　　각 일 체 법 　 불 생 불 멸 　 비 각 비 지
無心無知하며 **無解無爲**하면 **此是覺不**닛가.
　　무 심 무 지 　 무 해 무 위 　 차 시 각 불

어떤 사람이 질문했다. "육바라밀을 수행하여 십지만행이 완전히 갖추어져서 일체의 법은 생멸하는 것이 아니고 지각하는 것도 아니며 심지도 없고 이해하는 것도 없고 인위적인 것도 없다는 것을 깨달으면 이것이 바로 깨달음이 아닙니까?"

密(밀) 빽빽하다

答曰 此亦是夢이니라.
　　답 왈 　 차 역 시 몽

달마 스님이 대답했다. "이것 역시 꿈이다."

問曰 十力과 **四無畏**와 **十八不共法**과 **菩提樹下**에
　　문 왈 십 력 　 사 무 외 　 십 팔 불 공 법 　 보 리 수 하
道成正覺하야 **能度衆生**하며 **乃至入於涅槃**이
　　도 성 정 각 　 능 도 중 생 　 내 지 입 어 열 반
豈非是覺이리오.
　　기 비 시 각

어떤 사람이 질문했다. "(부처님) 십력과 사무외와 십팔불공법과 보리수 나무 아래서 정각을 이루어서 중생을 제도하시고 후에 열반에 드신 이 모든 것이 어찌 깨달음이 아닙니까?"

畏(외) 두려워하다

答曰 此亦是夢이니라.
　　답 왈 차 역 시 몽

달마 스님이 대답했다. "이것 역시 꿈이니라."

問曰 三世諸佛이 **平等**으로 **教化眾生**하야 **得道者**가
　　문 왈 삼 세 제 불　　 평 등　　 교 화 중 생　　　 득 도 자
如恒沙하니 **此**가 **可非是覺**이닛가.
　여 항 사　　　 차　　가 비 시 각

어떤 사람이 질문했다. "삼세의 모든 부처님께서 평등하게 중생을 교화하여 깨달음을 얻은 자가 갠지스 강 모래알보다 더 많은데 이것이 어찌 깨달음이 아니겠습니까?"

答曰 此亦是夢이니 **但有心**으로 **分別計校**하야
　　답 왈 차 역 시 몽　　 단 유 심　　 분 별 계 교
自心現量者는 **皆悉是夢**이니라.
　자 심 현 량 자　　 개 실 시 몽

달마 스님이 대답했다. "이것 역시 꿈이니라. 단지 상대적인 마음으로 분별하고 헤아려 자기 마음이 사량으로 나타난 것은 모두 다 꿈이다.

覺時에 **無夢**하고 **夢時**에 **無覺**이라. **此**는 **心識妄想**이며
각 시　무 몽　　몽 시　무 각　　차　　심 식 망 상
夢裏智慧니라.
몽 리 지 혜

깨달을 때는 꿈이 없고 꿈꿀 때는 깨달음이 없다. 이것은 심식의 망상이며 꿈속의 지혜일 뿐이다.

無能覺所覺하니 **若如法覺**하야 **眞實覺時**하면
무 능 각 소 각　　약 여 법 각　　진 실 각 시
都不自覺이라. **畢竟無有覺**이니라.
도 부 자 각　　　필 경 무 유 각

깨닫는 주체도 깨달을 대상도 없다. 만약 법을 깨달아 진실로 깨닫는다면 결코 깨달음이 아니다. 궁극에는 깨달음도 없다.

三世諸佛正覺者는 **正是衆生憶想分別**이니 **以是故**로
삼 세 제 불 정 각 자　　정 시 중 생 억 상 분 별　　이 시 고

名爲夢이어니와 若識心이 寂滅하야 無一念動念處가
명 위 몽   약 식 심 적 멸   무 일 념 동 념 처

是名正覺이요.
시 명 정 각

삼세의 모든 부처님께서 깨달았다고 하는 것도 다만 중생의 망상분별일 뿐이다. 그렇기 때문에 꿈이라고 말한 것이다. 만약 심식이 적멸하여 한 생각도 움직임이 없는 처소가 바로 정각이라고 말한다.

齊有心識不滅者는 已來皆是夢이니라.
제 유 심 식 불 멸 자   이 래 개 시 몽

심식이 있어서 멸하지 않는 것은 이전부터 항상 모두 꿈이다."

智斷疑惑分齊門
지 단 의 혹 분 제 문

지혜가 의혹을 끊는 문

問曰 修道斷惑에 用何心智닛고.
문 왈 수 도 단 혹   용 하 심 지

어떤 사람이 질문했다. "도를 닦아서 미혹을 끊는 데는 어떤 마음의 지혜를 사용합니까?"

答曰 用方便心智니라.
답 왈 용 방 편 심 지

달마 스님이 대답했다. "방편의 심지를 사용한다."

問曰 云何方便心智닛고.
　문 왈 운 하 방 편 심 지

어떤 사람이 질문했다. "어떤 것을 방편의 심지라고 합니까?"

答曰 觀惑에 **知惑本無起處**니 **以此方便**으로
　답 왈 관 혹　　지 혹 본 무 기 처　　이 차 방 편
得斷疑惑故로 **言心智**니라.
　득 단 의 혹 고　　언 심 지

달마 스님이 대답했다. "미혹을 관찰함에 미혹은 본래 일어나는 처소가 없다고 알아야 한다. 이와 같은 방편으로써 의혹을 끊을 수 있기 때문에 심지라고 말한다."

問曰 如法心으로 **斷何疑惑**이닛고.
　문 왈 여 법 심　　단 하 의 혹

어떤 사람이 질문했다. "법다운 마음으로 어떻게 의혹을 끊습니까?"

答曰斷凡夫[13] 外道[14] 聲聞[15] 緣覺[16] 菩薩[17]等
답 왈 단 범 부 외 도 성 문 연 각 보 살 등

解惑疑惑이니라.
해 혹 의 혹

달마 스님이 대답했다. "범부, 외도, 성문, 연각, 보살 등 단계적인 깨달음이라는 의혹을 끊는 것이다."

---

13 범부(凡夫) : 지혜가 얕고 우둔한 중생. 불교에서는 대승·소승을 물론하고 전도 이전으로 올바른 이치를 깨닫지 못한 이는 다 범부라 한다. 그 가운데서 4선 근위를 내범이라 하고 3현위를 의범이라 하며, 의범 이하는 저하의 범부라 한다.

14 외도(外道) : 인도에서 불교 이외의 모든 교학을 가리키는 말. 종류가 많아 96종이 있으며 부처님 당시에는 6종의 외도가 있었다고 한다.

15 성문(聲聞) : 가장 원시적으로는 석존의 음성을 들은 불제자를 말한다. 대승의 발달에 따라서 석존의 직접 제자로 국한한 것이 아니고 부처님의 교법에 의하여 3생 60겁 동안 4체의 이치를 관하고 스스로 아라한 되기를 이상으로 하는 1종의 저열한 수행자를 말함. 그러므로 대승에서는 성문을 소승의 다른 이름처럼 보고 이를 구별하며 우법(愚法), 불우법(不愚法)의 2종으로 나눔.

16 연각(緣覺) : 부처님의 교화에 의하지 않고 홀로 깨달아 자유경에 도달한 성자로 발랄예가불타, 필록지며가불이라 음역. 벽지가불로 줄여서 벽지불이라 함. 독각이라고도 하고 연각, 인연각이라 하는 것은 12인연의 이치를 관찰하여 홀로 깨달았다는 뜻임.

17 보살(菩薩) : ①보리살타의 준말로 부살·살타라고도 하고 각유·개사·대사·시사·고사라 번역하고 성불하기 위해 수행에 힘쓰는 이의 총칭. 넓은 의미로는 대승에 귀의한 이. 보살이란 큰 마음을 내어 사홍서원을 내어 6바라밀을 수행하며, 위로는 보리를 구하고 아래로는 일체 중생을 교화하여 3아승기 100겁의 긴 세월에 자리이타의 행을 닦으며, 51위의 수양 제단을 지나 드디어 불과를 증득하는 이. 다만 지장보살과 같이 중생을 위해 영영 성불하지 않는 이도 있으며, 이를 대비천제라 한다. 소승에서는 아라한 과를 최상의 증과로 삼고 부처님은 오직 석가모니불과 미래의 성불할 미륵뿐이라 하므로 보살은 석가모니불이 성불하기 전의 호명보살과 앞으로 성불할 미륵보살밖에 없다고 하지마는 대승에서는 성불하는 것을 목적으로 하므로 석가모니불 한 분만이 아니고 한없는 부처님을 말하고, 또 재가출가를 막론하고 대승법을 수행하는 이는 모두 보살이라 한다. ② 조정에서 덕이 높은 스님에게 주는 칭호. 중국에서 당나라 희종이 태산의 사문에게 상정진보살이란 호를 주었다고 한다. ③ 우리나라에서는 우바이를 존칭하는 말로 쓰이니 그 어원을 알 수 없으나 보살계를 받는다.

眞俗二諦差別門
진 속 이 제 차 별 문

깨달음에 들어가는 수행의 이제 차별문

問曰 云何名二諦닛고.
문 왈 운 하 명 이 제

어떤 사람이 질문했다. "어떤 것을 이제라고 말합니까?"

答曰 比如陽炎이니 惑者가 見陽炎하고 作水解者는
답 왈 비 여 양 염   혹 자   견 양 염   작 수 해 자

實非水也라.
실 비 수 야

달마 스님이 대답했다. "비유하자면 마치 아지랑이와 같은 것이다. 미혹한 자는 이 아지랑이를 보고 물[水]이라고 이해하는데 실제로 이것은 물이 아니다.

炎(염) 불타다, 덥다

此法은 **無是陽炎是水**니 **談二諦之義**도
차 법   무 시 양 염 시 수   담 이 제 지 의

亦復如是하니라.
역 부 여 시

이 법에는 아지랑이도 물도 없다. 이제의 의미를 말하는 것도 역시 이와 같다.

凡夫는 **見第一義諦**하고 **爲世諦**어니와 **聖人**은
범 부   견 제 일 의 제   위 세 제   성 인

見世諦하고 **爲第一義諦**라.
견 세 제   위 제 일 의 제

범부는 제일의제를 보고 세속제라고 하거니와 성인은 세속적인 도리를 보고 제일의제 즉 진제라 한다.

故로 **經**에 **云**하사되 **諸佛說法**이 **常依二諦者**는
고   경   운   제 불 설 법   상 의 이 제 자

第一義諦가 **卽是世諦**요. **世諦**가
제 일 의 제   즉 시 세 제   세 제

卽是第一義諦라 하시니 **第一義諦**는 **卽是空也**니라.
즉 시 제 일 의 제   제 일 의 제   즉 시 공 야

그러므로 경전에서는 '모든 부처님께서 법을 설하심에 항상 이제(二諦)에 의지하셨는데 제일의제가 바로 세제요, 세제가 제일의제인 것이다'라고 하셨다. 제일의제는 바로 공이다.

若見有相하면 **卽須倂當却**이요 **有我有心有生**
약 견 유 상　　즉 수 병 당 각　　유 아 유 심 유 생
有滅도 **亦卽倂當却**이니라.
유 멸　역 즉 병 당 각

만약 상이 있다고 본다면 반드시 이것은 물리쳐야 한다. 아가 있다거나 마음이 있다거나 생이 있다거나 멸이 있다고 한다면 이것은 역시 모두 물리쳐야 한다."

問曰 云何倂當却이닛고.
문 왈 운 하 병 당 각

어떤 사람이 질문했다. "어떤 것이 반드시 물리쳐야 할 것입니까?"

倂(병) 아우르다, 나란하다

答曰 若依法者인데 **卽失諦視**니 **不見一箇物**이니라.
답 왈 약 의 법 자　　즉 실 제 시　　불 견 일 개 물
故로 **老經**에 **云**하되 **建德**이 **若偸也**라 하니라.
고　 노 경　 운　　 건 덕　 약 투 야

달마 스님이 대답했다. "만약 법에 의거한다면 이제를 보는 시각을 잃는데, 하나의 사물도 보지 못한다. 따라서 노경에서는 '도덕을 세우는 것이 도둑질'이라고 비유했다."

五種心識分異門
오 종 심 식 분 이 문

다섯 가지 마음의 차이

問曰 貪欲이 **名何物心**이닛고.
문 왈 탐 욕 　 명 하 물 심

어떤 사람이 질문했다. "사물을 탐내어 그칠 줄 모르는 욕심은 어떠한 마음입니까?"

答曰 凡夫心이니라.
답 왈 범 부 심

달마 스님이 대답했다. "범부의 마음이다."

問曰 法作無生이 **是何物心**이닛고.
문 왈 법 작 무 생 　 시 하 물 심

어떤 사람이 질문했다. "법은 생겨남이 없다고 안다면 이것은 어떤 마음입니까?"

答曰 聲聞心이니라.
답 왈 성 문 심

달마 스님이 대답했다. "성문의 마음이다."

問曰 解法無自性이 **是何物心**이닛고.
문 왈 해 법 무 자 성   시 하 물 심

어떤 사람이 질문했다. "법은 자성이 없다고 이해한다면 이것은 어떤 마음입니까?"

答曰 緣覺心이니라.
답 왈 연 각 심

달마 스님이 대답했다. "연각의 마음이다."

問曰 不作解不作惑이 **是何物心**이닛고.
문 왈 부 작 해 부 작 혹   시 하 물 심

어떤 사람이 질문했다. "이해하는 것도 아니고 미혹한 것도 아니라면 이것은 어떤 마음입니까?"

答曰 菩薩心[17]이니라.
답 왈 보 살 심

달마 스님이 대답했다. "보살의 마음이다."

問曰 不覺不知가 **是何物心**이닛고.
문 왈 불 각 부 지   시 하 물 심

어떤 사람이 질문했다. "지각하지 않는 것이라면 이것은 어떤 마음입니까?"

卽不答하고 **曰 所以不答者**는 **法不可答**이니
즉 부 답   왈 소 이 부 답 자   법 불 가 답

法無心故로 **答卽有心**이요.
법 무 심 고   답 즉 유 심

달마 스님 즉시 대답하지 않고 말씀하셨다. "대답하지 않는 까닭은 법은 마음이 없기 때문인데 대답한다면 바로 마음이 있기 때문이다.

法無言說이어늘 **答卽有言說**이요. **法無有解**어늘
법 무 언 설   답 즉 유 언 설   법 무 유 해

---

17   보살심(菩薩心) : 보살이 갖고 있는 자리이타(自利利他)의 마음.

答卽有解요 **法無知見**이어늘 **答卽有知見**이요.
답 즉 유 해   법 무 지 견   답 즉 유 지 견

法無彼此어늘 **答卽有彼此**니라.
법 무 피 차   답 즉 유 피 차

법은 말로 설명할 수 없는 것이어늘 대답한다면 말로 설명하는 것이 된다. 법은 이해함이 없는 것인데 대답한다면 이해함이 있게 된다. 법은 지견이 없는데 대답한다는 것은 지견이 있는 것이 된다. 법은 피차가 없는데 대답하면 피차가 있게 된다.

如此心言이 **俱着**이니 **心非色故**로 **不屬色**하며
여 차 심 언   구 착   심 비 색 고   불 속 색

心非非色故로 **不屬非色**이니 **心無所屬**이
심 비 비 색 고   불 속 비 색   심 무 소 속

卽是解脫이니라.
즉 시 해 탈

이와 같이 마음은 모든 것을 갖추었다고 말할 수 있다. 즉 마음은 형상이 아니기 때문에 물질에 속하지 않고 형상이 아닌 것도 아닌 것이 마음이기 때문에 물질이 아닌 것에도 소속되지 않는다. 마음은 어디에 속하지 않는 것, 즉 이것이 해탈이다.

屬(속) 엮다, 잇다

若犯禁戒時에 忙怕하나니 但知怕心不可得이면
약 범 금 계 시   망 파   단 지 파 심 불 가 득

亦得解脫이며, 亦知生天도 不可得이며 雖知空이나
역 득 해 탈   역 지 생 천   불 가 득   수 지 공

空亦不可得이며 雖知不可得이나 不可得도
공 역 불 가 득   수 지 불 가 득   불 가 득

故不可得이니라."
고 불 가 득

만약 금하는 계율을 어길 때에는 두려워한다. 다만 두려운 마음은 얻을 수 없는 것임을 안다면 역시 해탈을 증득한 것이다. 또한 하늘에 태어나는 것도 얻을 수 없는 것임을 아는 것이며, 비록 공을 안다고 하지만 공도 역시 얻을 수 없는 것이며 역시 얻을 수 없는 것을 안다고 해도 역시 불가득도 얻을 수 없기 때문이다."

遣除病執正心門
견제병집정심문

올바른 마음에 대한 집착을 제거하는 문

心若有所貴하면 必有所賤이요 心若有所是하면
심 약 유 소 귀　　필 유 소 천　　심 약 유 소 시

必有所非요.
필 유 소 비

만약 마음에 귀한 것이 있다면 반드시 천한 것이 있게 된다. 만일 마음에 옳게 여기는 것이 있다면 반드시 그른 것이 있게 된다.

賤(천) 천하다, 값이 싸다

是心이 若善一箇物하면 一切物이 卽不善이요.
시 심　약 선 일 개 물　　일 체 물　즉 불 선

心若親一箇物하면 **一切物**이 **作怨家**니라.
　심 약 친 일 개 물　　일 체 물　작 원 가

이 마음이 만약 하나의 물건을 좋게 여기면 일체의 물건은 좋지 않게 여긴다. 마음에 만일 하나의 물건이라도 친하게 여기는 것이 있다면 일체 물건은 원수처럼 여길 것이다.

心不住色하며 **不住非色**하며 **心不住住**하며
　심 부 주 색　　부 주 비 색　　심 부 주 주
亦不住不住니 **心若有所住**하면 **卽不免繩索**이요.
　역 부 주 부 주　심 약 유 소 주　　즉 불 면 승 삭

마음은 색에 머물지 않고, 색이 아닌 것에도 머물지 않는다. 마음은 머무는 것에도 머물지 않으며 또한 머물지 않는 것에도 머물지 않는다. 마음이 머무는 바가 있으면, 얽매임을 면하지 못한다.

免(면) 면하다, 벗다 / 繩(승) 줄, 새끼 / 索(삭) 동아줄, 꼬다

心若有所作處하면 **卽是被縛**이요. **心若重法**하면
　심 약 유 소 작 처　　즉 시 피 박　　심 약 중 법
法留得儞니라. **心若尊一箇法**하면 **心必有所卑**니라.
　법 유 득 니　　심 약 존 일 개 법　　심 필 유 소 비

마음이 만약 짓는 처소가 있으면 이것이 곧 얽매이는 것이요. 마음이 중시하는 법이 있으면 법이 너를 잡아가둔다. 마음이

한 개의 법을 존엄히 여기면 마음은 반드시 천하게 여기는 것이 있다.

縛(박) 묶다, 동여매다 / 儞(니, 이) 너

若取經論意時에 **會不貴解處**니 **但心使有所解處**하면
　약　취　경　론　의　시　　회　불　귀　해　처　　단　심　사　유　소　해　처
卽心有所屬이니 **心有所屬**이 **卽是縛繫**이라.
　즉　심　유　소　속　　심　유　소　속　　즉　시　계　박

만약 경론의 의미를 취할 때에는 반드시 아는 것을 귀하게 여기지 않아야 한다. 다만 마음에 안다고 하는 처소가 있으면 마음은 곧 소속된 바가 있게 된다. 마음에 소속된 것이 있다면 이것은 얽매인 것이다.

繫(계) 매다, 매달다

經에 **云**하사되 **非下中上法**이 **得涅槃也**라 하시니라.
　경　　운　　　비　하　중　상　법　　득　열　반　야

경전에서 말씀하시길 "상, 중, 하의 법이 아니어야 열반을 얻는다."고 하셨다.

離念消融差別門
이념소융차별문

생각을 떠나 차별을 없애는 문

心雖卽惑入이나 **而不作無惑解**니 **解心若起時**에
심 수 즉 혹 입   이 부 작 무 혹 해   해 심 약 기 시

卽依法看起處하며
즉 의 법 간 기 처

마음이 비록 미혹에 들지라도 미혹이 없다는 견해를 내지 말아야 한다. 만약 이해하는 마음이 일어날 때에는 법에 의거하여 일어나는 처소를 살피며

心若起分別時에 **卽依法看分別處**하며
심 약 기 분 별 시   즉 의 법 간 분 별 처

若貪若嗔若顛倒[18]이던 **卽依法看起處**니
약 탐 약 진 약 전 도　　즉 의 법 간 기 처

若不見起處하면 **卽是修道**며
약 불 견 기 처　　즉 시 수 도

만약 마음이 분별을 일으킬 때에는 법에 의지하여 분별하는 처소를 살펴보아야 한다. 만약 탐내거나 성내거나 뒤집힌 생각을 할 때에는 법에 의거하여 일어나는 처소를 살펴보아야 한다. 만일 일어나는 처소를 보지 않는다면 바로 이것이 도를 닦는 것이며,

若對物不分別도 **亦是修道**니 **但使有心起處**에
약 대 물 불 분 별　　역 시 수 도　　단 사 유 심 기 처

卽檢校하야 **依法併當却**이니라.
즉 검 교　　의 법 병 당 각

만약 사물에 대해서도 분별을 일으키지 않으면 이것이 수도인 것이다. 다만 마음이 일어나는 처소가 있게 되면 바로 검증을 하여 법에 입각하여 아울러 모두 없애 버려야 한다.

18　전도(顚倒) : 평상한 도리를 어기고 바른 이치를 위반함. 2전도, 3전도, 7전도 등이 있다.

第十八節

卽心現示義理門
즉 심 현 시 의 리 문

마음에 상즉하여 이치를 나타내는 문

問曰 修道得道에 **有遲疾不**잇가.
  문 왈 수 도 득 도   유 지 질 불

어떤 사람이 질문했다. "도를 닦아 깨달음을 얻는 데는 더디고 신속한 것이 있습니까?"

遲(지) 늦다, 더디다 / 疾(질) 병, 괴로움, 빠르다

答曰 遲疾이 **校百千萬劫**이니라. **卽心**이 **是者**는
  답 왈 지 질   교 백 천 만 겁   즉 심   시 자
疾이요. **發心行行者**는 **遲**니라.
  질   발 심 행 행 자   지

달마 스님이 대답했다. "더디고 신속함이 백천만겁을 헤아린

다. 이 마음이 바로 이것이라고 하는 것은 신속함이요. 발심하여 수행하는 것이 더딘 것이다.

利根人은 **知卽心是道**요 **鈍根人**은 **處處求道**하되
　　이 근 인　 지 즉 심 시 도　 둔 근 인　 처 처 구 도
不知是道處하며 **又不知卽心**이 **自是阿耨菩提**니라.
　　부 지 시 도 처　　 우 부 지 즉 심　 자 시 아 녹 보 리

근기가 영리한 사람은 이 마음이 도라는 것을 알지만 근기가 둔한 사람은 이곳저곳에서 도를 구한다고 해도 이 마음이 도라는 것을 알지도 못하고 또한 이 마음이 아뇩다라삼먁삼보리라는 것을 알지 못한다."

鈍(둔) 무디다, 어리석다

問하되 **云何疾得道**닛고.
　문　　 운 하 질 득 도

어떤 사람이 질문했다. "어떤 것이 속히 깨닫는 것입니까?"

答曰心是道體故로 **疾得道**니 **行者**가 **自知惑起時**에
　답 왈 심 시 도 체 고　 질 득 도　 행 자　 자 지 혹 기 시
卽依法看使盡이니라.
　즉 의 법 간 사 진

달마 스님이 대답했다. "마음은 바로 도의 자체이기 때문에 도를 속히 얻는 것이다. 수행자가 미혹이 일어나는 것을 스스로 알 때에 바로 법에 입각하여 다 소진한 것을 보게 된다."

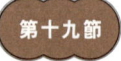

比諭合當現法門
비 유 합 당 현 법 문

비유를 통해 바른 법을 나타내는 문

問하되 **云何心是道體**닛고.
문　　　운 하 심 시 도 체

어떤 사람이 질문했다. "어찌하여 마음이 바로 도의 자체라고 하는 것입니까?"

答曰 心如木石이니 **比如有人**이 **以自手**로
답 왈 심 여 목 석　　비 여 유 인　　이 자 수

畵作龍虎하야 **自見之**하고
화 작 용 호　　　자 견 지

달마 스님이 대답했다. "마음은 나무와 돌과 같다. 비유하면 마치 어떤 사람이 손으로 용과 호랑이를 그리고 나서 스스로 그 그림을 보고는,

還自恐怕하나니 **惑人**도 **亦如是**하야 **心識筆子**로
환 자 공 파　　　혹 인　　역 여 시　　　심 식 필 자
畵作刀山劍樹하고 **還以心識**으로 **畏之**하나니
화 작 도 산 검 수　　환 이 심 식　　　외 지
若能無畏하면 **妄想**이 **悉除**니라.
약 능 무 외　　　망 상　　실 제

도리어 스스로 두려워하는 것과 같다. 미혹한 사람도 이와 같아서 심식이라는 붓으로 칼산과 검수지옥을 그리고 도리어 심식으로써 그것을 두려워한다. 만약 두려움이 없으면 망상이 다 없어지느니라.

恐(공) 두려워하다 / 怕(파) 두려워하다

又意識筆子分別로 **畵作色聲香味觸**하야 **還自見之**하고
우 의 식 필 자 분 별　　화 작 색 성 향 미 촉　　　환 자 견 지
起貪嗔癡하야 **或見或捨**하며 **還以心意識**으로
기 탐 진 치　　　혹 견 혹 사　　　환 이 심 의 식
分別하야 **起種種業**하나니
분 별　　　기 종 종 업

또한 의식이라는 붓으로 분별하여 물질, 소리, 향기, 맛, 감촉을 그리고서 도리어 스스로 그것을 보고는 탐냄과 성냄과 어리석음을 일으켜 혹 취하기도 하고 버리기도 한다. 도리어 심의식으로 분별하여 갖가지 업을 일으킨나.

이입사행론

若能知心識이 從本已來로 空寂하야 不見處所하면
약 능 지 심 식   종 본 이 래   공 적   불 견 처 소

卽是修道니라.
즉 시 수 도

만약 심식이 본래부터 공적하여 처소를 볼 수 없다는 것을 안다면 이것이 바로 도를 닦는 것이다.

或以自心分別로 畵作虎狼獅子毒龍惡鬼
혹 이 자 심 분 별   화 작 호 랑 사 자 독 룡 악 귀

五道將軍 閻羅王 牛頭阿婆等하고 以自心分別로
오 도 장 군 염 라 왕 우 두 아 바 등   이 자 심 분 별

屬之하야 卽受諸苦惱하느니라.
속 지   즉 수 제 고 뇌

혹은 심식의 분별로써 호랑이, 이리, 사자, 독룡, 악귀, 오도장군, 염라대왕, 우두바 등을 그리고서 스스로 심식으로써 분별하여 그것에 얽매여서는 모든 고뇌를 받는다.

但使心으로 所分別者가 皆是色이니
단 사 심   소 분 별 자   개 시 색

若悟心本以來空寂하면 知心非色이라. 卽不屬色이며
약 오 심 본 이 래 공 적   지 심 비 색   즉 불 속 색

心非是色이라. 自心化作이니 但知不實이면
심 비 시 색   자 심 화 작   단 지 불 실

卽得解脫이니라.
즉 득 해 탈

단지 이 마음을 가지고 분별한 것이 모두 이것은 대상이니 만약 마음이 본래 공적함을 깨달으면 이 마음은 형상이 아님을 알게 된다. 즉 대상에 소속된 것이 아니며 이 마음은 물질도 아니다. 스스로 마음이 만들어낸 것이다. 단지 실체가 없는 것을 안다면 즉 해탈이니라.

第二十節

道心增長引導門
도 심 증 장 인 도 문

도심을 증장시키도록 인도하는 문

今若依法하야 **佛法僧行道時**에 **不得有 善惡 好醜**
금약의법　　불법승행도시　　부득유선악호추

因果 是非 持戒 破戒 等見이니
인과 시비 지계 파계 등견

만약 지금 법에 입각하여 불법승의 도를 닦을 때에는 선악·호추·인과·시비·지계·파계 등의 견해를 가지면 안 된다.

醜(추) 추하다, 미워하다

若人이 **作如是計校者**는 **皆是迷惑**하야 **自心現量**이니
약인　작여시계교자　　개시미혹　　자심현량

不知境界가 **從自心起**니라.
부지경계　종자심기

만약 사람이 이와 같은 견해[計校]를 낼 때에는 모두 이것은 미혹이며 자기의 마음이 분별을 통하여 나타난 것이다. 대상 경계가 자기의 마음을 따라서 나타난 것임을 알지 못한 것이다.

若知一切法이 **不有**라도 **亦如是**하야 **自心現量者**는
약 지 일 체 법   불 유   역 여 시   자 심 현 량 자
皆是惑心으로 **作是作非**니라.
개 시 혹 심   작 시 작 비

만약 일체의 법은 있는 것이 아니어서 이와 같이 자기의 마음이 분별을 통해 나타난 것임을 안다고 해도 이것은 모두 미혹한 마음이기 때문에 옳고 그르다고 말한다.

若人이 **謂佛智慧勝**이라도 **亦是自心現量**이며
약 인   위 불 지 혜 승   역 시 자 심 현 량
自心化作有하고 **自心化作無**하야 **還被惑**이니라.
자 심 화 작 유   자 심 화 작 무   환 피 혹

만약 사람이 부처님의 지혜가 수승하다고 말하더라도 이것 역시 자기의 마음의 사량으로 나타난 것이다. 자기의 마음이 있다고 생각하고 자기 마음이 없다고 생각하는데 이것 역시 도리어 미혹에 떨어지는 것이다.

經에 云하사되 若依法佛修道인데 不作化衆生하며
경 운 약 의 법 불 수 도 부 작 화 중 생

亦不作實衆生也라 하시니 是故로 法界平等하야
역 부 작 실 중 생 야 시 고 법 계 평 등

無有得失이니라.
무 유 득 실

경전에서 말씀하시되 '만약 법에 의지하여 불도를 닦을 때는 중생을 교화하지도 않으며 중생이 되지도 않는다'고 하셨다. 그러므로 법계는 평등하여 이득과 손실이 없다.

若依法佛修道인데 不求涅槃이니 何以故오.
약 의 법 불 수 도 불 구 열 반 하 이 고

法是涅槃故라.
법 시 열 반 고

만약 법에 의거하여 불도를 닦을 때는 열반을 구하지 않는다. 왜냐하면 법이 열반이기 때문이다.

云何以涅槃으로 求涅槃이며 亦不求法이니
운 하 이 열 반 구 열 반 역 불 구 법

心是法界故라.
심 시 법 계 고

어떻게 열반으로써 열반을 구하겠는가, 또한 법을 구하지도 않는데 마음이 바로 법계이기 때문이다.

云何以法界로 求法界리오. 若欲正心時에
운 하 이 법 계　　구 법 계　　약 욕 정 심 시

不畏一切法하며 不求一切法이니라.
불 외 일 체 법　　불 구 일 체 법

어떻게 하여 법계로써 법계를 구하겠는가? 만약 마음을 바르게 하고자 한다면 일체법을 두려워하지 말며 일체법을 구하지도 말아야 한다.

若用法佛修道者인데 心如木石頭하야
약 용 법 불 수 도 자　　심 여 목 석 두

冥冥不覺不知하며 不分別一切하야 騰騰如似癡人이니
명 명 불 각 부 지　　불 분 별 일 체　　등 등 여 사 치 인

何以故오. 法無覺知故며 法能施我無畏故니
하 이 고　　법 무 각 지 고　　법 능 시 아 무 외 고

是大安穩處니라.
시 대 안 온 처

만약 법에 의지하여 불도를 닦을 때는 마음을 돌과 나무같이 깜깜하여 지각하지 말며 일체를 분별하지도 말아서 등등하기를 마치 어리석은 사람같이 하여야 한다. 왜냐하면 법은 지각이 없기 때문이며 법은 나를 펼치는 데 두려움이 없기 때문인데 이것이 크게 편안한 처소이다.

騰(등) 오르다

比如有人이 **犯死罪**하고 **必合斬首**라가 **値王放赦**하면
비여유인 범사죄 필합참수 치왕방사

卽免死憂하나니
즉면사우

비유하면 어떤 사람이 죽을죄를 지어 반드시 참수당해야 합당하지만 왕이 면하여 주면 사형의 두려움을 면하는 것과 마찬가지이다.

衆生도 **亦如是**하야 **造作十惡五逆**하고 **必墮地獄**이나
중생 역여시 조작십악오역 필타지옥

法王이 **廣大放寂滅赦**하면 **卽免一切罪**하나니라.
법왕 광대방적멸사 즉면일체죄

중생도 이와 같아서 십악과 오역죄를 지으면 반드시 지옥에 떨어져야 하지만 부처님께서 크게 사면하여 일체의 죄가 면해지는 것과 같다.

若人이 **與王善友**로 **因行在他處**하야 **殺他男女**하고
약인 여왕선우 인행재타처 살타남녀

爲他所執하야 **便欲報怨**하면 **是人**이 **忙怕無賴**라가
위타소집 변욕보원 시인 망파무뢰

忽見大王하면 **卽得解脫**이니라. **若人**이 **破戒**하야
홀견대왕 즉득해탈 약인 파계

犯殺婬盜하고 畏墮地獄이라가 自見己之法王하면
범 살 음 도   외 타 지 옥   자 견 기 지 법 왕

卽得解脫이라.
즉 득 해 탈

만약 어떤 사람이 왕이라는 좋은 벗과 더불어 길을 가다가 다른 곳에 가서 다른 남녀를 죽이고 그곳에서 붙잡히게 되면 원한을 갚고자 할 때 이 사람은 두려워 의지할 곳이 없었는데 홀연히 그 왕을 만나게 되면 해방을 얻게 되는 이치와 같다. 만약 어떤 사람이 계율을 깨트려 즉 살생, 사음, 도적질을 범하여 지옥에 떨어질까 두려워하는데 자기 마음속에 있는 법광을 보게 되면 즉 해탈을 얻는 것과 같다.

修道法은 依文字中得解者는 氣力이 弱하고
수 도 법   의 문 자 중 득 해 자   기 력   약

若從事上得解者는 氣力이 壯하며 從事中見法者는
약 종 사 상 득 해 자   기 력   장   종 사 중 견 법 자

卽處處不失念이요.
즉 처 처 불 실 념

도법을 닦음에 있어 문자에 의지하여 이해를 한 사람은 힘이 약하고 일을 하는 중에 이해를 한 사람은 힘이 장하며 일을 하는 가운데 법을 보면 처처에서 생각을 잃지 않을 것이다.

從文字中得解者는 逢事하면 眼卽闇이니
종 문 자 중 득 해 자   봉 사   안 즉 암

經論中談事가 與法疎也니라.
경 론 중 담 사   여 법 소 야

문자에 의지하여 이해한 사람은 일을 만나면 눈이 어두워진다. 경전과 논서 가운데서 일을 논하는 것은 법에서 멀어질 뿐이다.

雖口談事耳聞事나 不知身心自經事로다.
수 구 담 사 이 문 사   부 지 신 심 자 경 사

若卽事卽法者는 深하니 世人이 不可測이니라.
약 즉 사 즉 법 자   심   세 인   불 가 측

修道人이 數數被盜賊物剝奪이라도 無愛着心하고
수 도 인   삭 삭 피 도 적 물 박 탈   무 애 착 심

亦不懊惱하며 數被人罵辱打謗이라도 亦不懊惱하나니
역 불 오 뇌   수 피 인 매 욕 타 방   역 불 오 뇌

비록 입으로 일을 말하고 귀로 일을 들으나 자신의 마음이 스스로 일을 따른다는 사리를 알지 못한다. 만약 일에 상즉하여 법을 아는 것은 깊으니 세상 사람들은 헤아릴 수가 없다. 도를 닦는 사람은 자주 도적을 만나서 물건을 박탈당하더라도 애착심이 없고 걱정하지도 않는다. 자주 다른 사람이 꾸짖고 욕하며 질타하고 비방해도 역시 걱정하지 않는다.

懊(오) 한하다 / 惱(뇌) 괴로워하다 / 罵(매) 욕하다, 꾸짖다 / 辱(욕) 욕되게 하다 / 打(타) 치다, 때리다 / 謗(방) 헐뜯다, 비방하다

若如此解者는 道心이 漸漸壯하고 積年不已하면
약 여 차 해 자   도 심   점 점 장   적 년 불 이

自然於一切違順에 都無心이니 是故로 卽事不牽者는
자 연 어 일 체 위 순   도 무 심   시 고   즉 사 불 견 자

可謂大力菩薩이니라.
가 위 대 력 보 살

만약 이와 같이 알고 있는 사람은 도심이 점점 장해져서 해가 가면 오래지 않아 자연히 일체의 거역과 순종에도 도무지 마음이 없어진다. 그러므로 일에 끌려 다니지 않는 사람은 대력보살이라고 말할 수 있다.

積(적) 쌓다, 모으다 / 牽(견) 끌다, 끌어당기다

規域內外別相門
규역내외별상문

안팎이 다른 문

修道心을 **若欲壯大**인데 **會寄心規域外**니라.
수도심 약욕장대 회기심규역외

도를 닦는 마음을 장대하게 가지고자 한다면 반드시 마음을 규범 밖에 의탁해야 한다.

問曰 何等事가 **名爲規域外**닛고.
문왈 하등사 명위규역외

어떤 사람이 질문했다. "어떤 것이 규범 밖입니까?"

答曰 不證大小乘解하되 **不發菩提心**하며
답왈 부증대소승해 불발보리심

乃至不願一切種智하며 **不貴解定人**하며
내지불원일체종지　　불귀해정인

不賤着貪欲人하며 **乃至不願佛智慧**하면 **其心**이
불천착탐욕인　　내지불원불지혜　　기심

自然閒靜이니라.
자연한정

달마 스님이 대답했다. "대소승에 대한 이해를 고치지 않고 보리심을 내지도 않으며, 또한 일체종지를 원하지도 않고, 선정을 이해한 사람을 귀하게 여기지도 않으며 탐욕스런 사람을 천하게 여기지도 않고, 또한 부처님의 지혜를 원하지도 않으면 그 마음이 자연히 한가롭고 고요해진다.

若人이 **不取解**하고 **不求智慧**하면 **如是者**는
약인　　불취해　　불구지혜　　여시자

欲免法師 禪師等惑亂이니라.
욕면법사 선사등혹란

만약 어떤 사람이 이해를 취하지도 않고 지혜를 구하지도 않으면 이와 같은 사람은 법사와 선사의 속임수를 면하고자 할 것이다.

若能存心立志하야 **不願凡聖**하며 **不求解脫**하며
약능존심입지　　불원범성　　불구해탈

復不畏生死하며 **亦不畏地獄**하며 **無心直住**하야
복 불 외 생 사   역 불 외 지 옥   무 심 직 주

始成一箇規鈍心이니라.
시 성 일 개 규 둔 심

만약 현재 마음이 뜻을 세워 범부와 성인을 원하지 않고 해탈을 구하지 않으며, 다시 생사를 두려워하지 않고 또한 지옥을 두려워하지 않으며 마음이 고의로 안주함이 없어야 비로소 하나의 부동심이 이루어진다.

若能見一切賢聖이 **百千劫**에 **作神通轉變**이라도
약 능 견 일 체 현 성   백 천 겁   작 신 통 전 변

不生願樂心者는 **此人**은 **欲免他誑惑**이니라.
불 생 원 락 심 자   차 인   욕 면 타 광 혹

만약 일체의 현성이 백겁천겁에 신통변화를 부리는 것을 볼 수 있을지라도 즐거이 원하는 마음을 내지 않는 이 사람은 다른 사람의 속임수를 면하고자 할 것이다."

又問曰 若爲生規域外닛고.
우 문 왈 약 위 생 규 역 외

어떤 사람이 질문했다. "어떻게 해야 규범 밖에 생겨납니까?"

答曰 仁義禮智信者는 **名爲規域**이며 **大小乘基情**이
답왈 인의예지신자   명위규역   대소승기정

亦名爲規域이며 **生死涅槃**도 **亦名規域**이니
역명위규역   생사열반   역명규역

달마 스님이 대답했다. "인·의·예·지·신은 규범이라고 말하고 대소승의 근본적인 정이 역시 규범이라고 말하며, 생사·열반도 역시 규범이라 한다.

若欲規域外인데 **乃至無有凡聖名字**며 **不可以有法知**며
약욕규역외   내지무유범성명자   불가이유법지

不可以無法知며 **不可以智**로 **知**니 **齊知之所解處**가
불가이무법지   불가이지 지   제지지소해처

亦名規域內니라.
역명규역내

만약 규범을 벗어나고자 한다면 범부와 성인이라는 이름도 없고 유법으로써 알 수 있는 것이 아니고 무법으로써 알 수 있는 것도 아니다. 지혜로써 알 수 있는 것이 아니니, 그것을 알고 이해하는 곳이 있다는 것은 역시 규범의 안이라고 말한다.

不發凡夫心하며 **不發聲聞心**하며 **不發菩薩心**하며
불발범부심   불발성문심   불발보살심

乃至不發佛心하며 **不發一切心**이
내지불발불심   불발일체심

始名爲出規域外이니라.
시 명 위 출 규 역 외

범부의 마음을 내지 말고 성문의 마음도 내지 말며 보살의 마음도 내지 말고 역시 부처님의 마음도 내지 말며 일체의 마음을 내지 않는 것이 비로소 규범 밖으로 벗어난 것이라 말한다.

規(규) 법, 규정

若欲一切心不起인데 **不作不起解**하며 **不起惑**이
약 욕 일 체 심 불 기   부 작 불 기 해   불 기 혹
始名爲出一切世間이니라.
시 명 위 출 일 체 세 간

만약 일체의 마음이 일어나지 않게 하고자 한다면 일으키지 말아야겠다는 생각도 내지 말며, 미혹도 일으키지 않는 것이 비로소 일체의 세간을 벗어난 것이라고 말한다.

癡人等은 **逢一箇胡鬼魅漢**이라도 **作鬼語**하며
치 인 등   봉 일 개 호 귀 매 한   작 귀 어
卽作鬼解하나니 **用爲指南**은 **不可論**이어니와
즉 작 귀 해   용 위 지 남   불 가 론
若爲하야 **得作大物用**이리오.
약 위   득 작 대 물 용

어리석은 사람은 한낱 도깨비를 만나더라도 귀신의 말을 하

며 귀신을 이해한다고 말한다. 남을 가르치는 데 사용하는 것은 말하지 않겠거니와 어떻게 해서 진리의 작용을 얻을 수 있겠는가?

魅(매) 도깨비

聞有人이 **領百千萬衆**하면 **卽心動**하나니
문유인 영백천만중 즉심동
好看自家心法하라 **爲有言說文字以不**아.
호간자가심법 위유언설문자이불

어떤 사람이 백천만의 대중을 다스린다는 말을 들으면 바로 마음이 움직인다. 자신의 심법을 잘 보라. 어찌 언어와 문자로써 알 수 있겠는가?"

問日何者가 **名爲淳朴心**이며 **何者**가
문왈하자 명위순박심 하자
名爲巧僞心이닛고.
명위교위심

어떤 사람이 질문했다. "어떤 것이 순박한 마음이며 어떤 것이 교묘하게 속이는 마음입니까?"

巧(교) 공교하다, 예쁘다

答曰 文字言說이 **名爲巧僞**며 **色非色等行住坐臥**와
답 왈 문 자 언 설　명 위 교 위　색 비 색 등 행 주 좌 와

施爲擧動이 **皆是淳朴心**이며
시 위 거 동　개 시 순 박 심

乃至逢一切苦樂等事하야도 **其心不動**이
내 지 봉 일 체 고 락 등 사　　기 심 부 동

始名爲淳朴心이니라.
시 명 위 순 박 심

달마 스님이 대답했다. "문자와 언어는 교묘하게 속이는 것이며 형상과 형상 아닌 것 등의 행주좌와의 일체의 행동거지 등이 모두 이것은 순박한 마음이다. 또한 일체의 즐겁고 괴로운 일을 만나도 그 마음이 움직이지 않는 것이 순박한 마음이다."

淳(순) 순박하다

問曰 何者가 **名爲正**이며 **何者**가 **名爲邪**닛가.
문 왈 하 자　명 위 정　　하 자　명 위 사

어떤 사람이 질문했다. "어떤 것이 바른 것이며 어떤 것이 삿된 것입니까?"

答曰 無心分別이 **名爲正**이요 **有心解法**이 **名爲邪**며
답 왈 무 심 분 별　명 위 정　　유 심 해 법　명 위 사

乃至不覺邪正이 **始名正**이니 **經**에 **云**하사되
내 지 불 각 사 정　 시 명 정　　경　 운

住正道者는 **不分別是邪是正也**라 하시니라.
주 정 도 자 　불 분 별 시 사 시 정 야

달마 스님이 대답했다. "마음에 분별이 없는 것이 바른 것이다. 마음이 법을 이해하는 것은 그른 것이다. 또한 삿되고 바른 것을 지각하지 않는 것이 바른 것이다. 경전에서는 '정도에 머문다고 하는 것은 이것이 옳다 저것은 삿되다 분별하지 않는 것이다'라고 하였다."

心品利鈍別相門
심 품 리 둔 별 상 문

근기의 차이를 구별하는 문

問曰 何者가 **名利根**이며 **何者**가 **名鈍根**이닛고.
문 왈 하 자 명 리 근   하 자 명 둔 근

어떤 사람이 질문했다. "어떤 것이 영리한 근기이며 어떤 것이 둔한 근기입니까?"

答曰 不由師敎하고 **從事見法者**는 **名爲利根**이요.
답 왈 불 유 사 교   종 사 견 법 자   명 위 리 근

달마 스님이 대답했다. "스승의 가르침을 의지하지 않고 현상을 따라서 법을 보는 사람은 근기가 영리하다고 이름함이요.

從師言敎하야 得解者는 名爲鈍根이며
종사언교 득해자 명위둔근

從師言敎聞法도 亦有利根鈍根하니
종사언교문법 역유리근둔근

스승의 언어적 가르침[言敎]을 빌어서 이해하는 사람은 근기가 둔하다고 말한다. 스승의 언어적 가르침[言敎]에 따라 법을 듣는데도 영리한 근기와 둔한 근기가 있다.

聞師言하되 不着有하고 卽不取不有하며 不着相하고
문사언 불착유 즉불취불유 불착상

卽不取無相하며 不着生하고 卽不取無生者는
즉불취무상 불착생 즉불취무생자

此利根人이며 貪解取着義와 是非等見이
차이근인 탐해취착의 시비등견

此鈍根人이니라.
차둔근인

스승의 가르침을 듣되, 있다에 집착하지 않고 있는 것이 아니다에도 집착하지 않으며 상에도 집착하지 않고 무상에도 집착하지 않으며 생에도 집착하지 않고 무생에도 집착하지 않는다면 이는 영리한 근기의 사람이다. 이해에 탐착하고 의미에 집착하여 옳고 그르다는 견해가 있다면 이는 둔한 근기의 사람이다.

解義利根人은 聞道하되 不發凡夫心하며 乃至賢聖心도
해 의 리 근 인   문 도   불 발 범 부 심   내 지 현 성 심

亦不發하야 凡聖雙絶이 此是利根人이요
역 불 발   범 성 쌍 절   차 시 리 근 인

의미를 이해함에 있어 영리한 근기의 사람은 도를 듣되 범부의 마음을 내지 않으며 또는 성인의 마음도 내지 않아서 범부와 성인이 완전히 끊어지면 이는 바로 영리한 근기의 사람인 것이다.

聞道하면 不愛財色하며 乃至佛菩提도 亦不愛하나니라.
문 도   불 애 재 색   내 지 불 보 리   역 불 애

도를 들으면 재물과 색을 애착하지 않으며 또한 부처님의 깨달음도 애착하지 않는다.

卽捨亂取靜하며 捨愚癡하고 取智慧하며
즉 사 란 취 정   사 우 치   취 지 혜

捨有爲取無爲하야 不能雙絶無碍가 此是鈍根人이요.
사 유 위 취 무 위   불 능 쌍 절 무 애   차 시 둔 근 인

즉 어지러운 경계를 버리고 고요함을 취하며, 어리석음을 버리고 지혜를 취하며 현상[有爲法][19]을 버리고 그 절대를 취함[無爲法][20] 두 가지를 다 버려 무애하지 못하면 이는 둔한 근기

19　유위법(有爲法) : 인연으로 생겨서 생멸 변화하는 물. 심의 현상(오온).
20　무위법(無爲法) : 무위란 모든 법의 진실체를 말하며, 곧 인연인 위작·조작을 여의고

의 사람이다.

擧沒을 **卽去**하고 **越過一切凡聖境界**하며 **聞道**하되
거몰 　즉거　　월과일체범성경계　　　문도

不發貪欲心하며 **乃至正念正思惟**도 **亦不發**하며
불발탐욕심　　내지정념정사유　　역불발

聞道하되
문도

빠지면 즉시 버리고 일체 범부와 성인의 경계를 초월하면 도를 듣더라도 탐욕의 마음을 내지 않으며 또한 바른 생각과 바른 사유도 내지 않으면 도를 듣되,

不發聲聞心하며 **乃至菩薩心**도 **亦不發**함이
불발성문심　　내지보살심　　역불발

是名利根人이니라.
시명리근인

성문의 마음도 내지 않으며, 또한 보살의 마음도 내지 않는 것이 바로 영리한 근기의 사람인 것이다."

　　　생·주·이·멸 4상의 변천이 없는 현상을 말함.

一盡法界無遺門
일진법계무유문

하나의 법계를 나타내는 문

菩薩은 **以法界**로 **爲舍宅**하고 **以四無量心**으로
보살   이법계 위사택   이사무량심

爲戒場이니라. **凡有所作施爲**가 **終不出法界心**이니
위계장   범유소작시위   종불출법계심

何以故오 **體是法界故**라.
하이고   체시법계고

보살은 법계로써 집을 삼고 사무량심으로써 계의 도량을 삼는다. 무릇 조작하거나 베푼다고 생각이 있다면 결코 법계 마음에서 벗어나지 못한다. 왜냐하면 체는 법계이기 때문이다.

縱儞種種云爲와 **跳跟蹄蹶**이라도 **悉不出法界**며
종 니 종 종 운 위   도 근 제 궐   실 불 출 법 계

亦不入法界니 **若以法界**로 **入法界**하면
역 불 입 법 계   약 이 법 계   입 법 계

卽是癡人이니라.
즉 시 치 인

이러한 갖가지 종류의 행위와 이리저리 뛰고 자빠지는 것일지라도 법계를 벗어나지 않으며 또한 법계에 들어가는 것도 아니다. 만약 법계로써 법계에 들어간다면 이는 어리석은 사람이다.

縱(종) 늘어지다, 용서하다 / 儞(니) 너 / 跳(도) 뛰다, 도약하다 / 跟(근) 발꿈치, 따를 / 蹶(궐) 넘어지다, 엎어지다

菩薩이 **了了見法界故**로 **名法眼淨**이요.
보 살   요 료 견 법 계 고   명 법 안 정

不見法有生滅住하야도 **亦名法眼淨**이니라.
불 견 법 유 생 멸 주   역 명 법 안 정

보살이 법계를 분명히 보기 때문에 법안이 청정하다고 말한다. 법은 생멸이 있다는 견해에 안주하지 않기 때문에 역시 법안이 청정하다고 말한다.

經에 云하사되 不滅癡愛也니 癡愛本不生이라.
경   운   불멸치애야   치애본불생

今無可滅이라 하시니 癡愛者는 就內外中間求覓하야도
금무가멸   치애자   취내외중간구멱

不可見不可得이요 乃至十方求之하야도
불가견불가득   내지시방구지

無毫釐相可得이니 卽不須滅求解脫이니라.
무호이상가득   즉불수멸구해탈

경전에서는 "어리석음과 애착은 멸하지 않는데 어리석음과 애착은 본래 생겨나지 않기 때문이다. 지금 멸할 수는 없다."고 하셨다. 어리석음과 애착은 내외의 중간에서 찾아볼 수 없고 얻을 수도 없다. 또한 시방세계에서 그것을 구해도 터럭만큼도 얻을 수 없는 것이니 곧 해탈은 얻을 수가 없는 것이다.

釐(이) 다스리다, 고치다

無我無執如空門
무 아 무 집 여 공 문

무아, 무집착의 공과 같은 문

問曰 世間人이 種種學問하되 云何不得道닛고.
문 왈 세 간 인　종 종 학 문　　운 하 부 득 도

어떤 사람이 질문했다. "세상 사람이 갖가지 학문을 하는데 어떻게 해야 도를 얻을 수 있습니까?"

答曰 由見己故로 不得道니 若能不見己하면
답 왈 유 견 기 고　부 득 도　약 능 불 견 기

卽得道니라.
즉 득 도

달마 스님이 대답했다. "자기를 보기 때문에 도를 얻을 수 없다. 만약 자기를 보지 않는다면 즉 도를 얻게 되느니라.

己者는 我也라. 至人은 所以로 逢苦不憂하나니
　　기자 아야　　지인　소이　봉고불우
遇樂不喜者는 由不見己故니라.
　우락불희자　　유불견기고

자기라는 것은 아집이다. 따라서 도가 높은 사람은 괴로움을 만나도 걱정하지 않는다. 즐거움을 만나도 기뻐하지 않는데 자기를 버리기 때문에

所以로 不苦樂者는 由亡己故로 得至虛無니
　소이　불고락자　　유망기고　　득지허무
己尙自亡이오 更有何物而不亡也리오.
　기상자망　　갱유하물이불망야

고통과 즐거움 않는 것은 자기는 항상 스스로 잊지 않는데 완전히 텅 비고 공한 경지를 얻으니 차기는 항상 스스로를 잊어 버리는데 다시 어떤 물건이 있어 버리지 않겠는가?

天下에 亡己者가 有己니 若能亡己時에 一切法이
　천하　망기자　유기　약능망기시　　일체법
本無己者어늘 橫生計校하야 卽感生老病死와
　본무기자　　횡생계교　　즉감생로병사
憂悲苦惱와 寒熱風雨一切不如意事하나니
　우비고뇌　　한열풍우일체불여의사

此竝妄想現이라.
차 병 망 상 현

천하에 자기를 버린다고 하지만 자기가 있다. 자기를 버릴 수 있을 때 일체의 법이 본래 실체가 없음을 알게 된다. 이리저리 생각하여 생로병사의 우비(憂悲) 고뇌(苦惱)와 추위와 더위, 비, 바람 등 일체의 원하지 않는 일을 만나는데 이것은 다 망상이 나타난 것이다.

橫(횡) 가로

由如幻化요 **去住不由己**니 **何以故**오 **從緣起故**로
유 여 환 화   거 주 불 유 기   하 이 고   종 연 기 고
幻化라 **橫生拒逆**하면 **不聽去住**니 **所以**로 **有煩惱**요.
환 화   횡 생 거 역   불 청 거 주   소 이   유 번 뇌
由執己故로 **卽有去住**라.
유 집 기 고   즉 유 거 주

환상으로 연유한 것이지 가고 머무는 것이 자기로 말미암은 것이 아니다. 왜냐하면 인연에 따라서 일어났기 때문에 허깨비인 것이다. 방자히 거역하면 가고 머무는 것을 듣지 않는다. 그러므로 번뇌가 있게 된다. 자기를 집착하기 때문에 바로 가고 머무는 것이 있게 된다.

但知去住不由己者니 **己者**도 **卽我所爲**라.
단 지 거 주 불 유 기 자 기 자 즉 아 소 위

是幻化法이니 **不可留停**이니라.
시 환 화 법 불 가 유 정

다만, 가고 머무는 것이 자기에 연유하지 않는다는 것을 알아야 한다. 자기라는 것은 나의 소행이다. 이것은 허깨비와 같은 법이므로 머물러 둘 수가 없다.

留(류) 머무르다

若不逆幻化者는 **觸物無碍**하며 **若能不拒逆變化者**는
약 불 역 환 화 자 촉 물 무 애 약 능 불 거 역 변 화 자

觸事不悔하나니라.
촉 사 불 회

만약 허깨비의 법을 거역하지 않는다면 사물을 대해도 장애가 없다. 만약 변화를 거역할 수 없다면 일을 마주 대해도 후회가 없을 것이다."

問曰諸法이 **旣空**인데 **阿誰修道**리오.
문 왈 제 법 기 공 아 수 수 도

어떤 사람이 질문했다. "이미 모든 법이 공하다면 과연 누가 도를 닦는 것입니까?"

答曰 有阿誰須修道리오. **若無阿誰**하면
답 왈 유 아 수 수 수 도　　약 무 아 수

卽不須修道니라.
즉 불 수 수 도

달마 스님이 대답했다. "어찌 누구인가 있어서 도를 닦으리오. 만약 그 누구인지가 없다면 도를 닦을 필요가 없다.

阿誰者는 **是亦我也**니 **若無我**하면 **逢物**하야도
아 수 자　　시 역 아 야　약 무 아　　봉 물

不生是非니라.
불 생 시 비

그 누구인가란 바로 나이다. 만약 나라는 것이 없으면 사물을 만나도 시비가 생겨나지 않는다.

是是者는 **我自是之而物非是也**요. **非非者**는
시 시 자　아 자 시 지 이 물 비 시 야　　비 비 자

我自非之而物非非也니 **如風雨靑黃赤白等比**를
아 자 비 지 이 물 비 비 야　여 풍 우 청 황 적 백 등 비

可知다.
가 지

이것이 옳다고 한다는 것은 즉, 나는 스스로 그것을 옳다고 여기지만 다른 대상은 옳지 않은 것이다. 그르다고[非非] 하는 것은 나는 스스로 그것을 그르다고 여기지만 다른 대상은

그르지 않은 것이다. 마치 비와 바람, 청, 황, 적, 백 등으로 비교하면 알 수 있다.

好好者는 **我自好之而物非好也**니 **何以故**오.
호호자　아자호지이물비호야　하이고
如眼耳鼻舌身과 **色聲香味觸等比喩**도 **可知**니라.
여 안이비설신　색성향미촉등비유　가지

좋다고 하는 것은 나는 스스로 그것을 좋아하지만 다른 대상을 좋아하지 않다는 뜻이다. 왜냐하면 안이비설신과 색성향미촉의 비유처럼 알 수 있는 것이다."

是道非道差別門
시 도 비 도 차 별 문

바른 도와 그른 도의 차이를 나타내는 문

問曰 經에 云하사되 住於非道하야
문 왈 경 운 주 어 비 도
通達佛道也라 하셨나이다.
통 달 불 도 야

어떤 사람이 질문했다. "경전에서 말씀하시길 '도가 아닌 것에 머물러 불도를 통달했다'고 하셨습니다."

答曰 行非道者는 不捨名不捨相이요. 通達者는
답 왈 행 비 도 자 불 사 명 불 사 상 통 달 자
卽名無名이요. 卽相無相이니라.
즉 명 무 명 즉 상 무 상

달마 스님이 대답했다. "도가 아닌 것을 행한다고 하는 것은 명자도 버리지 않고 모습도 버리지 않는 것이다. 통달한다는 것은 명자에 상즉하지만 명자가 없는 것이오. 형상에 상즉[21]하지만 형상이 없는 것이다.

又云行非道者는 不捨貪不捨愛요. 通達者는
우운 행비도자   불사탐불사애   통달자

卽貪無貪하며 卽愛無愛니라.
즉탐무탐   즉애무애

또한 경전에서는 '도가 아닌 것을 행한다고 하는 것은 탐욕을 버리지도 않고 애욕을 버리지도 않는 것이다. 통달한다는 것은 탐욕에 상즉해 있지만 탐욕이 없는 것이고 애욕에 상즉하지만 애욕이 없는 것이다.

行非道者는 不捨苦不捨樂이요. 卽苦無苦하며
행비도자   불사고불사락   즉고무고

卽樂無樂이 名爲通達이며 不捨生死가 名爲通達이니라.
즉락무락   명위통달   불사생사   명위통달

비도를 행한다고 하는 것은 괴로움도 버리지 않고 즐거움도 버리지 않는 것이다. 괴로움에 상즉해 있지만 괴로움이 없고 즐거움에 상즉하지만 즐거움이 없는 것을 통달이라고 한다. 생사를 버리지 않는 것을 통달이라 이름하느니라.

---

21 상즉(相卽) : 이것과 저것이 서로 자기를 폐하여 서로 다른 것과 같아지는 것. 파도이면서 물이고 물이면서 곧 파도라고 하는 것과 같은 것.

住非道者는 **卽生無生**하고 **不取無生**하며
주 비 도 자   즉 생 무 생   불 취 무 생

卽我無我[22]하고 **不取無我**가 **名爲通達佛道**며
즉 아 무 아   불 취 무 아   명 위 통 달 불 도

若能卽非無非하되 **不取無非**하면
약 능 즉 비 무 비   불 취 무 비

是名通達佛道라 하니
시 명 통 달 불 도

비도에 머문다 하는 것은 생에 상즉해 있지만 생이 없고 무생도에 취하지 않으면 아(我)에 상즉해 있지만 아가 없고 무아도 취하지 않은 것은 불도에 통달했다고 말한다. 만약 비에 상즉하여 비에 취하지 않고 비무에 취하지 않는다면 이는 불도를 불도 통달했다고 말한다'고 하셨다.

以要言之하면 **卽心無心**이 **名爲通達心道**니라.
이 요 언 지   즉 심 무 심   명 위 통 달 심 도

이로써 그것을 요약해 보면 마음에 상즉하여 마음이 없다면

---

22 무아(無我) : ① 몸과 마음을 상일 주제하는 작용이 있는 영구불변하는 주제를 아(我)라고 하나 이것은 외도와 범부가 잘못 안 것으로 실은 이와 같은 아는 없다. 우리의 몸과 마음은 오온이 가정적으로 화합한 것인데 범부는 그 작용에 미혹되어 실아를 인정하지만 실은 특별히 주체라고 인정할 만한 것은 하나도 없다. 이를 인무아(人無我)라 한다. ② 외도 범부는 모든 법에 의하여 실아가 있고 실법이 있다는 그릇된 소견을 내고 믿잉은 '상주 실게'라고 잘못 알아 법아(法我)가 있다고 생각하나 실은 본래 인연화합으로 생긴 가법이므로 따로 법아가 없다 이를 법무아(法無我)라 한다. 유정도 마찬가지로 오온에 의하여 성립된 가유의 존재이므로 오온을 여의고는 따로 실체나 자성을 가진 아가 없기 때문에 모든 법은 모두 무아라 한다.

마음의 도를 통달했다고 말한다."

問曰 云何達一切法이닛고.
문왈 운하달일체법

어떤 사람이 질문했다. "어떤 것이 일체의 법을 통달하는 것입니까?

答曰 卽物不起見이 **名爲達**이니라. **卽物不起心**하고
답왈 즉물불기견 명위달 즉물불기심

卽物不起貪하고
즉물불기탐

달마 스님이 대답했다. 사물에 상즉해도 견해를 일으키지 않는 것은 통달했다고 말한다. 즉 사물에 상즉해도 마음을 일으키지 않고 사물에 상즉해도 탐욕을 일으키지 않으면

卽物不起悤이 **悉名爲達**이니 **卽色無色**이 **正爲達色**이며
즉물불기총 실명위달 즉색무색 정위달색

사물에 상즉해도 번다함을 일으키지 않는 것을 모두 통달했다고 말한다. 물질에 상즉해도 물질이 없는 것이 바로 통달한 것이며,

---

悤(총) 바쁘다

卽有不有가 **名爲達有**며 **卽生無生**야 **名爲達生**이며
즉 유 불 유   명 위 달 유   즉 생 무 생   명 위 달 생

卽法無法이 **名爲達法**이니
즉 법 무 법   명 위 달 법

유에 상즉해도 있지 않은 것은 통달이라고 말하며 생에 상즉해도 생이 없는 것이 통달이며 법에 상즉해도 법이 없는 것이 통달이니

逢物直達하면 **此人**은 **慧眼**[23]**開**하야 **亦可觸物**하야도
봉 물 직 달   차 인   혜 안 개   역 가 촉 물

不見相異니 **卽異無異**면 **名爲達異**니라.
불 견 상 이   즉 이 무 이   명 위 달 이

사물을 대하여 곧바로 통달하면 이 사람은 혜안이 열린 것이다. 또한 사물에 대하여도 서로 상이함을 보지 않을 수 있다. 즉 다른 것에 상즉해서 또 다른 것이 없으면 이는 다른 것을 통달한 것이다.

---

23 혜안(慧眼) : 여래의 오안의 하나로 우주의 진리를 밝혀 보는 눈. 곧 만유의 모든 현상은 공(空)한 것으로 보아 모든 집착을 여의고 차별의 현상계를 보지 않는 지혜. 이는 승(乘)이 얻는 지혜이므로 중생을 제도하지 못하고 법안이나 불안의 단계가 되어야 중생을 제도한다.

邪正一相同體門
사정일상동체문

정사는 하나의 모습으로 동체

問曰 經에 云하사되 外道는 樂諸見하고 菩薩은
문왈 경 운   외도 낙제견   보살

於諸見而不動하고 天魔는 樂生死하고 菩薩은
어제견이부동   천마 낙생사   보살

於生死而不捨也라 하셨나이다.
어생사이불사야

어떤 사람이 질문했다. "경전에서 말씀하시되 '외도는 여러 견해를 즐겨하고 보살은 여러 견해에 대해 움직이지 아니하고 천마외도는 생사를 즐겨하고 보살은 생사에 처해도 버리지 않는다'고 하셨습니다."

答曰邪見이 **同正見故**로 **不動**이요 **外道**가
답 왈 사 견 동 정 견 고 부 동   외 도

樂諸見者는 **所謂見有見無**니라.
낙 제 견 자   소 위 견 유 견 무

달마 스님이 대답했다. "삿된 견해는 바른 견해와 같은 것이기 때문에 움직이지 않는 것이다. 외도가 여러 견해를 좋아한다는 것은 있다는 견해와 없다는 견해를 말한 것이다.

卽有不有하며 **卽無不無**가 **名爲不動**이니 **不動者**는
즉 유 불 유   즉 무 불 무   명 위 부 동   부 동 자

不離正不離邪라 **卽是正**이니라.
불 리 정 불 리 사   즉 시 정

있는 것에 상즉해서도 있지 않으며 없는 것에 상즉해서도 없지 않는 것을 움직임이 없다고 말한다. 움직임이 없다고 하는 것은 바른 것을 버리지 않고 삿된 것도 버리지 않는 것이 이것이 바른 것이다.

解時에는 **卽無邪正**이니 **不須離邪求正**이니라.
해 시   즉 무 사 정   불 수 리 사 구 정

이해했을 때에는 정사가 없게 되는데 반드시 삿된 것을 버리고 바른 것을 구하지 않는다.

卽有不有가 **不動時見有**요 **卽無不無**가
즉유불유　부동시견유　　즉무불무

不動時見無니 **依法看**하면 **邪正**이 **都不異故**로
부동시견무　의법간　　사정　도불이고

言不動이며 **亦不須捨邪入正故**로 **言**하되
언부동　　역불수사사입정고　　언

於諸見而不動이라 하니라.
어제견이부동

즉 있는 것에 상즉하여 있지 않은 것을 있다는 견해에 움직이지 않는다. 없는 것에 상즉하여 없지 않은 것이 없다는 견해에 움직임이 없는 순간이다. 법에 의거해 보면 삿되고 바른 것도 도무지 다른 것이 아니기 때문에 움직임이 없다고 말하는 것이다. 반드시 삿된 것을 버리지 않고 바른 것에 들어가는 것이기 때문에 여러 견해에서 움직임이 없다고 말한 것이다.

經에 **云**하되 **以邪相入正法**이라 하시며 **又云**하사되
경　운　　이사상입정법　　　　　우운

不捨八部하고 **入八解脫也**라 하시니라.
불사팔부　　입팔해탈야

경전에서 '삿된 형상으로써 바른 법에 들어간다'고 했다. 또한 '팔사를 버리지 않고 팔해탈에 들어간다'고 하셨다."

生死涅槃無二門
생사열반무이문

생사와 열반은 둘이 아닌 문

生死同涅槃故로 **不捨**니 **卽生無生**하고 **卽死無死**라.
생사동열반고　불사　즉생무생　　즉사무사

생사와 열반은 같은 것이기 때문에 버리지 않는다. 생에 상즉하여 생이 없고 사에 상즉하여 사가 없는 것이다.

不待捨生以入於無生이요, **不待捨死以入於無死**니
부대사생이입어무생　　부대사사이입어무사
寂滅故로 **卽是涅槃**이니라.
적멸고　즉시열반

생을 버리지 않고도 무생에 들어가며 사를 버리지 않고도 무사에 들어간다. 적멸한 것이기 때문에 바로 이것이 열반이다.

經에 云하사되 一切衆生이 本來寂滅이라
경   운   일체중생   본래적멸

不復更滅이라 하시고 又云하사되 一切法이
불부갱멸   우운   일체법

皆是涅槃也라 하시니 不須捨生死하고
개시열반야   불수사생사

始是涅槃이라.
시시열반

경전에서는 "일체 중생이 본래 적멸일 뿐 다시 멸하는 것은 없다."고 하셨다. 또한 "일체의 법이 모두 그대로 열반"이라고 하셨다. 반드시 생사를 버리지 않고서도 바로 열반이다.

如人이 不須捨凍凌하고 始是水니 性自同故며
여인   불수사동릉   시시수   성자동고

生死涅槃도 亦性同故로 不須捨니 是故로 菩薩이
생사열반   역성동고   불수사   시고   보살

於生死而不捨니라.
어생사이불사

마치 어떤 사람이 얼음을 녹이지 않고도 이것은 물이라고 한다. 성질이 스스로 동일하기 때문에 버리지 않는 것이다. 생사열반도 또한 성질이 동일하기 때문에 버리지 않는 것이니, 그러므로 보살은 생사에 처해서도 버리지 않는다.

菩薩이 **住不動者**는 **住無住**가 **名爲住**니라.
보살   주부동자   주무주   명위주

보살은 움직이지 않는 경지에 머무는데 이 무주에 머무는 것을 머문다고 말한다.

以外道는 **樂諸見故**로 **菩薩**이
 이 외 도   낙 제 견 고   보 살
欲令敎卽見無見케 함이니 **不勞離見然後**에 **無見**이요.
욕 령 교 즉 견 무 견   불 로 이 견 연 후   무 견

외도가 여러 견해를 즐겨 하기 때문에 보살은 견해에 상즉해서도 견해가 없는 것을 가르치고자 한다. 수고스럽게 견해를 떠난 다음에야 무견이 되는 것은 아니다

天魔는 **樂生死**하나니 **菩薩**이 **而不捨者**는
천 마   낙 생 사   보 살   이 불 사 자
欲令悟卽生無生이라.
욕 령 오 즉 생 무 생

천마는 생사를 즐겨 한다. 그러나 보살이 버리지 않는 것은 생에 상즉하여 생이 없는 이치를 깨닫게 하고자 함이다

不待捨生以入於無生이니 **比如不須捨水而就濕**하며
부 대 사 생 이 입 어 무 생   비 여 불 수 사 수 이 취 습

不須捨火而就熱이라.
　　불 수 사 화 이 취 열

생을 버리지 않고서도 무생에 들어가는데 비유하면 마치 물을 버리지 않고도 습기를 취할 수 있으며 불을 버리지 않고도 열기를 취할 수 있는 것과 같다.

濕(습) 축축하다, 습기

水卽濕이요. **火卽熱**이니 **如是生死**가 **卽是涅槃**이라.
　수 즉 습　　화 즉 열　　여 시 생 사　즉 시 열 반
是故로 **菩薩**이 **不捨生死而入涅槃**이니라.
　시 고　 보 살　 불 사 생 사 이 입 열 반

물이 곧 습기요 불이 열이기 때문이니 이와 같이 생사가 바로 열반인 것이다. 그러므로 보살은 생사를 버리지 않고 열반에 들어간다.

生死性이 **卽是涅槃故**로 **不待斷生死而入涅槃**도
　생 사 성　 즉 시 열 반 고　 부 대 단 생 사 이 입 열 반
亦如不待斷火而入熱性이나 **是故**로
　역 여 부 대 단 화 이 입 열 성　　시 고
不待斷生死而入涅槃이니라.
　부 대 단 생 사 이 입 열 반

생사의 성품이 열반이기 때문이다. 생사를 끊지 않고 열반에

들어가는 것도 역시 불을 버리지 않고도 열의 성질을 얻는 것과 같다. 그러므로 생사를 끊지 않고도 열반에 들어간다.

何以故오 **生死性**이 **卽是涅槃**이니라.
하 이 고   생 사 성   즉 시 열 반

왜냐하면 생사의 성품이 열반이기 때문이다.

聲聞은 **斷生死而入涅槃**하고 **菩薩**은 **體知性平等故**로
성 문   단 생 사 이 입 열 반   보 살   체 지 성 평 등 고

能以大悲로 **同物取用**하나니 **生死**가 **義一名異**며
능 이 대 비   동 물 취 용   생 사   의 일 명 이

不動과 **涅槃**도 **亦義一名異**하니라.
부 동   열 반   역 의 일 명 이

성문은 생사를 끊어서 열반에 들어가지만 보살은 체성이 평등함을 알기 때문에 대비로써 사물에 동등하게 작용을 펼친다. 생사라고 하는 것은 의미는 하나이지만 이름이 다를 뿐이며, 역시 부동과 열반도 의미는 하나이지만 이름이 다를 뿐이다.

大道遠近分別門
대도원근분별문

대도의 멀고 가까움을 분별하는 문

問曰 大道가 爲近가 爲遠가.
문왈 대도 위근 위원

어떤 사람이 질문했다. "대도는 가까이에 있습니까, 멀리 있습니까?"

答曰 如似陽炎하야 非近非遠이며 鏡中面像도
답왈 여사양염 비근비원 경중면상

亦非近非遠이며 虛空浪蕩針花等도
역비근비원 허공랑당침화등

亦非近非遠이니라.
역비근비원

달마 스님이 대답했다. "비유하면 마치 아지랑이와 같아서 가까이에 있는 것도 아니고 멀리 있는 것도 아니다. 거울 속에 있는 얼굴 모습과 같아서 가까이에 있는 것도 아니고 멀리 있는 것도 아니다. 허공, 랑당, 침화 등과 같아서 가까운 것도 아니고 먼 것도 아니다.

浪(랑) 물결, 파도 / 蓎(당) 소나무 겨우살이 / 針(침) 바늘

若言是近인데 十方求之라도 不可得이며
약 언 시 근   시 방 구 지   불 가 득

만약 도가 가까이 있는 것이라면 시방에서 그것을 구해도 얻을 수 없을 것이다.

若言是遠인데 了了眼前이로다.
약 언 시 원   요 료 안 전

또한 도가 멀리 있는 것이라면 눈앞에 분명히 있을 것이다.

經論에 云하사되 近而不可見者는
경 론   운   근 이 불 가 견 자
萬物之性也라 하시니 若見物性者는 名爲得道니라.
만 물 지 성 야   약 견 물 성 자   명 위 득 도

경론에서는 '가까움을 볼 수 없는 것은 만물의 성품이다'라고 하셨다. 만약 사물의 속성을 본다면 도를 증득했다고 말한다.

物心者는 **是物性**이니 **無物相**이라. **卽物無物**이
물 심 자　　시 물 성　　　무 물 상　　　즉 물 무 물
是名物性이니라.
시 명 물 성

사물의 마음이란 바로 사물의 성품인데 사물의 모습은 없다. 사물에 상즉해도 사물이 없다면 이것이 사물의 성품인 것이다.

所謂有形相之物은 **皆是物**이니 **審見物性**이
소 위 유 형 상 지 물　　개 시 물　　　심 견 물 성
實而不謬者는 **名爲見諦**며 **亦名見法**이며
실 이 불 류 자　　명 위 견 제　　역 명 견 법
近而不可見者는 **法相也**니라.
근 이 불 가 견 자　　법 상 야

즉 형상이 있는 사물은 모두 사물이다. 사물의 성품을 자세히 본다면 실로 잘못이 없는 것인데 이것이 진리를 본 것이며 법을 본 것이라고 말한다. 가깝지만 볼 수 없는 것은 법상(法相)의 모습인 것이다."

審(심) 살피다, 자세하다 / 謬(류) 그릇되다, 어긋나다

大道覺悟易難門
대도각오이난문

절대 도를 깨닫는 데 있어서 난이를 나타낸 문

釋曰 智者는 任物不任己하나니 **卽無取捨**하며
석왈 지자   임물불임기   즉무취사

亦無違順이요.
역무위순

주석하여 말했다. "지혜로운 사람은 사물에 맡길 뿐 자기에게 맡기지 않는다. 즉 취하고 버리는 것이 없고 거역하고 따르는 것도 없다.

愚者는 任己不任物하나니 **卽有取捨**하며
우자   임기불임물   즉유취사

卽有違順이다.
즉유위순

어리석은 자는 자기에게 맡기고 사물에 맡기지 않는다. 즉 취사가 있으면 위순이 있다.

若能虛寬放大하야 **亡天下者**는 **卽是任物隨時**라.
　　약 능 허 관 방 대　　　망 천 하 자　　즉 시 임 물 수 시

만약 텅 비어 넓고 방대하여 천하를 모두 잊는 것은 대상에 맡기고 시절을 따르는 것이다.

任物隨時는 **卽易**어니와 **違拒化物**은 **卽難**이니라.
　　임 물 수 시　　즉 이　　　위 거 화 물　　즉 난

사물에 맡겨 시절을 따르는 것은 쉽거니와 거역하여 사물을 변화시키는 것은 어렵다.

──
拒(거) 막다, 거부하다

物若欲來이던 **任之莫逆**하며 **物若欲去**이던
　　물 약 욕 래　　　임 지 막 역　　　물 약 욕 거
放去勿追하며 **所作事**를 **過而勿悔**하며 **事時未至者**는
　　방 거 물 추　　소 작 사　과 이 물 회　　　사 시 미 지 자
放而勿思니 **是行道人**이니라.
　　방 이 물 사　　시 행 도 인

만약 사물을 오게 하고 싶다면 그에 맡겨서 거역하지 말며 사

물이 가게 하고 싶다면 놓아서 쫓지 말라. 일을 하고 지난 뒤에 후회하지 말며, 아직 일이 이르지 않은 것을 놓아버려 생각하지 말라. 이것이 바로 도를 행한 사람이다.

任(임) 맡기다

若能任者는 卽委任天下라도 得失이 不由我라.
약 능 임 자 즉 위 임 천 하   득 실   불 유 아

만약 맡길 수 있다면 천하를 다 위임해 버려도 득실은 나와는 상관없다.

若任而不拒하며 從而不逆者는
약 임 이 불 거   종 이 불 역 자

何處何時而不逍遙리오.
하 처 하 시 이 불 소 요

만약 맡겨 놓고서 거역하지 않고 따르면서도 거역하지 않는다면 어느 곳 어느 때에도 자유롭지 않으리오."

逍(소) 거닐다 / 遙(요) 멀다, 아득하다

問曰 云何名爲大道는 甚易知甚易行이며 天下가
문 왈 운 하 명 위 대 도   심 이 지 심 이 행   천 하

莫能知莫能行이닛고 **願開而示**하소서.
막 능 지 막 능 행　　　원 개 이 시

어떤 사람이 질문했다. "어떤 것이 대도를 매우 쉽게 알아서 매우 쉽게 행하는 것이며 천하가 알 수 없고 행할 수가 없는 것이라고 말합니까? 원컨대 열어서 보여 주소서."

答曰 此言이 **實爾**니라. **高臥放任**하야 **不作一箇物**이
답 왈 차 언　실 이　　　고 와 방 임　　부 작 일 개 물

名爲行道며
명 위 행 도

달마 스님이 대답했다. "이 말이 참으로 그러하다. 높아도 눕혀서 놓아 버려 하나의 물건도 만들지 않는 것이 도를 행하는 것이다.

不見一箇物이 **名爲見道**며 **不知一箇物**이 **名爲知道**며
불 견 일 개 물　명 위 견 도　　부 지 일 개 물　명 위 지 도

하나의 물건도 보지 않는 것이 도를 보는 것이며, 하나의 물건도 알지 않는 것이 도를 아는 것이다.

不修一箇物이 **名爲修道**며 **不行一箇物**이 **名爲行道**며
불 수 일 개 물　명 위 수 도　　불 행 일 개 물　명 위 행 도

하나의 물건도 닦지 않는 것이 도를 닦는 것이며, 하나의 물

건도 행하지 않는 것이 도를 행하는 것이다.

若如是者인댄 **名爲行道**니 **亦名易知**는 **亦名易行**이니라.
약여시자　　명위행도　　역명이지　　역명이행

만약 이와 같다면 도를 행한다고 말하고, 또한 쉽게 알며 쉽게 행하는 것이다.

問曰 老經에 **云**하되 **愼終如始**하면
문왈 노경　운　　신종여시

必無敗事也라 하니 **此**는 **云何**닛고.
필무패사야　　　차　　운하

어떤 사람이 질문했다. "『도덕경』에서 말하되 '삼가 마지막을 처음과 같게 하며 반드시 패하는 일이 없다'고 했는데 이것은 어떤 뜻입니까?"

愼(신) 삼가다, 진실로

答曰 此是懷信義之人이 **一發心時**에 **永無退沒**하야
답왈 차시회신의지인　　일발심시　　영무퇴몰

無有古無有今이 **名爲有古有今**이니 **初發心**이
무유고무유금　　명위유고유금　　　초발심

是今이라.
시금

달마 스님이 대답했다. "이것은 믿음과 의리가 있는 사람이 처음 발심 했을 때 영원히 물러남이 없어서 옛날에 있지도 않고 현재도 있지도 않는 것을 옛날에 머물고 현재에 머문다고 말한다. 처음 발심할 때가 바로 지금이다.

於今에 **望是古**하고 **今心**이 **是古**라. **於古**에
어 금　망 시 고　　금 심　시 고　　어 고
望是今이니 **若遺大心**하야 **有始有終者**는
망 시 금　　약 유 대 심　　유 시 유 종 자
名爲信佛法人이요.
명 위 신 불 법 인

지금 바라는 것이 바로 옛날이고 지금 마음이 바로 옛날이다. 옛날에 바라는 것이 바로 지금이다. 만약 크게 마음을 버려서 시작도 있고 끝도 있는 것은 불법을 믿는다고 말하며

望(망) 바라다, 기대하다 / 遺(유) 끼치다, 버리다

古今不改者는 **名爲實**이요. **虛妄誑詐者**는
고 금 불 개 자　명 위 실　　허 망 광 사 자
名爲迷華니라.
명 위 미 화

옛날과 지금을 고치지 않는 것을 진실하다고 말한다. 허망하게 속이는 것은 미혹의 꽃이라고 말한다."

詐(사) 속이다, 거짓말하다

上士無障無碍門
상사무장무애문

보살은 장애가 없다

問曰 云何是菩薩行이닛고.
문 왈 운 하 시 보 살 행

어떤 사람이 질문했다. "어떤 것이 보살의 행입니까?"

答曰 非賢聖行이며 **非凡夫行**이 **是菩薩行**이니
답 왈 비 현 성 행   비 범 부 행   시 보 살 행

若學菩薩時에 **不取世法**하며 **不捨世法**이니
약 학 보 살 시   불 취 세 법   불 사 세 법

달마 스님이 대답했다. "현성의 행도 아니요 범부의 행도 아닌 것이 보살의 행이다. 만약 보살이 배울 때에는 세간의 법을 취하치도 않고 버리지도 않는다.

若能卽心識入道者는 **凡夫聲聞**이 **無能測量**이니라.
　　약 능 즉 심 식 입 도 자　　범 부 성 문　　무 능 측 량

만약 심식이 상즉하여 도에 들어갈 수 있다면 범부와 성문도 헤아릴 수 없다.

所謂一切事處와 **一切色處**와 **一切諸惡業處**를 **菩薩**은
　　소 위 일 체 사 처　　일 체 색 처　　일 체 제 악 업 처　　보 살

用之하야 **皆作佛事**하며 **皆作涅槃**하며 **皆是大道**라.
　용 지　　　개 작 불 사　　　개 작 열 반　　　개 시 대 도

즉 일체의 사처와 일체의 색처 일체의 모든 악업처를 보살은 그것을 사용하여 모두 불사를 지으며 열반 짓는데 이것이 바로 대도이다.

卽是一切處가 **無處不處**라 **卽是法處**며
　즉 시 일 체 처　　무 처 불 처　　즉 시 법 처

卽是道處니라. **菩薩**은 **觀一切處**가 **卽是法處**라.
　즉 시 도 처　　　보 살　　관 일 체 처　　즉 시 법 처

즉 일체의 처소는 처소와 처소 아닌 것이 없다. 즉 이것이 법처이며 이것이 도처이다. 보살은 일체처가 바로 법처라고 말한다.

菩薩은 不捨一切處하고 不取一切處하며 菩薩은
　　보살　　불사일체처　　　불취일체처　　　　보살
不簡擇一切處하고 皆能作佛事하며 卽生死하야
　불 간 택 일 체 처　　　　개 능 작 불 사　　　　　즉 생 사
作佛事하며 卽惑하야 作佛心이니라."
　작 불 사　　　즉 혹　　　작 불 사

보살은 일체처를 버리지도 않고 일체처를 취하지도 않는다. 보살을 일체처를 가리지 않고 불사를 이룰 수 있으며 생사에 상즉하여 불사를 지으며 미혹에 상즉하여 부처님의 마음을 낸다."

簡(간) 대쪽, 글

正見邪見別體門
정견사견별체문

정견과 사견은 자체가 다르다

問曰 諸法이 無法커늘 云何作佛事닛고.
문 왈 제 법 무 법 운 하 작 불 사

어떤 사람이 질문했다. "모든 법은 법이 없거늘 어떻게 불사를 짓습니까?"

答曰 卽作處가 非作處며 無作法이 卽善處며
답 왈 즉 작 처 비 작 처 무 작 법 즉 선 처

不善處에 見佛이니라.
불 선 처 견 불

달마 스님이 대답했다. "즉 (불사를) 짓는 처소라고 하지만 작처가 아니며, 작법이 없는 것이 바로 선처이며 선처가 아니어야 부처를 본다."

問曰 云何見佛이닛고.
문 왈 운 하 견 불

어떤 사람이 질문했다. "어떻게 해야 부처를 봅니까?"

答曰 卽貪不見貪相이 **見貪法**이요. **不見苦相**이
답 왈 즉 탐 불 견 탐 상   견 탐 법   불 견 고 상

見苦法이요.
견 고 법

달마 스님이 대답했다. "탐욕에 상즉하여 탐욕이라는 상을 보지 않는 것이 탐욕이라는 법을 보는 것이다. 괴로움의 상을 보지 않는 것이 괴로움의 법을 보는 것이다.

不見夢相하고 **見夢法**이 **是名一切處見佛**이요.
불 견 몽 상   견 몽 법   시 명 일 체 처 견 불

若見相時에는 **卽一切處見鬼**니라.
약 견 상 시   즉 일 체 처 견 귀

꿈이라는 상을 보지 않는 것이 꿈의 법을 보는 것이다. 이것이 일체의 처소에서 부처를 보는 것이다. 만약 상을 볼 때에는 바로 일체처에서 귀신을 보게 된다."

法界菩提差別門
법 계 보 리 차 별 문

법계의 보리 차별문

問曰 法界體性이 在何處닛가.
문 왈 법 계 체 성 재 하 처

어떤 사람이 질문했다. "법계의 체성은 어느 곳에 있습니까?"

答曰 一切處가 皆是法界處니라.
답 왈 일 체 처 개 시 법 계 처

달마 스님이 대답했다. "모든 장소가 모두 법계의 장소이다."

問曰 法界體性中에 有持戒破戒不인가.
문 왈 법 계 체 성 중 유 지 계 파 계 불

어떤 사람이 질문했다. "법계의 체성 가운데 계를 지니는 것과 계를 파하는 것이 있습니까?"

答曰 法界體性中에 **無有凡聖天堂地獄**하며
답 왈 법 계 체 성 중　무 유 범 성 천 당 지 옥
亦無是非苦樂等하야 **常如虛空**이니라.
역 무 시 비 고 락 등　　상 여 허 공

달마 스님이 대답했다. "법계의 체성 가운데는 범부와 성인, 천당과 지옥이 없으며, 또한 시비와 고락의 등도 없어서 항상 허공과 같다."

問曰 云何處가 **是菩提處**닛고.
문 왈 운 하 처　시 보 리 처

어떤 사람이 질문했다. "어떤 곳이 바로 보리의 처소입니까?"

答曰 行處是菩提處며 **見法處是菩提處**며 **坐處**가
답 왈 행 처 시 보 리 처　견 법 처 시 보 리 처　좌 처
是菩提處며 **見法處**와 **立處**가 **是菩提處**며
시 보 리 처　견 법 처　입 처　시 보 리 처
擧足下足一切가 **皆是菩提處**니라.
거 족 하 족 일 체　개 시 보 리 처

달마 스님이 대답했다. "행하는 처소가 바로 보리처이며 법을 보는 처소가 바로 보리처이며, 좌선하는 곳이 바로 보리처이다. 법을 보는 처소와 서있는 곳이 바로 보리처이며, 발을 올리고 내리는 일체가 모두 보리처이니라."

開示甚深境界門
개시심심경계문

깊고 깊은 경계를 보는 문

問曰 云何名諸佛境界닛고 **願爲說之**하소서.
문왈 운하명제불경계 원위설지

어떤 사람이 질문했다. "어떤 것이 모든 부처님 경계입니까? 그것을 설명해 주십시오."

答曰 法은 **非有非無**나 **不取非有非無**니 **如此解者**는
답왈 법 비유비무 불취비유비무 여차해자
名爲佛境界니라.
명위불경계

달마 스님이 대답했다. "법은 있는 것도 아니고 없는 것도 아니며 비유도 비무도 취하지 않는다. 이와 같이 이해하는 것을 부처님의 경계라 말한다.

若心如木石하면 不可以有智로 知며 不可以無智로 知니라.
약심여목석   불가이유지 지 불가이무지 지

만약 마음이 나무와 돌과 같으면 지혜가 있는 것으로써 알 수 없으며 지혜가 없는 것[無智]으로써 알 수 없다.

佛心은 不可以有心으로 知며 法身은 不可以像으로
불심   불가이유심   지   법신   불가이상

見이니 齊知之所解者는 是妄想分別이며
견   제지지소해자   시망상분별

從儞作種種解者는 皆是自心計校며 自心妄想이니라.
종니작종종해자   개시자심계교   자심망상

부처님의 마음은 마음[有心]으로써 알 수 없으며 법신은 형상으로써 볼 수 없다. 알음알이로 이해한 것은 모두 망상분별이다. 너의 마음을 따라서 갖가지로 이해하는 것은 모두 자심으로 헤아리는 것이며 이러한 갖가지 자기 마음의 망상이다.

諸佛智慧는 不可說示人이며 亦不可藏隱이며
제불지혜   불가설시인   역불가장은

亦不可以禪定測量이요.
역불가이선정측량

모두 부처님의 지혜는 설명하여 사람들에게 보여 줄 수 없으며, 또한 숨길 수도 없고 선정으로써도 측량할 수가 없다.

絶解絶知가 **名爲諸佛境界**며 **亦不可度量**이
절해절지   명위제불경계   역불가도량

是名佛心이나 **若能信佛心**이 **如是者**는
시명불심   약능신불심   여시자

亦卽滅無量恒沙煩惱요.
역 즉 멸 무 량 항 사 번 뇌

이해를 단절하고 아는 것을 단절한 것이 바로 모든 부처님의 경계이다. 또한 헤아릴 수가 없는 것이 부처님 마음이다. 만약 부처님의 마음을 믿을 수 있다면 이와 같이 사람은 무량한 갠지스 강의 모래알 같은 번뇌를 끊게 된다.

若能存心하야 **念念佛慧者**는 **此人道心**이
약 능 존 심   염 념 불 혜 자   차 인 도 심

日日壯大니라.
일 일 장 대

만약 마음에 남겨 두어 부처님의 지혜를 항상 생각하면 이와 같은 사람은 도심이 매일매일 장대해진다."

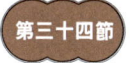

諸法不動寂靜[25]門
제법부동적정문

모든 법은 부동하여 고요하다

問曰 云何名如來慧日이 潛沒於有地닛고.
문왈 운하명여래혜일 잠몰어유지

어떤 사람이 질문했다. "어찌하여 부처님의 지혜의 광명이 땅에 숨어 버린다고 말합니까?"

答曰 非有見有하면 慧日이 沒於有地요. 無相見相도
답왈 비유견유 혜일 몰어유지 무상견상

亦然이니라.
역연

---

24 적정(寂靜) : 마음에 번뇌가 없고 몸에 괴로움이 없는 편안한 모양.

달마 스님이 대답했다. "있는 것도 아닌데도 유를 보면 지혜의 광명이 땅에 숨어 버리고 협상이 없는데도 상을 보면 이것도 역시 광명이 숨어 버린다."

問曰 云何名不動相이닛고.
문 왈 운 하 명 부 동 상

어떤 사람이 질문했다. "어떤 것이 움직임이 없는 모습입니까?"

答曰 不得於有에 **有**니 **有**는 **無有可動**이며 **不得於無**에
답 왈 부 득 어 유　유　유　　무 유 가 동　　　부 득 어 무

無니 **無**는 **無有可動**이며 **卽心無心**이니 **心無有可動**이며
무　무　무 유 가 동　　즉 심 무 심　　심 무 유 가 동

卽相無相이니 **相無有可動**이라.
즉 상 무 상　　상 무 유 가 동

달마 스님이 대답했다. "유에서는 있는 것을 취할 수가 없다. 있는 것[有]은 움직일 수가 없기 때문이다. 무에서는 없는 것을 취할 수가 없다. 없는 것은 움직일 수가 없기 때문이다. 마음에 상즉해서는 마음이 없으니 마음은 움직일 수가 없으며 모습에 상즉해서 형상이 없으니 형상은 움직일 수가 없기 때문이다.

故로 名不動相이니 若作如是證者는 是名自誑惑이라.
고   명부동상   약작여시증자   시명자광혹

上來未解니 解時에는 無法可解니라.
상래미해   해시   무법가해

그러므로 이름이 부동이다. 만약 이와 같이 증득하는 자는 스스로 미혹되었다고 말한다. 위의 것은 이해하지 못한 것이니 이해할 때에는 법이란 이해할 수가 없는 것이다."

諸法因緣無生門
제 법 인 연 무 생 문

모든 법의 인연은 생겨나지 않는다

問曰現見有生滅이어늘 云何言無生滅이닛가.
문왈 현견유생멸　　　운하언무생멸

어떤 사람이 질문했다. "현재 생멸이 나타나 보이거늘 어찌 생멸이 없다고 하십니까?"

答曰從緣生者는 不名爲生이나 從緣生故며
답왈 종연생자　불명위생　　종연생고

從緣滅者는 不能自滅이니 從緣滅故니라.
종연멸자　불능자멸　　종연멸고

달마 스님이 대답했다. "인연을 따라서 생겨나는 것은 생한다고 말하지 않는다. 인연을 따라서 생겨나기 때문이다. 인연에 따라 멸하는 것은 멸한다고 말하지 않는다. 인연에 따라 멸하기 때문이다."

問曰 云何從緣生이 **不名爲生**이닛고.
문 왈 운 하 종 연 생　불 명 위 생

어떤 사람이 질문했다. "어찌하여 인연을 따라서 생겨나는 것을 생한다고 말하지 않습니까?"

答曰 從緣生이며 **不從彼生**이며 **亦不自生**이며
답 왈 종 연 생　　부 종 피 생　　역 부 자 생
亦不共生이며 **亦不無因生**이며 **又無生法**하고
역 불 공 생　　역 불 무 인 생　　우 무 생 법
復無生者하며 **亦無生處**하니 **是故**로 **知不生**이니라.
부 무 생 자　　역 무 생 처　　시 고　지 불 생

달마 스님이 대답했다. "인연따라 생겨나는 것이며 다른 것을 인유하여 생겨나는 것도 아니며 스스로 생겨난 것도 아니며 공통으로 생겨난 것도 아니며 원인도 없이 생겨난 것도 아니다. 또한 생하는 것도 법도 없으며 다시 생함도 없으며 생겨난 처소도 없다. 그러므로 생겨나는 것이 아님을 알 수 있다.

所見生者는 **幻生**이요 **非生**이며 **幻滅**이요 **非滅**이니라.
소 견 생 자　환 생　　비 생　　환 멸　　비 멸

보아서 생기는 것은 환으로 생하는 것이요, 생하지 않은 것이며, 환멸이요, 멸하지 않는 것이다."

諸法因緣假有門
제법인연가유문

제법의 인연은 가상으로 있는 것

問曰 凡夫는 **何故**로 **墮惡道**닛고.
문왈 범부 하고 타악도

어떤 사람이 질문했다. "범부는 어떤 까닭에 악도에 떨어집니까?"

墮(타) 떨어지다, 무너지다

答曰 由有我故며 **癡故**니라. **導言**하되 **我**가
답왈 유유아고 치고 도언 아
飮酒라 하면 **智者言**하되 **儞無酒時**에 **何不飮無酒**오.
음주 지자언 이무주시 하불음무주

달마 스님이 대답했다. "아집이 있기 때문이며 또한 어리석기

때문이다. 이끌어서 말하되 '내가 술을 마셨다'고 말하면, 지혜로운 사람은 '술이 없을 때에 어찌하여 없는 술을 마시는가?' 하고 말한다.

癡者能導하되 **我飮無酒**라 하면 **智者云**하되
　치 자 능 도　　아 음 무 주　　　지 자 운
儞我何處在오.
　니 아 하 처 재

어리석은 사람이 이어서 나는 없는 술을 마신다고 말하면 지혜로운 사람이 말하되 '나는 어느 곳에 있는가?' 하고 말한다.

癡人이 **亦言**하되 **我作罪**라 하면 **智者言**하되
　치 인　 역 언　　아 작 죄　　　지 자 언
汝罪似何物者오 하나니.
　여 죄 사 하 물 자

어리석은 사람이 또 말하되 '나는 죄를 지었다'고 말하면 지혜로운 사람은 '너의 죄는 어떤 것과 같은 것인가?' 하고 말한다.

此皆是緣生이요 **無自性**이라.
　차 개 시 연 생　　무 자 성

이러한 모든 것은 다 인연으로 생겨난 것이므로 자성이 없다.

生時에 旣知無我어니 誰作誰受리오.
생 시 기 지 무 아   수 작 수 수

생겨날 때에 이미 나라는 실체가 없음을 아는데 누가 짓고 누가 받으리오.

經에 云하사되 凡夫는 強分別하야 我貪 我嗔
경 운   범부 강분별   아탐 아진
我癡하나니 如是愚癡人은 卽墮三惡道²⁵也라 하시며
아에   여시우치인   즉타삼악도 야

경전에서는 '범부는 억지로 분별하여 내가 탐내고 내가 성내고 내가 어리석다. 이와 같이 어리석은 사람은 삼악도에 떨어진다'고 하였다.

經云罪性이 非內非外며 非兩中間者는 此는
경 운 죄 성 비 내 비 외 비 양 중 간 자 차
明罪無處所也니 無處所일새 知者가 卽是寂滅處니라.
명 죄 무 처 소 야 무 처 소   지 자   즉 시 적 멸 처

또한 경전에서는 '죄의 성품은 안도 없고 밖도 아니며 그 중간도 아닌데 이것은 죄의 처소가 없음을 밝힌 것이다. 처소가

---

25 삼악도(三惡道) : ① 삼악도의 준말. ② 『대법거다라니경』 제1권에 있는 말로, 심성이 한폐하여 좋은 말을 듣지 않음. ③ 항상 간질을 품고 남이 자기보다 훌륭함을 미워함 ④ 설사 자기보다 훌륭한 줄 알면서도 부끄러움을 품고 묻지 않는 것.

없는 것을 아는 자는 즉시 이것이 적멸한 처소가 된다.

人墮地獄者는 **由心計我**하야 **憶想分別**하야
인 타 지 옥 자　유 심 계 아　　억 상 분 별

謂我作惡이라 하야 **亦我受**하며 **我作善**이라 하야
위 아 작 악　　　　역 아 수　　아 작 선

亦我受하나니 **此是惡業**이라.
역 아 수　　　차 시 악 업

사람이 지옥에 떨어지는 것은 마음이 나를 헤아림으로 말미암아 상상하고 분별하여 내가 죄를 지어서 역시 내가 받는다' 하여 내가 선을 지어 내가 받는다고 말한다. 이것이 악업이니라.

從本以來로 **無橫憶想分別**이니 **謂爲是有**라
종 본 이 래　무 횡 억 상 분 별　　위 위 시 유

此是惡業이니라.
차 시 악 업

옛날부터 쉼 없이 상상하고 분별한 것이다. 즉 이것은 있는 것이라고 하는데 이것이 바로 악업이라 하였다.

問曰 誰能度我오.
문 왈 수 능 도 아

어떤 사람이 질문했다. "누가 나를 제도할 수 있습니까?"

答曰 法能度我니 **何以得知**오 **取相故**로
답 왈 법 능 도 아　하 이 득 지　취 상 고

墮地獄이요 **觀法故**로 **得解脫**이니라.
타 지 옥　　관 법 고　득 해 탈

달마 스님이 대답했다. "법이 나를 제도할 수 있다. 어떻게 알 수 있는가? 형상을 취하기 때문에 지옥에 떨어진다. 법을 관하기 때문에 해탈을 얻는다."

若見相하고 **憶想分別**하면
약 견 상　　억 상 분 별

卽受鑊湯爐炭牛頭阿婆等事하리니
즉 수 확 탕 노 탄 우 두 아 바 등 사

卽現見生死相이니라.
즉 현 견 생 사 상

만약 형상을 보고 상상하여 분별하면 소머리를 가마솥에 삶고(화탕지옥[26]) 숯불에 굽는 노탄지옥 등의 일을 받으며 생사의 모습을 바라볼 수 있다.

鑊(확) 가마, 발 없는 큰 솥 / 湯(탕) 넘어지다, 쓰러지다 / 爐(로) 화로, 향로 / 炭(탄) 숯, 석탄

26　화탕지옥 : 끓는 솥에 삶기는 고통을 받는 지옥. 넓이 40유순 되는 18개의 솥이 있어 5백 나찰들이 불을 때면 솥 안의 쇳물이 튀어서 불꽃이 되고 이것이 화륜이 되어 다시 솥으로 간다고 함. 계를 파한 이, 중생을 죽여 고기를 먹은 이, 산과 들에 불을 질러 많은 생류를 상하게 한 이, 중생을 태워 죽인 이는 죽어서 이 솥에 삶기는 고통을 받고 이 과보가 다하면 축생으로 태어나고 8천만 세를 지나 겨우 사람의 몸을 받으나 병이 많고 수명이 짧다고 한다.

若見法界涅槃性하면 **無憶想分別**이니
약 견 법 계 열 반 성　　　무 억 상 분 별

卽是法界性이니라.
즉 시 법 계 성

만약 법계 열반의 성품을 보면 상상하여 분별하는 것이 없는데 이것이 법계의 성품이다."

心性廣大無碍門
심성광대무애문

심성은 광대하고 무애하다

問曰 云何法界體닛고.
문왈 운하법계체

어떤 사람이 질문했다. "어떤 것이 법계의 자체입니까?"

答曰 心體가 **是法界**니 **此法界**는 **無體**하며
답왈 심체 시법계 차법계 무체

亦無畔齊라 **廣大如虛空**하야 **不可見**이니
역무반제 광대여허공 불가견

是名法界體니라.
시명법계체

달마 스님이 대답했다. "마음 자체가 바로 법계이다. 이 법계는 자체가 없으며, 또한 경계도 없다. 광대하기가 허공과 같

아서 볼 수가 없는데 다만 그 이름을 법계의 체라 말한다."

畔(반) 두둑, 경계

有知無知差別門
유 지 무 지 차 별 문

아는 것이 있고 없고의 차이

問曰 云何知法이닛고.
문 왈 운 하 지 법

어떤 사람이 질문했다. "어떤 것이 법을 아는 것입니까?"

答曰 法名無覺無知나 心若無覺無知하면 此人은
답 왈 법 명 무 각 무 지   심 약 무 각 무 지   차 인
知法이요.
지 법

달마 스님이 대답했다. "법이란 지각이 없는 것을 이름한다. 만약 마음에 지각이 없으면 이 사람은 법을 아는 것이다.

法名不識不見이나 **心若不識不見**하면 **名爲見法**이요.
법 명 불 식 불 견　　심 약 불 식 불 견　　명 위 견 법

不覺一切法하면 **名爲知法**이요.
불 각 일 체 법　　명 위 지 법

법은 식견이 없는 것을 말한다. 만약 마음에 식견이 없으면 법을 보았다고 말한다. 일체법을 지각하지 않으면 법을 안다고 말한다.

不得一切法이 **名爲得法**이요. **不見一切法**이
부 득 일 체 법　　명 위 득 법　　불 견 일 체 법

名爲見法이요. **不分別一切法**이 **名爲分別法**이니라.
명 위 견 법　　불 분 별 일 체 법　　명 위 분 별 법

일체법을 얻지 않으면 법을 얻었다고 말한다. 일체법을 보지 않으면 법을 보았다고 말한다. 일체법을 분별하지 않으면 법을 분별한다고 말한다."

問曰 法名無見인데 **云何無碍知見**이닛고.
문 왈 법 명 무 견　　운 하 무 애 지 견

어떤 사람이 질문했다. "법이란 견해가 없는 것을 말하는데 어찌 지견을 장애하지 않습니까?"

答曰無知가 是無碍知며 無見이 是無碍見이니라.
답왈 무지　시무애지　무견　시무애견

달마 스님이 대답했다. "아는 것이 없는 것이 바로 무애하게 아는 것이며, 견해가 없는 것이 무애하게 보는 것이다."

明覺不覺差別門
명 각 불 각 차 별 문

각과 불각의 차이를 밝히는 문

問曰 法名無覺인데 佛名覺者는 云何닛고.
문 왈 법 명 무 각   불 명 각 자   운 하

어떤 사람이 질문했다. "법이 불각이라고 한다면 부처가 각이라고 하는 것은 무슨 까닭입니까?"

答曰 法名不覺이요 佛名覺者는 以覺으로 爲覺이라.
답 왈 법 명 불 각   불 명 각 자   이 각   위 각

달마 스님이 대답했다. "법이란 불각을 뜻하며 부처란 각이라고 말하는 것은 깨달음으로써 각을 삼을 것이다.

與法同覺이니 **是名佛覺**이니라.
여 법 동 각　　시 명 불 각

법과 각은 같은 뜻인데 이것이 바로 부처님의 깨달음이다.

若懃看心相하면 **見法相**이요. **懃看心處**하면
약 근 간 심 상　　견 법 상　　근 간 심 처
是寂滅處며 **是無住處**며 **是解脫處**며 **是虛空處**며
시 적 멸 처　시 무 주 처　　시 해 탈 처　　시 허 공 처
是菩提處니라.
시 보 리 처

만약 면면히 자기의 마음을 보면 법의 모습을 보는 것이며 또한 마음의 처소를 보면 이것이 적멸처이며 이것은 무주처이며 이것이 해탈처이며 이것이 허공처이며 이것이 보리처이다.

懃(근) 은근하다, 친절한 모양

心處者는 **無處處**니 **是法界處**며 **是道場處**며
심 처 자　무 처 처　　시 법 계 처　　시 도 량 처
是法門處며 **智慧處**며 **禪定處**며 **無碍處**라
시 법 문 처　지 혜 처　　선 정 처　　무 애 처
若作如此解者는 **是墮坑落塹人**이니라.
약 작 여 차 해 자　　시 타 갱 락 참 인

마음의 처소는 처소가 없는 처소인데 이것은 법계처이며 이

것이 도량처이며 이것이 법문처이며 지혜처이며 선정처이며 무애처이다. 만약 이와 같이 이해하는 것은 바로 지옥에 떨어질 사람이다.

坑(갱) 구덩이

第四十節

建立波羅密多[28]門
건 립 바 라 밀 다 문

바라밀을 나타낸 문

問曰 六波羅密이 能生一切知耶닛가.
문 왈 육 바 라 밀   능 생 일 체 지 야

어떤 사람이 질문했다. "육바라밀이 일체의 지혜를 낳습니까?"

答曰 波羅密者는 無自無他니 誰受誰得이리오.
답 왈 바 라 밀 자   무 자 무 타   수 수 수 득

달마 스님이 대답했다. "바라밀은 자타가 없는데 누가 받고 누가 증득하겠는가?

27 　바라밀다(波羅密多) : 산스크리트어 pāramitā의 음사어로, 한역어는 도피안(到彼岸), 도무극(度無極), 사구경(事究竟)이다. 도피안은 곧 이상의 경지에 이르고자 하는 보살 수행의 총칭임. 이것을 6종, 10종으로 나누어 육바라밀, 십바라밀이라 하며 또는 6도, 10도라고도 한다.

衆生之類가 **共業果報**로 **無有分別福之與相**이로다.
중생지류   공업과보   무유분별복지여상

여러 중생들 공업의 과보로 복과 상을 구분하지 못한다.

經에 **云**하사되 **難勝如來及會中最下乞人等**이
경   운   난승여래급회중최하걸인등

於大悲에 **具足**[28]**法施也**라 하시니 **是故**로
어대비   구족   법시야   시고

名爲檀波羅密이요.
명위단바라밀

경전에서는 '난승여래와 회중의 최하 걸인에 이르기까지 대비로써 법을 베푸는 것을 완전히 갖추었다'고 하셨다. 그러므로 보시바라밀이라고 말한다.

無事無因하고 **無有樂厭吝**하며 **體性**이 **如如**하야
무사무인   무유락염린   체성   여여

究竟無非니 **其誰求是**리오.
구경무비   기수구시

일도 없고 원인도 없으며, 즐거움·미움·아까움이 없어서 자체의 성품이 여여하여 구경에는 아님도 없으니 누가 이것을

---

28   구족(具足) : 열반에 친근하다는 뜻으로 근원이라 번역함.

구하겠는가?

厭(염) 싫다, 족하다 / 吝(린) 아끼다, 탐하다

是非不起가 **卽戒體淸淨**이니 **名爲尸波羅密**이요.
　시 비 불 기　　즉 계 체 청 정　　　명 위 시 바 라 밀

心無內外彼此하니 **焉寄音聲之性**이리오.
　심 무 내 외 피 차　　언 기 음 성 지 성

시비가 일어나지 않는 것이 바로 계체가 청정한 것인데 지계바라밀이라고 말한다. 마음에 안팎과 피차의 구별이 없으니 어지 음성의 성질에 맡기겠는가?

焉(언) 어찌, 이에

無所染着하며 **平等如虛空**이니 **名爲羼提波羅密**이라.
　무 소 염 착　　평 등 여 허 공　　　명 위 찬 제 바 라 밀

오염된 것이 없고 허공처럼 평등함이니 인욕바라밀이라고 말한다.

羼(찬) 양이 뒤섞이다, 섞다

離諸根量하고 **究竟**[29] **開發**하야 **不住諸相**하고
이 제 근 량   구 경 개 발   부 주 제 상

名爲毗梨耶波羅密이요. **三世無相**[30]하고
명 위 비 리 야 바 라 밀   삼 세 무 상

刹那[31] **無住**[32]라 **處事法**하되 **不居靜亂**하며
찰 나 무 주   처 사 법   불 거 정 란

性如如가 **名爲禪波羅密**이요.
성 여 여   명 위 선 바 라 밀

모든 한계를 벗어나고 구경을 개발하여 모든 현상에 머물지 않으므로 정진바라밀이라고 말한다. 삼세는 모습이 없고 찰나에도 머물지 않는다. 사법에 처해서는 고요하고 어지러운 경계에 머물지 않으며 성품이 여여함으로 선정바라밀이라고 말한다.

---

29   구경(究竟) : 최상, 필경, 구극의 뜻으로 지상의 깨달음. 곧 부처님의 각오를 구경각이라 하고, 가장 높은 지위를 구경위라 함.

30   무상(無相) : ① 진여의 법성은 미한 생각으로 인식하는 것과 같은 현상의 모양이 없는 것 ② 생멸 변천하는 모양이 없는 무위법 ③ 모든 집착을 떠난 경지 ④ 객관의 속박을 벗어나 만법이 幻과 같은 줄 아는 온갖 무루심 ⑤ 초지 이상의 보살이 무루심으로 닦는 공관.

31   찰나(刹那) : 일념이라고도 하며 지극히 짧은 시간을 말함. 120찰나가 1달 찰나. 60달 찰나가 1랍박. 30랍박이 1모호율다. 30모호율다가 1주야이므로 1주야인 24시간을 120×60×30×30으로 나눈 것이니 곧 75분의 1초임.

32   무주(無住) : 자성을 가지지 않고 아무 것에도 주착하지 아니하며 연을 따라 일어남. 무주는 만유의 근본.

涅槃眞如는 **體不可見**이며 **不起戱論**이요.
열반진여   체불가견   불기희론

離心意識하고 **不住方便**하니 **名爲如如**요 **無可用**이니
이심의식   부주방편   명위여여   무가용

用而非用이라. **經**에 **云**하사되 **有慧**는
용이비용   경   운   유혜

方便[33]**解也**라 하시니 **是故**로 **名爲般若波羅密**이니라.
방편   해야   시고   명위반야바라밀

열반진여는 자체를 볼 수 없으며 희론을 일으키지 않는다. 심의식을 떠나고 방편에도 머물지 않으므로 여여하다고 말한다. 쓸 수가 없으나 쓰되 쓰는 것이 아니다. 경에서는 '지혜가 있다 함은 방편의 지혜인 것'이라고 하셨다. 그러므로 (이것을)지혜바라밀이라고 한다."

---

33 방편(方便) : ① 방은 방법, 편은 편리니 일체중생의 기류근성에 계합하는 방법, 수단을 편리하게 쓰는 것 ② 방은 방정한 이치, 편은 교화하는 편법이니 모든 기류의 방역에 순응하여 적당히 교화하는 법을 쓰는 것.

心性遠離結縛門
심성원리결박문

심성은 번뇌를 벗어나 있다

問曰 云何名爲解脫心이닛고.
문 왈 운 하 명 위 해 탈 심

어떤 사람이 질문했다. "어떤 것이 해탈의 마음입니까"

答曰 心非色故로 不屬色하며 心非非色故로
답 왈 심 비 색 고 불 속 색   심 비 비 색 고

不屬非色하고 心雖照色이니 不屬色하며
불 속 비 색   심 수 조 색   불 속 색

心雖照非色이나 不屬非色이라 心非色相可期니
심 수 조 비 색   불 속 비 색   심 비 색 상 가 기

心雖非色이며 非色空이며 心非色心이나
심 수 비 색   비 색 공   심 비 색 심

不同太虛니라.
부 동 태 허

달마 스님이 대답했다. "마음은 물질이 아니기 때문에 물질에 속하지 않으며 마음은 물질 아닌 것도 아니기 때문에 비색에도 속하지 않는다. 비록 마음이 물질 아닌 것을 비추나 비 속도에도 속하지 않는다. 즉 마음은 물질적인 모습을 기대할 수 없다. 비록 마음이 불질은 아니지만 물질이 공한 것도 아니며 마음이 색심은 아니지만 허공 같지는 않다.

菩薩은 **了了照空照不空**하고 **緣覺**은 **照空**이나
보 살　요 료 조 공 조 불 공　　연 각　조 공
不照不空하며 **聲聞**은 **雖得空**이나 **不得不空**이니라.
부 조 불 공　　성 문　수 득 공　　부 득 불 공

보살은 분명히 공과 불공을 비추어 보는데 연각은 공을 관조하지만 불공은 비추어 보지 못하며 성문은 비록 공을 얻었지만 불공은 얻지 못한다."

無生離邊門
무생이변문

생이 없고 극단을 떠난 문

問曰 云何名爲一切法이 非有非無닛고.
문왈 운하명위일체법 비유비무

어떤 사람이 질문했다. "어떤 것이 일체의 법이 있는 것도 아니고 없는 것도 아니라고 말하는 것입니까?"

答曰 心體無體가 是法體니 心非色故로 非有며
답왈 심체무체 시법체 심비색고 비유

用而不窮故로 非無니라.
용이불궁고 비무

달마 스님이 대답했다. "마음 자체가 체성이 없는 것이 법의 자체이다. 마음은 물질이 아니기 때문에 있는 것이 아니며 작용하는 것이 끝이 없기 때문에 없는 것도 아니다.

窮(궁) 다하다, 끝나다

復次用而常空故로 非有며 空而常用故로 非無며
부차용이상공고 비유 공이상용고 비무

體旣無自故로 非有며 從緣起故로 非無니 凡夫는
체기무자고 비유 종연기고 비무 범부

住有하고
주유

다시 작용하지만 항상 공하기 때문에 있는 것이 아니며 공하지만 항상 작용하기 때문에 없는 것도 아니다. 자체가 이미 자성이 없기 때문에 없는 것도 아니다. 인연을 따라서 일어나는 연고로 무가 아니니 범부는 있다는 것에 머물고

小乘은 住無하고 菩薩은 不住有無니 是가
소승 주무   보살   부주유무   시

自心計妄想이니라. 色非色이라 不染色하며
자심계망상   색비색   불염색

色非非色이라 不染非色이니라.
색비비색   불염비색

소승은 없다는 것에 머물며, 보살은 있다 없다에 머물지 않는다. 이것은 자기 스스로의 마음이 망상으로 헤아린 것이다. 색은 색이 아니다. 색은 오염시키지도 않는다. 색은 비색도 아니다. 비색은 오염시키지도 않는다.

計(계) 꾀, 계략

復次不見見하며 **不見不見**이 **是名見法**이요.
부차불견견　불견불견　시명견법

不知知하며 **不知不知**가 **是名知法**이니 **作如是解者**도
부지지　부지부지　시명지법　작여시해자

亦名妄想이니라."
역명망상

다시 보지 않는 것을 보며 보지 않는 것을 보지 않는 것이 바로 법을 보는 것이다. 알지 못하는 것을 알고, 알지 못하는 것을 알지 못하는 것이 바로 법을 아는 것이다. 이와 같이 이해하는 것도 망상이라고 한다."

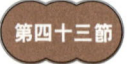

心德自在無碍門
심 덕 자 재 무 애 문

마음의 덕은 자재하고 무애하다

卽心無心이니 心은 無心이라. 心無心이 心故로
즉심무심   심 무심   심무심   심고

名爲法心이니 今時行者가 以此法으로
명위법심   금시행자   이차법

破一切惑이니라.
파일체혹

마음에 상즉하여 마음이 없으면 마음은 무심이다. 마음이 무심한 것이 마음이기 때문에 법의 마음이라고 한다. 지금 수행자가 이 법으로써 일체의 미혹을 타파할 수가 있다.

心如虛空하야 **不可破壞故**로 **名爲金剛心**[34]이요.
심 여 허 공　　불 가 파 괴 고　　명 위 금 강 심

心不住住하며 **不住不住故**로 **名爲般若**[35]**心**이요.
심 부 주 주　　부 주 부 주 고　　명 위 반 야 심

마음은 마치 허공과 같아서 파괴할 수가 없기 때문에 금강심이라고 말한다. 마음은 머물러도 머물지 않으며 머물지 않음에도 머물지 않기 때문에 반야심이라고 말한다.

壞(괴) 무너지다

心性이 **廣大**하야 **運用無方故**로 **名爲摩訶衍**[36]**心**이요.
심 성 광 대　　운 용 무 방 고　　명 위 마 하 연 심

心體開通하야 **無障無碍**[37]**故**로 **名爲菩提心**이요.
심 체 개 통　　무 장 무 애 고　　명 위 보 리 심

심성은 광대하여 그 작용의 방향이 없기 때문에 마하연심이라고 말한다. 마음 자체가 열려서 장애가 없기 때문에 보리심이라 말한다.

運(운) 돌다, 회전하다 / 衍(연) 넘치다, 흐르다 / 涯(애) 물가, 끝

34　금강심(金剛心) : 어떠한 유혹에도 움직이지 않는 고요한 마음. 금강이 견고하여 어떤 물건으로도 깨뜨릴 수 없는 마음.

35　반야(般若) : 법의 실다운 이치에 계합한 최상의 지혜로 이 반야를 얻어야 성불하며, 반야를 얻은 이는 부처님으로 반야는 모든 부처님의 스승 또는 어머니로 일컬으며, 법의 여실한 이치에 계합한 평등·절대·무념·무분별뿐만 아니라 반드시 상대 차별을 관조하여 중생을 교화하는 힘을 가지고 있음이 특징임.

36　마하연(摩訶衍) : 마하연나의 준말로 대승(大乘)이라 번역함. 성문·연각의 2승 교법을 소승이라 함에 대해 보살의 교법을 대승이라 함.

37　무애(無碍) : 장애가 없다는 뜻으로 모든 바깥 경계에 장애되지 않고 자유로운 것.

心無涯畔하며 **亦無方所**하며 **心無相故**로 **非有邊**이며
심무애반　　역무방소　　심무상고　　비유변

用而不發故로 **非無邊**이며 **非有際**며 **非無際故**로
용이불발고　　비무변　　비유제　　비무제고

名爲實際心이요 **心無異**하고 **無不異**하며
명위실제심　　심무이　　무불이

卽心無體라.
즉심무체

마음은 경계가 없고 또한 방향과 처소가 없으며 마음은 모습이 없고 끝이 있는 것이 아니며, 작용하는 것을 그만두지 않기 때문에 끝이 없는 것도 아니며 한계가 있는 것도 아니고 한계가 없는 것도 아니기 때문에 실제심이라고 한다. 마음은 다른 것도 없고 다른 것이 아닌 것도 없다. 즉 마음은 자체가 없다.

畔(반) 두둑, 경계 / 邊(변) 가, 가장자리 / 際(제) 사이, 사물과 사물 사이의 중간

不異而無不體하며 **非不異**며 **無異不異故**로
불이이무불체　　비불이　　무이불이고

名爲眞如心이요 **卽心無變**이나 **名爲異**요.
명위진여심　　즉심무변　　명위이

隨物而變이나 **名爲無異**나 **亦名眞如心**이요.
수물이변　　명위무이　　역명진여심

다르지 않으나 자체 아닌 것도 없다. 다르지 않는 것도 아니

지만 다른 것도 없고 다르지 않은 것도 없기 때문에 진여심이라고 한다. 즉 마음은 변화가 없으나 다르다고 말하며 사물을 따라서 변하지만 다르지 않다고 말하는데 역시 진여심이라 한다.

心非內外中間이며 **亦不在諸方**이니 **心無住處**가
심 비 내 외 중 간　　역 부 재 제 방　　심 무 주 처
是法住處며 **法界住處**며 **亦名法界心**이요. **心性**은
시 법 주 처　 법 계 주 처　 역 명 법 계 심　　 심 성
非有非無라. **古今不改故**로 **名爲法性心**이요.
비 유 비 무　 고 금 불 개 고　 명 위 법 성 심

마음은 안이나 밖도 아니고 중간도 아니며, 모든 방향에 있지도 않다. 마음은 머무는 처소가 없는 것이 바로 법이 머무는 처소이며 법계가 머무는 처소이므로 법계심이라고 말한다. 심성은 있는 것도 아니고 없는 것도 아니다. 옛날이나 지금도 바꿀 수가 없기 때문에 법성심이라고 말한다.

心은 **無生無滅故**로 **名爲涅槃心**이니 **若作如是解者**도
심　 무 생 무 멸 고　 명 위 열 반 심　 약 작 여 시 해 자
是妄想心이요. **顚倒不了**하야 **自心現境界**를
시 망 상 심　 전 도 불 료　 자 심 현 경 계
名爲波浪心이니라.
명 위 파 랑 심

마음 생멸이 없기 때문에 열반심이라고 말한다. 만약 이와 같이 이해하는 자도 이것은 망상심이다. 전도되어 분명히 알지 못하여 자기의 마음이 경계를 나타낸 것을 파랑심이라고 말한다.

浪(랑) 물결

隨心諸法有無門
수 심 제 법 유 무 문

마음을 따라 법이 있고 없기도 하다

問曰 云何自心現이닛고.
문 왈 운 하 자 심 현

어떤 사람이 질문했다. "어떻게 자기의 마음이 나타납니까."

答曰 見一切法有하되 **有自不有**라. **自心計作有**하며
답 왈 견 일 체 법 유   유 자 불 유   자 심 계 작 유

見一切法無하되 **無自不無**라.
견 일 체 법 무   무 자 불 무

달마 스님이 대답했다. "일체법이 있는 것을 보되 있는 것은 스스로 있는 것이 아니다. 자기의 마음이 있다고 생각한 것이며 일체법이 없음을 보되 없는 것이 스스로 없는 것은 아니다.

自心計作無하나니 **乃至一切法**도 **亦復如是**하야
　자 심 계 작 무　　　내 지 일 체 법　　역 부 여 시

竝自心計作有하야 **貪**하고 **自心計作無**하야 **貪**하나니
　병 자 심 계 작 유　　탐　　　자 심 계 작 무　　　탐

貪似何物이관대 **作貪解**오. **此皆自心起見故**라.
　탐 사 하 물　　　작 탐 해　　차 개 자 심 기 견 고

자기 마음이 없다고 생각하니 또한 일체의 법도 이와 같다. 그리고 자기 마음이 있다고 생각하여 탐내고, 자기 마음이 없다고 생각하여 탐낸다. 탐내는 것이 어떤 물건인데 탐낸다고 이해하는가? 이것은 모두 자기 마음이 견해를 일으켰기 때문이다.

自心計는 **無處所**니 **是名妄想**이요.
　자 심 계　　무 처 소　　시 명 망 상

自謂出一切外道計見이라도 **亦是妄想**이요.
　자 위 출 일 체 외 도 계 견　　　역 시 망 상

自謂無念無分別이라도 **亦是妄想**이니라.
　자 위 무 념 무 분 별　　　역 시 망 상

자기 마음이 생각한 것은 처소가 없음으로 이것이 망상이다. 스스로 일체외도의 견해를 벗어났다고 말해도 역시 이것은 망상이다. 스스로 생각도 없고 분별도 없다고 말하지만 이것도 역시 망상이다.

行時에는 **法行**이니 **非我行**이며 **非我不行**이요.
　행 시　　법 행　　　비 아 행　　　비 아 불 행

움직일 때에는 법이 움직이는 것이요 내가 움직이는 것이 아니며 내가 움직이지 않는 것도 아니다.

坐時에는 **法坐**요 **非我坐**며 **非我不坐**니 **作此解者**도
좌시   법좌   비아좌   비아부좌   작차해자
亦是妄想이라.
역시망상

앉아 있을 때에는 법이 앉아 있는 것이요, 내가 앉아 있는 것이 아니며, 내가 앉아 있지 않는 것도 아니다. 이와 같이 이해하는 것도 역시 망상이다.

上來文을 **相應知也**[38]니라.
상래문   상응지야

이상의 문장은 미루어 알 것이다."

二入四行論 終

---

[38] 상응(相應): 서로 응함. 곧 계합의 뜻으로 범어에서는 사(事)에 계합하는 것과 이(理)에 계합하는 두 가지로 나누어 앞의 것을 육타(Yukta) 뒤의 것을 유가(Yoga)라 한다.

血脈論

혈맥론

心外無佛性
심 외 무 불 성

마음 밖에 불성이 따로 없다

三界混起니 **同歸一心**이라. **前佛後佛**이
삼 계 혼 기   동 귀 일 심   전 불 후 불

以心傳心[1]하사 **不立文字**[2]하니라.
이 심 전 심   불 립 문 자

삼계가 혼돈 속에서 일어났으나 모두 한마음[一心]으로 돌아간다. 앞 부처님과 뒤 부처님이 마음으로써 마음을 전했을 뿐 문자는 세우지 않았음이라.

---

[1] 이심전심(以心傳心) : 선종에서 깨달음의 지극한 뜻을 전하는 것을 인용하는 말. 언어나 문자를 매개로 하지 않고 깨달은 내용을 그대로 타인의 마음에 전하는 것, 경론이나 문구에 의하지 않고 스승으로부터 제자에게 마음에서 마음으로 직접 전해지는 것.

[2] 불립문자(不立文字) : 진리는 문자로 표현할 수 없는 개념으로 규정할 수 있는 것이 아니라고 하는 것, 보편적인 명제의 형태로 입언하지 않는다. 또는 ㅡ에 따라 행동하지 않는다는 뜻. 선종에서 법은 마음에서 마음에 전하는 것이므로 따로 언어 문자를 세워 말하지 않는데 참 뜻이 있다고 하는 선의 근본적 입장을 나타내는 구절.

脈(맥) 피가 순환하는 줄기 / 論(논) 논하다 / 混(혼) ① 섞이다 ② 흐리다, 혼탁하다 ③ 합하다 ④ 나누어지지 않는 모양, 구별이 나지 아니하는 모양 / 起(기) 일어나다 / 歸(귀) 돌아가다 / 以(이) ~로써 / 傳(전) 전하다

問曰 若不立文字하면 **以何爲心**이닛고.
문 왈 약 불 립 문 자   이 하 위 심

물어 이르기를, "만약 문자를 세우지 않는다면 무엇으로 마음을 삼습니까?"

若(약) 만약 / 以何(이하) 무엇으로써 / 爲(위) ① 하다, 행하다 ② ~라고 생각하다 ③ ~라고 간주하다

答曰 汝問吾가 **卽是汝心**이며 **吾答汝**가
답 왈 여 문 오   즉 시 여 심   오 답 여

卽是吾心이니라.
즉 시 오 심

답하기를 "네가 내게 묻는 것이 곧 너의 마음이며, 내가 네게 답하는 것이 곧 나의 마음이니라.

汝(여) 너 / 吾(오) 나 / 卽是(즉시) 곧 ~이다[是는 '이'라는 지시대명사가 아니라 '~이다'라는 동사]

吾若無心이면 **因何解答汝**하며 **汝若無心**이면
오 약 무 심   인 하 해 답 여   여 약 무 심

因何解問吾리오. **問吾**가 **即是汝心**이니라.
  인 하 해 문 오   문 오   즉 시 여 심

내가 만약에 마음이 없으면 무엇으로 인해 네게 답함을 이해하며(어떻게 그대에게 답변을 하며), 네가 만약이 없으면 무엇으로 인해 내게 물음을 이해할 수 있겠는가?(어떻게 내게 물을 수 있겠는가?) 내게 묻는 것이 곧 네 마음이니라.

因何(인하) 무엇으로 인하여 / 解(해) ① 이해하다, 알다 ② 설명하다 / 答(답) 답하다

從無始曠大劫以來로 **乃至施爲運動**하는
  종 무 시 광 대 겁 이 래   내 지 시 위 운 동

一切時中과 **一切處所**가 **皆是汝**의 **本心**이며
  일 체 시 중   일 체 처 소   개 시 여   본 심

皆是汝의 **本佛**이니 **即心是佛**도 **亦復如是**하니라.
  개 시 여   본 불   즉 심 시 불   역 부 여 시

비롯함이 없는 광대한 겁, 그 후로부터 베풀고 움직이는 데 이르기까지 일체의 시간과 일체의 장소가 모두 그대의 본심이며, 이 모두가 그대의 본래불이니라. 마음 그대로가 부처라는 것도 또한 이와 같다.

從(종) ① 쫓다 ② ~로부터(自) / 以來(이래) 어느 일정한 때부터 그 후 / 從無從無始曠大劫以來(종무시광대겁이래) : ① 시초가 없는 ② 무시광대겁 이래로 ③ 비롯함이 없는 / 乃至(내지) ~에 이르기까지 / 施(시) ① 어떤 일을 차려서 벌이다 ② 행하다(시행하다) ③ 베풀다 / 施爲運動(시위운동)·① 시행하다 ② 베풀다 / 一切(일체) 모두 / 皆(개) 모두 / 亦復如是(역부여시) 또한 다시 그러하다. 또한 다시 이와 같다

除此心外에 終無別佛可得이며 離此心外에
제 차 심 외　　종 무 별 불 가 득　　　이 차 심 외

覓菩提³涅槃은 無有是處니라.
멱 보 리　열 반　　무 유 시 처

이 마음을 제외하고 결코 다른 부처를 얻을 수도 없으며, 이 마음을 여의고 (밖에서) 보리와 열반을 찾음은 옳지 않느니라.

除(제) 제외하다, 제거하다 / 終(종) 마침내, 끝 / 可(가) 가능하다 / 得(득) 얻다 / 離(이) 여의다, (사이가)떨어지다 / 覓(멱) 찾다 / 菩提(보리) 모든 법을 다 깨쳐 정각(正覺)을 얻는 일 / 涅槃(열반) 모든 번뇌의 속박에서 해탈하고, 진리를 궁구하여 미혹한 생사를 초월해 불생불멸(不生不滅)의 법을 체득한 경지 / 無有是處(무유시처) 옳지 않다, 그러한 곳은 없다

自性은 眞實하여 非因非果며 法은 卽是心義라.
자 성　진 실　　비 인 비 과　　법　　즉 시 심 의

스스로의 성품[自性]은 진실하여 원인도 아니고 과보도 아니며, 법은 그대로의 마음이라는 뜻이다.

自心이 是菩提며 自心이 是涅槃이니라. 若言心外에
자 심　시 보 리　　자 심　　시 열 반　　　　약 언 심 외

有佛及菩提可得이라 하면 無有是處니 佛及菩提가
유 불 급 보 리 가 득　　　　　무 유 시 처　　불 급 보 리

3　보리(菩提) : ① 부처님의 정각에 이르는 지(智)를 말하며, 각(覺)이라 함 ② 무명(無明)이 없어진 상태 ③ 숭고한 개오(開悟), 지혜의 드러남 ④ 번뇌를 끊고 열반의 경지에 이름 ⑤ 열반에 이르는 인(因)으로서의 도(道)를 말함.

皆在何處오
개 재 하 처

자심이 보리며 자심이 열반이니라. 만약 '마음 밖에서 부처와 보리를 얻을 수 있다'고 말한다면 옳지 않으니, 부처와 보리가 모두 어느 곳에 있는가?

及(급) ① 미치다 이르다 ② 및, 와

譬如有人이 以手로 捉虛空得否아. 虛空은
비 여 유 인   이 수   착 허 공 득 부   허 공

但有名하고 亦無相貌하야 取不得이며 捨不得이라.
단 유 명   역 무 상 모   취 부 득   사 부 득

비유컨대 어떤 사람이 손으로 허공을 잡을 수 있겠는가? 허공은 다만 이름만 있고 또한 형상과 모습도 없어서 잡을 수도 없으며 버릴 수도 없다.

譬如(비여) 비유하다 / 捉(착) 잡다 / 否(부) ① 문장 끝에 쓰여 의문을 나타냄 ② 문장 끝에 쓰여 의문을 나타냄 / 貌(모) ① 모습, 모양 ② 얼굴 / 不得(부득) ~할 수 없다

是는 捉空不得이니 除此心하고 外覓佛도 終不得也니라.
시   착 공 부 득   제 차 심   외 멱 불   종 부 득 야

이는 허공을 잡을 수 없는 것처럼 이 마음을 제외하고 밖에서 부처를 찾아도 결코 얻을 수 없다.

佛은 **是自心作得**이어늘 **因何**로 **離此心**하고
불 시자심작득   인하   이차심

外覓佛고
외 멱 불

부처는 스스로의 마음이 짓는 것이거늘 어찌하여 이 마음을 여의고 밖에서 부처를 찾는가?

前佛後佛이 **只言其心**이니 **心即是佛**이요.
전불후불   지언기심   심즉시불

佛即是心이라.
불 즉 시 심

앞 부처, 뒤 부처가 단지 그 마음만을 말씀하심이니 마음이 곧 부처요, 부처가 곧 마음이니라.

心外無佛하며 **佛外無心**이라.
심 외 무 불   불 외 무 심

마음 밖에 부처가 없고 부처 밖에 마음이 없음이라.

若言心外有佛인데 **佛在何處**인가. **心外**에
약언심외유불   불재하처   심외

旣無佛인데 **何起佛見**이리오.
기 무 불   하 기 불 견

만약 마음 밖에 부처가 있다고 말한다면 부처는 어느 곳에 있으며, 마음 밖에 이미 부처가 없을 진대 어찌 부처라는 견해를 일으키는가.

遞相誑惑하야 **不能了本心**하고 **被他無情物攝**하야
체 상 광 혹　　　불 능 료 본 심　　　피 타 무 정 물 섭
無自由라.
무 자 유

번갈아 가며 서로 속이고 미혹하여 능히 본심을 요달하지 못하고 다른 무정물에 포섭됨을 당하여 자유가 없음이라.

遞(체) 갈마들다, 번갈아 차례차례 / 誑(광) 속이다 / 惑(혹) 미혹하다 / 被(피) 입다, 당하다 / 攝(섭) 거두다

若也不信이면 **自誑無益**이니라.
약 야 불 신　　　자 광 무 익

만약 또한 믿지 못하면 스스로를 속여 이익이 없음이니라.

也(야) ① 단정의 어조사(~이다) ② 또한

佛無過患이어늘 **衆生顚倒不覺**하야 **不知自心是佛**이니
불 무 과 환　　　중 생 전 도 불 각　　　부 지 자 심 시 불

若知自心이 **是佛**이면 **不應心外覓佛**이니라.
　　약 지 자 심　　시 불　　　불 응 심 외 멱 불

부처는 허물과 근심이 없거늘 중생이 전도되어 깨닫지 못해서 자기의 마음이 부처임을 알지 못하니, 만약 자심이 부처임을 안다면 응당 마음 밖에서 부처를 찾지 말아야 할지니라.

過(과) ① 지나다 ② 허물 / 患(환) 근심 / 顚倒(전도) 엎어지고 거꾸러지다(잘못되다)

佛不度佛이니 **將心覓佛**하면 **不識佛**이니라.
　　불 부 도 불　　　장 심 멱 불　　　불 식 불

부처는 부처를 제도하지 않으니 마음을 가지고 부처를 찾으면 부처를 알지 못하나라.

將(장) ① 가지다 ② 장차 ~를 하려고 하다 / 識(식) ① 알다 ② 알리다

但是外佛者는 **盡是不識自心是佛**이며
　　단 시 외 불 자　　　진 시 불 식 자 심 시 불
亦不得將佛禮佛하며 **不得將心念佛**이니라.
　　역 부 득 장 불 예 불　　　부 득 장 심 염 불

다만 밖으로 부처를 찾는 자는 모두 자심이 부처임을 알지 못하는 것이며, 또한 부처를 가지고 있으면서 부처에게 예배하지 말며, 마음을 가지고 염불하지 말라.

者(자) ① 놈 ② ~라는 것은

佛不誦經하며 **佛不持戒**하며 **佛不犯戒**하며
불불송경　　　불부지계　　　불불범계

佛無持犯하며 **亦不造善惡**이니라.
불무지범　　　역부조선악

부처는 경전을 독송하지도 않으며, 부처는 계를 지니지도 않으며, 부처는 계를 범하지도 않으며, 부처는 계를 지니거나 어기지도 않으며 또한 선악도 짓지 않느니라.

誦(송) 외다 / 持(지) 지니다 / 戒(계) 경계하다, 막아 지키다, 조심하고 주의하다 / 犯(범) 저지르다, 저촉하다, 어기다

若欲覓佛인데 **須是見性**하라. **即是佛**이니라.
약욕멱불　　　수시견성　　　즉시불

만약 부처를 찾고자 하면 반드시 견성하는 것이 곧 부처이니라.

若不見性하면 **念佛誦經持齋持戒**하여도
약불견성　　　염불송경지재지계

亦無益處니라.
역무익처

만약 견성하지 못하면 염불하고 경전을 독송하고 재계(몸을 청결히 하고 부정함을 삼가는 것)를 지키고 계를 지녀도 또한 아무런 이익이 없다.

齋(재) 몸을 정갈히 하고 삼가다

念佛得因果하고 誦經은 得聰明하고 持戒는
염불득인과　송경　득총명　지계

得生天하고 布施는 得福報하나 覓佛은
득생천　보시　득복보　멱불

終不得也니라.
종부득야

염불은 인과를 얻고 경전을 독송함은 총명을 얻으며, 계를 지니면 천상에 태어나고 보시해서 복의 과보를 얻으나 부처를 찾음은 결코 얻을 수 없다.

聰(총) 총명하다

若自己를 不明了이던 須叅善知識하야
약자기　불명료　수참선지식

了却生死根本이니 若不見性이면
요각생사근본　약불견성

即不名善知識이니라.
즉불명선지식

만약 자성을 요달하지 못하면 반드시 선지식을 참방하여 생사의 근본을 요달해야 함이니, 만약 견성하지 못했으면 곧 선지식이라 이름할 수 없다.

須(수) 모름지기, 반드시 원하다 / 叅(참) 참방하다, 섞이다 [參(참, 삼)과 동자]

若不如此하면 縱說得十二部經[4]이라도
약불여차   종설득십이부경

亦不免生死하고 輪迴三界하야 受苦하되
역불면생사   윤회삼계   수고

無出期時하리라.
무출기시

만약 이와 같이 못하면 설령 12부 경전을 설한다 하더라도 또한 생사를 면할 수 없고 삼계를 윤회하면서 고통을 받으며 벗어날 기약이 없으리라.

縱(종) 세로, 설령, 가령

昔有善星比丘하야 誦得十二部經하야도
석유선성비구   송득십이부경

猶自不免輪迴하였으니 緣爲不見性이라.
유자불면윤회   연위불견성

옛날에 선성비구가 있었는데 12부 경전을 암송하였으나 오히려 윤회를 면치 못하였으니, 견성치 못했기 때문이니라.

---

4   십이부경(十二部經) : 십이분경, 십이분교라고도 함. 부처님의 일대교설을 그 경문의 성질과 형식으로 구분하여 12가지로 구분하여 정리한 경전. ① 수다라(修多羅) ② 기야(祈夜) ③ 수기(授記) ④ 가타(伽陀) ⑤ 우타나(優陀那) ⑥ 니타나(尼陀那) ⑦ 아파타나(阿波陀那) ⑧ 이제왈다가(伊帝曰多伽) ⑨ 사타가(闍陀伽) ⑩ 비불략(毘佛略) ⑪ 아부타달마(阿浮陀達摩) ⑫ 우바제사(優波提舍).

善星도 **旣如此**하니 **今時人**이 **講得三五本經論**하야
선 성　기 여 차　　금시인　강득삼오본경론

以爲佛法者는 **愚人也**니라.
이 위 불 법 자　우 인 야

선성도 이미 이와 같았거늘 지금의 사람이 서너 권의 경론을 익히고서 불법이라고 여기는 이는 어리석은 자이니라.

以爲(이위) ~라고 여기다

若不識得自心하면 **誦得閑文書**[5]라도 **都無用處**니라.
약 불 식 득 자 심　송 득 한 문 서　　도 무 용 처

만약 자심을 알지 못하면 한가하게 문서를 욀지라도 모두 쓸 곳이 없다.

都(도) ①모두 ②도읍, 도회지

若要覓佛인데 **直須見性**이니 **性卽是佛**이요.
약 요 멱 불　직 수 견 성　　성 즉 시 불

佛卽是自在人이며 **無事無作人**이니라.
불 즉 시 자 재 인　　무 사 무 작 인

만약 부처를 찾고자 한다면 반드시 견성해야 함이니, 성품이 곧

5　문서(文書) : 경문(經文), 선서(禪書), 어록(語錄) 등을 말함.

부처요 부처는 곧 자재한 사람이며 일이 없으며 지음이 없는 사람이다.

若不見性하면 **終日茫茫**하야 **向外馳求**하여도 **覓佛**은
약 불 견 성 　종 일 망 망 　향 외 치 구 　　　멱 불
元來不得이니라.
원 래 부 득

만약 성품을 보지 못했다면 종일 분주히 밖을 향해 구하여도 부처를 찾음은 원래 얻을 것이 없다.

茫茫(망망) 아득할 망, 분주하다 망, 물이 계속 이어져 끝없는 모양 / 馳(치) 달리다

雖無一物可得이나 **若未會**인데 **亦須叅善知識**[6]하야
수 무 일 물 가 득 　　약 미 회 　 역 수 참 선 지 식
切須苦求하야 **令心會解**니라. **生死事大**하니
절 수 고 구 　　영 심 회 해 　　생 사 사 대
不得空過라. **自誑無益**이니라.
부 득 공 과 　 자 광 무 익

비록 한 물건도 얻을 것이 없지만 만약 알지 못했다면 또한 반드시 선지식을 참방하여 간절히 애써 구하여 마음으로 하

6 　선지식(善知識) : ① 가르침을 설법하고 불도에 들어가게 하는 사람 ② 바른 가르침으로 이끄는 자 ③ 단경(壇經)에서는 최상승의 법을 설하는 자.

여금 알게 해야 하느니라. 생사는 큰일이니 헛되이 보내지 말라. 스스로를 속임은 이익이 없다.

雖(수) 비록 / 會(회) 모이다, 맞다, 깨닫다, 때, 기회, 셈 / 切(절) 간절하다 / 令(령) ~하게 하다 (사역)

縱有珍寶如山하고 **眷屬**이 **如恒河沙**하여도
종유진보여산   권속 여항하사
開眼即見이어니와 **合眼還見麽**아. **故知有爲之法**은
개 안 즉 견   합 안 환 견 마   고 지 유 위 지 법
如夢幻等이로다.
여 몽 환 등

설령 진기한 보배가 산과 같이 있고 권속이 항하의 모래와 같아도, 눈을 뜨고 있을 때는 보이더라도 눈을 감았을 때는 도리어 보이기나 하겠는가?(쓸데없고 허망하다) 그러므로 유위법(인위적으로 짓는 것)은 꿈이나 허깨비와 같은 것이다.

縱(종) ① 세로 ② 놓다 ③ 멋대로 하다 ④ 가령 / 寶(보) 보배 / 眷屬(권속) 돌아볼 권, 돌보다 속. 가족과 친족, 일가, 동아리, 무리 / 恒河沙(항하사) 인도 갠지스 강의 모래알이란 뜻으로, '헤아릴 수 없을 만큼 수효가 많음'을 비유 / 還(환) 돌이키다, 다시, 재차 / 麽(마) 문장 끝에 쓰여 의문을 나타냄 / 還~麽(의문의 관용구) 도대체 하기는 하겠는가?, / 夢幻(몽환) 꿈과 허깨비를 이름 / 等(등) ~과 같다, 동등하다

若不急尋師하면 **空過一生**이니라. **然**이나 **即佛性**은
약 불 급 심 사   공 과 일 생   연   즉 불 성

自有하나 **若不因師**하면 **終不明了**니 **不因師悟者**는
자유　　약불인사　　　종불명료　　불인사오자

萬中希有니라.
만 중 희 유

만약 급히 스승을 찾지 않으면 일생을 헛되이 보내리라. 그러나 불성은 스스로 있으나 만약 스승을 인하지 않으면 결코 밝게 요달하지 못하니, 스승에 기인하지 않고 깨닫는 자는 만 가지 중에 희유하다(스승 없이 깨닫는 자는 정말 드물다).

尋(심) 찾다 / 然(연) 그러나, 그러함이나 / 稀有(희유) 드물다

若自己가 **以緣會合**하야 **得聖人意**하면
약 자 기　이 연 회 합　　　득 성 인 의

即不用參善知識이니 **此**는 **即是生而知之勝學也**니라.
즉 불 용 참 선 지 식　　차　즉 시 생 이 지 지 승 학 지

만약 자기가 인연을 만남으로써 성인의 뜻을 얻었다면, 선지식을 참방할 필요가 없으니 이는 태어나면서부터 아는 수승한 사람이다.

生而知之(생이지지) 태어나면서부터 아는 자

若未悟解이던 **須勤苦參學**이니 **因教**하야사
약 미 오 해　　수 근 고 참 학　　인 교

方得悟니라. **若自明了**하면 **不學**도 **亦得**이니
방 득 오　　약 자 명 료　　　불 학　역 득

不同迷人이니라.
부 동 미 인

만약 깨닫지 못했다면 반드시 부지런히 애써 참방해 배워야 하나, (스승의) 가르침으로 인해서 바야흐로 깨달으리라. 만약 명백히 요달했다면, 배우지 않아도 또한 얻을 것이니 미혹한 사람과는 같지 않다.

勤(근) 부지런하다

不能分別皂白하고 **妄言宣佛勅**이라 하면
불 능 분 별 조 백   망 언 선 불 칙

謗佛妄法이라.
방 불 망 법

능히 검고 흰 것을 구분하지 못하면서 망령되어 부처님의 가르침을 편다고 말하면, 부처님을 비방하고 법을 망령되게 함이다.

皂(조) 하인, 마구간, 검다 / 勅(칙) 조서(천자의 문서), 목숨을 걸고 받들어야 할 명령 / 謗(방) 비방하다

如斯等類는 **說法如雨**라도 **盡是魔說**이요.
여 사 등 류   설 법 여 우   진 시 마 설

卽非佛說이니 **師是魔王**이요 **弟子**는 **是魔民**이어늘
즉 시 불 설   사 시 마 왕   제 자   시 마 민

迷人은 **任他指揮**하야 **不覺**코 **墮生死海**하느니라.
　　미 인　　임 타 지 휘　　　　불 각　　타 생 사 해

이와 같은 부류는 설법을 비 내리듯 하더라도 모두 마구니의 설이다. 즉 부처님의 말씀이 아니니, 스승은 마왕이요 제자는 마의 백성이거늘, 미혹한 자는 그의 지휘에 맡겨져 깨닫지 못한 채로 생사의 바다에 떨어지느니라.

揮(휘) 지휘하다 / 墮(타) 떨어지다

但是不見性人이 **妄稱是佛**하면 **此等衆生**은
　단 시 불 견 성 인　　망 칭 시 불　　　차 등 중 생
是大罪人이라. **誑他一切衆生**하야 **令入魔界**니라.
　시 대 죄 인　　　광 타 일 체 중 생　　　영 입 마 계

다만 견성하지 못한 이가 망령되이 부처라 칭하면 이러한 부류의 중생은 대죄인이라. 다른 일체의 중생을 속여 마의 경계에 들어가게 하는 것이니라.

稱(칭) 부르다

若不見性이면 **說得十二部經敎**하야도 **盡是魔說**이며
　약 불 견 성　　　설 득 십 이 부 경 교　　　진 시 마 설
魔家眷屬이라. **不是佛家弟子**니 **旣不辨皂白**이어니
　마 가 권 속　　　불 시 불 가 제 자　　기 불 변 조 백

憑何免生死리오.
빙 하 면 생 사

만일 견성하지 못하면 12부의 경의 가르침을 설하여도 모두 마구니의 설이며 마구니의 권속이라. 부처님의 제자는 아니니 이미 검고 흰 것을 가리지 못하니 무엇에 의지해 생사를 면하리오.

辦(변) 분별하다, 나누다 / 憑(빙) 기대다, 의지하다

若見性하면 **即是佛**이요. **不見性**하면
약 견 성　　즉 시 불　　　불 견 성
即是衆生이니라. **若離衆生性**하고
즉 시 중 생　　　　약 리 중 생 성
別有佛性可得者인데 **佛**은 **今在何處**오.
별 유 불 성 가 득 자　　불　금 재 하 처

만약 견성하면 부처요. 견성하지 못하면 곧 중생이라. 만약 중생의 성품을 여의고서 따로 불성을 얻을 수 있다고 한다면 부처는 지금 어디에 있는가?

即衆生性이 **即是佛性也**라. **性外無佛**이요.
즉 중 생 성　즉 시 불 성 야　　성 외 무 불
佛即是性이니 **除此性外**에 **無佛可得**이며 **佛外**에
불 즉 시 성　　제 차 성 외　　무 불 가 득　　　불 외

無性可得이니라.
무 성 가 득

중생의 성품이 그대로 즉시 불성이니라. 성품 밖에 부처가 없음이요, 부처가 곧 성품이니 이 성품을 제외하고 밖에서 부처를 가히 얻을 수 없으며 부처 밖에서 성품을 가히 얻을 수는 없느니라."

迷心萬行 未免輪回
미 심 만 행 미 면 윤 회

미혹한 마음으로 온갖 수행을 하여도 윤회를 면치 못한다

問曰 若不見性하고 念佛誦經하며 布施持戒精進하야
문왈 약불견성   염불송경   보시지계정진

廣興福利하면 得成佛否잇가.
광 흥 복 리   득 성 불 부

묻기를 "만약 견성하지 못하고 염불하고, 경을 읽으며, 보시·지계·정진하여 널리 복을 일으키면(닦으면) 성불하지 않겠습니까?"

六波羅密(육바라밀) 보살이 불도를 이루기 위하여 닦는 여섯 가지 수행. 布施(베푸는 것), 持戒(계를 지니는 것), 忍辱(참는 것), 正進(부지런히 정진하는 것), 禪定(번뇌 망상을 그쳐 선정에 드는 것), 智慧(선정에 의지한 지혜를 일으키는 것). ※ 반드시 선정에 의지한 지혜만이 12연기를 觀하여 삼라만상 모든 것이 無常하며, 苦이며, 無我임을 체득할 수 있다. / 興(흥) 일으키다, 발하다

答曰 不得이니라.

답하기를, "얻지 못함이니라."

又問하되 因何不得이닛고.

또 묻기를, "어찌하여 얻을 수 없습니까?"

答曰 有少法可得이면 是有爲法이며 是因果며 是受報며 是輪迴法이라. 不免生死니 何時에 得成佛道리요.

답하기를 "작은 법이라도 얻을 만한 게 있으면 함이 있는 법(유위법)이며 인과며 과보를 받는 것이며 윤회하는 법이라. 생사를 면치 못함이니 어느 때에 불도를 이루겠는가.

成佛은 須是見性이라. 若不見性이면 因果等語가 是外道法이니 若是佛인데 不習外道法이니라.

성불은 반드시 견성을 해야 하는 것이다. 만약 견성하지 못하면 인과 등의 말이 외도법이니, 만약 부처라면 외도법을 익히지 않는다.

佛是無業人이며 **無因果**라. **但有少法可得**이면
불 시 무 업 인　　무 인 과　　단 유 소 법 가 득

盡是謗佛이어니 **憑何得成**이리오.
진 시 방 불　　　빙 하 득 성

부처는 업이 없는 이며, 인과가 없음이라. 다만 조금이라도 얻을 만한 법이 있다면 모두 부처를 비방하는 것이니 무엇을 의지해 (부처를) 이루겠는가.

但有住著一心一能一解一見하면 **佛**은 **都不許**니라.
단 유 주 착 일 심 일 능 일 해 일 견　　불　 도 불 허

다만 조금이라는 마음, 조금이라는 능력, 조금이라는 이해, 조금이라는 견해에 집착한다면 부처님은 전혀 허용하지 않는다.

佛無持犯하고 **心性**은 **本空**하야 **亦非垢淨諸法**이며
불 무 지 범　　심 성　 본 공　　역 비 구 정 제 법

無修無證하며 **無因無果**하니라.
무 수 무 증　　무 인 무 과

부처는 (계를) 지니고 범함이 없고, 심성은 본래 공(空)해서 또

한 더럽고 깨끗한 법이 아니며, 닦을 것도 증득할 것도 없으며, 인(因)도 없고 과(果)도 없느니라.

垢淨(구정) 깨끗함과 더러움

佛不持戒하며 **佛不修善**하며 **佛不造惡**하며
불 불 지 계　　　불 불 수 선　　　불 부 조 악
佛不精進하며 **佛不懈怠**니 **佛**은 **是無作人**이라.
불 부 정 진　　　불 불 해 태　　불 　시 무 작 인
但有住着心見하면 **佛即不許也**니라.
단 유 주 착 심 견　　　불 즉 불 허 야

부처는 계를 지니지도 않으며, 부처는 선을 닦지도 않으며, 부처는 악을 짓지도 않으며, 부처는 정진하지도 않으며, 부처는 게으르지도 않으니, 부처는 작위함이 없는 이다. 다만 집착하는 마음의 견해가 있다면 부처는 허락하지 않는다.

懈怠(해태) 게으름 / 着(착) 집착하다

佛不是佛이니 **莫作佛解**하라. **若不見此義**하면
불 불 시 불　　　막 작 불 해　　　약 불 견 차 의
一切時中과 **一切處所**가 **皆是不了本心**이니라.
일 체 시 중　　일 체 처 소　　개 시 불 료 본 심

부처는 부처가 아니니 부처라는 견해를 짓지 말지어다. 만약

이러한 뜻을 보지 못하면(터득하지 못하면) 모든 때와 모든 곳에서 다 본마음을 요달하지 못한 것이다.

若不見性하고 **一切時中**에 **擬作無作想**하면
약 불 견 성　　일 체 시 중　　의 작 무 작 상
是大罪人이며 **是癡人**이라.
시 대 죄 인　　시 치 인

만약 견성하지 못하고 일체의 때에 지어도 짓는 바가 없다는 생각만 헤아린다면, 큰 죄인이며 어리석은 자이다.

擬(의) 헤아리다 / 癡(치) 어리석다

落無記[7]空中하야 **昏昏如醉人**하야 **不辨好惡**이니라.
낙 무 기 공 중　　혼 혼 여 취 인　　불 변 호 오

무기공 가운데에 떨어져 술 취한 사람처럼 정신이 흐리고 가물가물하여 좋고 나쁜 것을 분별치 못함이라.

無記空(무기공) 절대 아무것도 없다고 단정하고 더 이상 수행에 진척하려는 마음이 없는 상태 / 昏昏(혼혼) ① 어두운 모양 ② 정신이 흐리고 가물가물한 모양 / 醉(취) ① 술 취하다 ② 잠기다, 빠지다

7　무기(無記) : 삼성(三性) 중 하나로 선도, 악도 아닌 것으로 과보를 가져오지 않으면 유부무기(有復無記)와 무부무기(無復無記) 2종류로 분류함.

若擬修無作法인데 **先須見性然後**에 **息緣慮**니
약 의 수 무 작 법　　선 수 견 성 연 후　　식 연 려

若不見性하면 **得成佛道**가 **無有是處**니라.
약 불 견 성　　득 성 불 도　　무 유 시 처

만약 지음이 없는 법을 닦으려고 한다면 먼저 반드시 견성한 후에 염려하는 생각을 쉴지니, 만약 견성하지 않았다면 불도를 이뤘다고 함은 옳지 않다.

有人이 **撥無因果**하야 **熾然作惡業**하고 **妄言本空**하야
유 인　　발 무 인 과　　　치 연 작 악 업　　　망 언 본 공

作惡無過라 하면 **如此之人**은 **墮無間黑闇地獄**[8]하야
작 악 무 과　　　여 차 지 인　　타 무 간 흑 암 지 옥

永無出期하리니 **若是智人**인데 **不應如是見解**니라.
영 무 출 기　　　약 시 지 인　　불 응 여 시 견 해

어떤 사람이 인과가 없다고 튕겨 버리고 (부인해서) 치성하게 악업을 짓고 망령되이 '본래 공하여 악을 지음이 허물을 없다'고 말하면, 이와 같은 사람은 무간지옥, 흑암지옥에 떨어져 영원히 벗어날 기약이 없으리니, 만일 지혜로운 자라면 응당히 이와 같은 견해는 짓지 않느니라."

---

[8]　무간흑암지옥(無間黑闇地獄) : ① 무간지옥은 8지옥 가운데 가장 크고 또한 가장 무서운 지옥이다. 이 지옥에 떨어지는 자는 부모를 죽였거나 부처님 몸에 상처를 냈거나 혹은 승가의 화합을 깨뜨렸거나 아라한을 죽인 중죄인들이다. 흑암지옥은 10대 지옥 가운데 하나로 암흑 속에 가두어 놓는 곳을 말한다. ② 기억이 없는 것.

問曰旣若施爲運動과 一切時中이 皆是本心인데
문 왈 기 약 시 위 운 동   일 체 시 중   개 시 본 심

色身無常之時에 云何不見本心이닛고.
색 신 무 상 지 시   운 하 불 견 본 심

묻기를, "이미 만약 베풀고 움직임과 일체의 때가 모두 본심일진대 몸뚱이가 항상하지 않을 때(죽을 때) 어찌하여 본심을 보지 못하는 것입니까?"

答曰 本心은 常現前이언만은 汝自不見이니라.
답 왈 본 심   상 현 전   여 자 불 견

답하기를, "본심은 항상 앞에 나타나지만 네 스스로 보지 못하느니라."

問曰 心旣見在인데 何故不見이닛고.
문 왈 심 기 현 재   하 고 불 견

묻기를, "마음이 이미 나타나 있다면 무슨 까닭으로 보지 못하는 것입니까?"

師云하되 汝가 曾作夢否아.
사 운   여   증 작 몽 부

스님이 이르시길, "그대는 일찍이 꿈을 꾼 적이 있는가?"

答曰 曾作夢이니다.
답 왈 증 작 몽

답하기를, "일찍이 꿈을 꾼 적이 있습니다."

問曰 汝作夢之時에 **是汝**의 **本身否**아.
문 왈 여 작 몽 지 시 시 여 본 신 부

묻기를, "네가 꿈을 꿀 때에 너의 본래 몸이었는가?"

答曰 是本身이니다.
답 왈 시 본 신

답하기를, "본래의 몸이었습니다."

又問 汝의 **言語施爲運動**이 **以汝**로 **別**가 **不別**가.
우 문 여 언 어 시 위 운 동 이 여 별 불 별

또 묻기를, "그대의 언어와 베풀고 움직임이 그대와 따로였는가, 따로가 아니었는가?"

答曰 不別이니다.
답 왈 불 별

답하기를, "따로가 아니었습니다."

師云旣若不別인데 卽此身이 是汝本法身이며
　사 운 기 약 불 별　　즉 차 신　시 여 본 법 신

卽此法身이 是汝本心이니다.
　즉 차 법 신　시 여 본 심

스님이 이르시길, "이미 만약에 다르지 않을진대, 이 몸 그대의 본래 법신이며, 이 법신 그대로 그대의 본심이다.

此心이 從無始曠大劫來로 與如今不別하야
　차 심　종 무 시 광 대 겁 래　여 여 금 불 별

未曾有生死니 不生不滅하며 不增不減하며
　미 증 유 생 사　불 생 불 멸　　부 증 불 감

不垢不淨하며 不好不惡하며 不來不去하며
　불 구 부 정　　불 호 불 오　　불 래 불 거

亦無是非하며 亦無男女相하며 亦無僧俗老少하며
　역 무 시 비　　역 무 남 녀 상　　역 무 승 속 노 소

無聖無凡하며 亦無佛亦無衆生하며 亦無修證하며
　무 성 무 범　　역 무 불 역 무 중 생　　역 무 수 증

亦無因果하며 亦無筋力하며 亦無相貌라.
　역 무 인 과　　역 무 근 력　　역 무 상 모

이 마음이 비롯함이 없는 광대한 겁으로부터 지금과 다르지 않아 일찍이 생사가 없음이니, 남도 없고 멸함도 없으며, 더함도 없고 덜함도 없으며, 더러움도 없고 깨끗함도 없으며, 좋지도 않고 싫어하지도 않으며, 오고 감이 없으며, 또한 옳고 그름이 없으며, 또한 남녀의 모습도 없으며, 또한 승속노

소도 없으며, 성인도 범부도 없으며, 또한 부처도 없으며, 또한 중생도 없으며, 또한 닦아 증득함도 없으며, 또한 인과도 없으며, 또한 근력(힘)도 없으며, 또한 모양도 없음이라.

筋(근) 힘줄

猶如虛空하야 取不得捨不得이니 山河石壁이
유여허공   취부득사부득   산하석벽
不能爲礙하며 出沒往來에 自在神通하야
불능위애   출몰왕래   자재신통
透五蘊山하며 渡生死河하나니 一切業이
투오온산   도생사하   일체업
拘此法身不得이니라.
구차법신부득

비유컨대 허공과 같아 취할 수도 없고 버릴 수도 없음이니, 산과 강과 석벽이 능히 장애할 수 없으며 출몰하고 오고 감에 신통이 자재하여 오온의 산을 뛰어넘고 생사의 강을 건너야 하나니, 일체의 업이 이 법신을 구속할 수 없다.

壁(벽) 장벽, 벽 / 礙(애) 장애하다 / 透(투) 통과하다, 뛰어넘다, 지나가다 / 拘(구) 구속하다

此心은 微妙難見이며 此心은 不同色相하니 此心이
차심 미묘난견   차심   부동색상   차심

是佛이라.
시 불

이 마음은 미묘하여 보기(깨닫기) 어려우며, 이 마음은 물질의 모양과는 같지 않으니 이 마음이 부처이니라.

人皆欲得見하나니 **於此光明中**에 **運手動足者**가
인 개 욕 득 견   어 차 광 명 중   운 수 동 족 자
如恒河沙이언마는 **及乎問着**하야는 **總道不得**이
여 항 하 사   급 호 문 착   총 도 부 득
猶如木人相似하나니 **總是自己受用**이어늘
유 여 목 인 상 사   총 시 자 기 수 용
因何不識고.
인 하 불 식

사람들은 모두 보기를 원하고 이 광명 가운데서 손발을 움직이는 일이 강가의 모래알과 같이 많으나 물어보면 전혀 대답하지 못함이 마치 나무로 깎아 놓은 사람의 모습과 같으니 모두 자기가 받아들여 쓰는 것인데도 어찌하여 알지 못하는고?

欲(욕) 하고자 하다, 바라다 / 道(도) '말하다'라는 동사로 쓰임

佛言하사되 **一切衆生**이 **盡是迷人**이라.
불 언   일 체 중 생   진 시 미 인
因此作業하야 **墮生死河**하야 **欲出還沒**이라 하시니
인 차 작 업   타 생 사 하   욕 출 환 몰

只爲不見性이니라.
　　지 위 불 견 성

부처님께서 말씀하시기를, '일체중생이 다 미혹한 사람이라. 이로 인해 업을 지으며 생사의 강에 떨어져 벗어나고자 하나 도리어 (자꾸) 빠지는 것이니라' 하시니 단지 견성하지 못했음을 말함이라.

還(환) ① 돌아오다, 돌아가다 ② 돌려보내다('도리어'의 의미) / 爲(위) 말하다, 이르다

衆生이 **若不迷**인데 **因何問着**하면 **其中**에
　중 생　　약 불 미　　인 하 문 착　　기 중
無有一人得會者오, **自家運手動足**을 **因何不識**고.
　무 유 일 인 득 회 자　　자 가 운 수 동 족　　인 하 불 식

중생이 만약에 미혹하지 않을진대 어찌해서 물으면 그 가운데 한 사람도 아는 자가 없는가? 스스로 수족을 움직임을 어찌하여 알지 못하는고?

故知聖人語不錯이나 **迷人**은 **自不會曉**하니라.
　고 지 성 인 어 불 착　　미 인　　자 불 회 효
故知此心難明이니라.
　고 지 차 심 난 명

그러므로 성인의 말씀은 그르침이 없으나 미혹한 사람은 스스로 깨달아 알지 못하는 것이다. 그러므로 이 마음을 밝히기

가 어려운 것임을 알아야 할지니라.

錯(착) 그르치다, 잘못되다, 틀리다 / 曉(효) 새벽, 깨닫다

惟佛一人이요 **能會此心**이요 **餘人天及衆生等**은
　유불일인　　능회차심　　　여인천급중생등
盡不明了니 **若智慧**로 **明了此心**하면 **方名法性**이며
　진불명료　약지혜　명료차심　　방명법성
亦名解脫[9]이라.
　역명해탈

오직 부처님 한 분만이 능히 이 마음을 아시는 것이요, 나머지 사람과 하늘 및 중생 등은 모두 밝게 알지 못하니, 만약 지혜로 이 마음을 명료하게 안다면 법성이라고 이름하여 부를 수 있으며 또한 해탈이라 이름함이라.

盡(진) 다하다, 다되다

生死不拘하며 **一切法**도 **拘他不得**이니라.
　생사불구　　일체법　구타부득
是名大自在王如來며 **亦名不思議**며 **亦名聖體**며
　시명대자재왕여래　　역명부사의　　역명성체

9　해탈(解脫) : ① 벗어나는 것, 생로병사 등에서 자유로움 ② 고통에서 벗어나 해방되는 것 ③ 번뇌의 속박을 떠나 정신이 자유로운 것 ④ 평온한 경지 ⑤ 결박을 풀고 미혹의 세계에서 벗어나는 것 ⑥ 열반의 다른 이름 ⑦ 생사를 떠남을 뜻함.

亦名長生不死며 亦名大仙이니 名雖不同이나
역 명 장 생 불 사   역 명 대 선   명 수 부 동

體即是一이라.
체 즉 시 일

생사에 구속되지 않으며 일체법도 그것을 구속하지 못한다. 이것을 대자재왕여래라 이름하며, 또한 부사의라 이름하며, 또한 성인의 본체라 이름하며 또한 장생불사라 이름하며, 또한 큰 선인이라 이름함이니, 이름은 비록 다름이나 본체는 곧 하나이다.

聖人이 種種分明이나 皆不離自心이니 心量이
성 인   종 종 분 명   개 불 리 자 심   심 량

廣大하야 應用無窮이라.
광 대   응 용 무 궁

성인이 갖가지로 분별하나 모두 자심을 여읜 것은 마음의 양이 광대하여 응당 씀씀이가 무궁함이라.

應眼見色하여 應耳聞聲하며 應鼻嗅香하며
응 안 견 색   응 이 문 성   응 비 후 향

應舌知味하며 乃至施爲運動이 皆是自心이라.
응 설 지 미   내 지 시 위 운 동   개 시 자 심

응당 눈은 색을 보며, 응당 귀는 소리를 들으며, 응당 코는 향기를 맡으며, 응당 혀는 맛을 알며, 내지 베풀고 움직임이 모

두 스스로의 마음이라.

嗅(후) 냄새를 맡다

一切時中에 **但有語言道斷**이 **即是自心**이라. **故**로
일 체 시 중 　 단 유 어 언 도 단 　 즉 시 자 심 　 　 고
云如來色이 **無盡**이며 **智慧**도 **亦復然**이라 하니라.
운 여 래 색 　 무 진 　 　 지 혜 　 역 부 연

일체의 때에 다만 말의 길이 끊겼음이 곧 스스로의 마음[自心]이라. 그러므로 이르기를, 여래의 몸이 다함이 없으며 지혜도 또한 그러하다 하니라.

色無盡이 **是自心**이니 **心識**이 **善能分別一切**하며
색 무 진 　 시 자 심 　 　 심 식 　 선 능 분 별 일 체
乃至施爲運用이 **皆是智慧**니라. **心無形相**하며
내 지 시 위 운 용 　 개 시 지 혜 　 　 심 무 형 상
智慧도 **亦無盡**이라.
지 혜 　 역 무 진

색이 다함이 없음이 자심이니, 심식이 잘 능히 일체를 분별하며 움직이는 데 이르기까지 모두 지혜이다. 마음은 형상이 없으며 지혜도 또한 다함이 없다.

善(선) 착하다, 좋다, 친하다, 사이좋다, 잘하다, 옳게 여기다

故로 **云如來色**이 **無盡**이며 **智慧**도 **亦復然**하니라.
　고　　운여래색　무진　　　지혜　역부연

그러므로 이르기를, 여래의 색신이 다함이 없으며 지혜도 또한 그러함이니라.

四大色身[10]은 **即是煩惱**며 **色身**은 **即有生滅**이나
　사대색신　　즉시번뇌　　색신　즉유생멸

法身은 **常住無所住**니 **如來法身**은 **常不變異**니라.
　법신　　생주무소주　　여래법신　상불변이

네 가지로 이루어진 몸은 즉시 번뇌며 색신은 곧 생멸이 있으나 법신은 항상 머무는 바가 없이 머무르니, 여래 법신은 항상 변하지 않느니라.

故로 **經**에 **云**하사되 **衆生**은 **應知佛性**이
　고　경　운　　　중생　응지불성

本身有之라 하시니 **迦葉**[11]은 **只是悟得本性**이니라.
　본신유지　　　　가섭　　지시오득본성

그러므로 경에 이르기를, '중생은 응당 불성이 본래 스스로

10　사대육신(四大色身) : ① 지(地)·수(水)·화(火)·풍(風)이라고 하는 물질적 요소로 이루어진 육체, 인간의 육신 ② 물질적인 신체 ③ 육신.

11　가섭(迦葉) : ① 과거 7불 중의 한 분 ② 마하가섭, 우루빈라가섭, 가야가섭, 나제가섭, 십력가섭의 다섯이 있는데, 흔히 마하가섭을 말한다. 혹은 ③ 불멸 제 300의 말기 신세 가섭을 칭하기도 함.

있음을 알아야 한다'고 하였으니 가섭은 다만 본성을 깨달은 것이니라.

本性이 **即是心**이며 **心即是性**이니 **即此**가
　　본　성　　　즉 시 심　　　　심 즉 시 성　　　　　즉 차
同諸佛心이니라.
　　동 제 불 심

본성이 곧 마음이며 마음이 곧 성품이니, 이것이 그대로 모든 부처님의 마음과 같음이니라.

前佛後佛이 **只傳此心**이요. **除此心外**에
　　전 불 후 불　　　지 전 차 심　　　　제 차 심 외
無佛可得이어늘 **顚倒衆生**이 **不知自心是佛**하고
　　무 불 가 득　　　전 도 중 생　　　부 지 자 심 시 불
向外馳求하니라. **終日忙忙**하야 **念佛禮佛**하야도
　　향 외 치 구　　　종 일 망 망　　　염 불 예 불
佛在何處오.
　　불 재 하 처

앞 부처와 뒤 부처가 단지 이 마음을 전한 것이요. 이 마음을 제외하고 밖에서 얻을 만한 부처는 없거늘, 전도된 중생이 자기의 마음이 부처임을 알지 못하고 밖을 향해 치달아 구하니라. 종일토록 바쁘게 염불하고 예불해도 부처는 어느 곳에 있는가?

忙忙(망망) 대단히 바쁜 모양

不應作如是等見하라. **但識自心**하면 **心外**에
불 응 작 여 시 등 견　　단 식 자 심　　심 외

更無別佛이니라.
갱 무 별 불

응당 이와 같은 등의 견해를 짓지 말라. 다만 자기의 마음을 알면 마음 밖에 결코 별다른 부처가 없음이니라.

經에 **云**하사되 **凡所有相**이 **皆是虛妄**이라 **又云**하사되
경　운　　범 소 유 상　개 시 허 망　　우 운

所在之處가 **卽爲有佛**이라 하시니 **自心是佛**이니
소 재 지 처　즉 위 유 불　　　　자 심 시 불

不應將佛禮佛하라.
불 응 장 불 예 불

경에 이르기를, '무릇 모든 상(相)은 다 허망한 것이다' 하시고 또 이르기를, '소재하는 곳[處處]이 부처가 있는 곳이다' 하시니 자심이 부처이니 응당 부처를 가지고 부처에게 예(禮)하지 말지니라.

但是有佛及菩薩相貌하야 **忽爾見前**이라도
단 시 유 불 급 보 살 상 모　　홀 이 현 전

切不用禮敬하라.
절 불 용 예 경

다만 부처와 보살의 모양이 있어 홀연히 너의 앞에 나타나도

절대로 예경하지 말지니라.

忽(홀) 홀연히 / 爾(이) 너

我心은**空寂**하야 **本無如是相貌**하니 **若取相**하면
아 심 공 적   본 무 여 시 상 모   약 취 상
即是魔攝이니 **盡落邪道**[12]하리라.
즉 시 마 섭   진 락 사 도

나의 마음은 공적하여 본래 이와 같은 모습이 없으니, 만일 상을 취하면 즉시 마구니에 포섭되어 전부 삿된 길에 떨어지리라.

魔(마) 마구니

若知幻從心起하면 **即不用禮**니라. **禮者**는 **不知**요.
약 지 환 종 심 기   즉 불 용 례   예 자 부 지
知者는 **不禮**니 **禮**하면 **被魔攝**하리라.
지 자 불 예 예   피 마 섭

만약 허깨비가 마음을 쫓아 일어난 줄 알면 예는 필요치 않는다. 예하는 자는 알지 못함이요. 아는 자는 예하지 않느니 예하면 마군에 포섭됨을 당하리다.

被(피) 입다, 받다, 옷, 당하다

12　사도(邪道) : ① 샛길의 좁은 길 ② 팔정도를 실행하지 않는 것 ③ 나쁜 길, 부정한 길, 잘못된 실천을 뜻함.

恐學人이 **不知故**로 **作是辨**하노라.
　　공 학 인　　부 지 고　　작 시 변

학인이 알지 못할까 두려워하는 까닭에 이러한 분별을 짓노라.

諸佛如來本相體上에 **都無如是相貌**하니
　제 불 여 래 본 상 체 상　　도 무 여 시 상 모
切須在意어다.
　절 수 재 의

모든 부처님과 여래 본 모습의 체에는 결코 이와 같은 모습이 없나니, 반드시 뜻을 둘지어다(위와 같은 사실을 생각할지어다).

但有異境界이든 **切不用採括**하며 **亦莫生怕怖**하며
　단 유 이 경 계　　절 불 용 채 괄　　역 막 생 파 포
不要疑惑이니라.
　불 요 의 혹

다만 다른 경계가 있거든 결코 캐내려고 하지 말며, 또한 두려워하지 말며 의심하여 미혹하지도 말라.

採括(채괄) 캐고 찾다 / 怕怖(파포) 두려워하다

我心이 **本來淸淨**커늘 **何處**에 **有如許相貌**리오.
　아 심　　본 래 청 정　　하 처　　유 여 허 상 모

나의 마음이 본래 청정하거늘 어디에 이와 같은 모습이 있으리오.

乃至天龍夜叉鬼神과 **帝釋梵王等相**도
　내 지 천 룡 야 차 귀 신　　제 석 범 왕 등 상
亦不用心生敬重하며 **亦莫怕懼**어다.
　역 불 용 심 생 경 중　　　역 막 파 구

천룡, 야차, 귀신, 제석, 범천왕 등의 모습에 이르기까지 또한 마음을 써서 중히 공경심을 내지 말며, 또한 두려워하지도 말라.

怕懼(파구) 두려워하다

我心은 **本來空寂**이라. **一切相貌**가 **皆是妄相**이니
　아 심　　본 래 공 적　　　일 체 상 모　　개 시 망 상
但莫取相하라.
　단 막 취 상

나의 마음은 본래 공적함이라. 일체의 모습이 모두 허망한 상이니 다만 상을 취하지 말지니라.

若起佛見法見커나 **及佛菩薩等相貌**에 **而生敬重**하면
　약 기 불 견 법 견　　　급 불 보 살 등 상 모　　이 생 경 중
自墮衆生位中이니라.
　자 타 중 생 위 중

만약 부처라는 견해, 법이라는 견해와 불보살 등의 모습을 일으켜서 중시 공경심을 내면 스스로 중생의 지위에 떨어진다.

若欲直會인대 但莫取一切相하면 即得이요.
약 욕 직 회　　단 막 취 일 체 상　　즉 득

更無別語니라.
갱 무 별 어

만약 진실하게 알고자 하면 다만 일체의 상을 취하지 않으면 얻을 것이요. 결코 다른 말은 없다.

故로 經에 云하사되 凡所有相이 皆是虛妄이라 하시니
고　 경　　 운　　　 범 소 유 상　　개 시 허 망

都無定實이라. 幻無定相이 是無常法이라.
도 무 정 실　　　환 무 정 상　　시 무 상 법

그러므로 경에 이르길, '무릇 모든 상(相)은 다 허망함이라' 하셨으니 전혀 정해진 실다움이 없다. 허깨비도 정해진 모양이 없으니 무상한 법이다.

但不取相하면 合他聖意니라. 故로 經에 云하사되
단 불 취 상　　 합 타 성 의　　　고　 경　　 운

離一切相이 即名諸佛이라 하시니라.
이 일 체 상　즉 명 제 불

다만 상을 취하지 않으며 저 성스러운 뜻에 합할 것이라. 그러므로 경에 이르기를, '일체상(一切相)을 여읨이 곧 제불이라 이름한다'고 하시니라."

明不敬所以
명 불 경 소 이

공경하지 말아야 하는 분명한 이유

問曰 因何不得禮佛菩薩等이닛고.
문 왈 인 하 부 득 예 불 보 살 등

묻기를, "어떤 이유로 부처님과 보살 등에게 예(禮)하지 말라고 하십니까?"

答曰 天魔波旬과 阿修羅가 示見神通하야
답 왈 천 마 파 순   아 수 라   시 견 신 통

皆作得菩薩相貌하야 種種變化가 是外道요
개 작 득 보 살 상 모   종 종 변 화   시 외 도

總不是佛이니라. 佛是自心이니 莫錯禮拜어다.
총 불 시 불   불 시 자 심   막 착 예 배

답하기를 "마왕 파순과 아수라가 신통을 나타내 보여 모두 보

살의 모습을 지어 갖가지 변화하는 것이 외도요, 반드시 부처는 아니다. 부처는 자심이니 그르쳐 (잘못) 예배하지 말라.

錯(착) 섞다, 어긋나다, 그르치다

佛是西國語라. **此土**에 **云覺性**이니 **覺者**는
불 시 서 국 어 차 토 운 각 성 각 자

是靈覺[13]이라.
시 영 각

부처는 인도의 말이다. 이 땅에서는 '깨닫는 성품'이라 하니, 각(覺)이라는 것은 신령스런 깨달음이다.

應機接物[14]하며 **揚眉瞬目**하며 **運手動足**이
응 기 접 물 양 미 순 목 운 수 동 족

皆是自己覺之性이니 **性卽是心**이며 **心卽是佛**이니라.
개 시 자 기 각 지 성 성 즉 시 심 심 즉 시 불

근기에 응해 중생을 접하며 눈썹을 치켜뜨고 눈을 깜빡이며 수족을 움직이는 것이 모두 자기의 신령스런 깨달음의 성품이니, 성품이 곧 마음이며 마음이 곧 부처이니라.

揚(양) 드날리다, 오르다, 드러내다, 나타내다, 칭찬하다 / 眉(미) 눈썹 / 瞬(순) 눈 깜짝하다

13　영각(靈覺) : 영묘불가사의한 지혜를 말함.
14　응기접물(應機接物) : 근기가 성숙한 정도에 따라 가르침을 다르게 펴는 것.

佛卽是道요 **道卽是禪**이니 **禪之一字**는
불 즉 시 도　도 즉 시 선　　선 지 일 자

非凡夫所測이라.
비 범 부 소 측

부처는 곧 도요. 도는 바로 선이니, 선(禪) 한 자는 범부가 측량할 수 없음이니라.

測(측) 재다, 헤아리다, 측량하다

又云見本性이 **爲禪**이니 **若不見本性**하면
우 운 견 본 성　위 선　　약 불 견 본 성

卽非禪也니라.
즉 비 선 야

또 '본 성품을 보는 것이 선(禪)이다'라고 이르니, 만약 본 성품을 보지 못하면 곧 선이 아니니라.

假使說得千經萬論이라도 **若不見本性**하면
가 사 설 득 천 경 만 론　　약 불 견 본 성

只是凡夫요 **非是佛法**이라.
지 시 범 부　비 시 불 법

가령 천 가지 경과 만 가지 논을 설한다 해도 만약 본 성품을 보지 못하면 단지 범부요, 불법은 아니니라.

假(가) 거짓, 잠시, 빌리다, 가령, 시키다, 부리다 / 使(사) 하여금 ~하게 하다, 심부름꾼, 사신, 가령

至道는 **幽深**하야 **不可話會**니 **典教**가 **憑何所及**이리오.
　　지 도　　유 심　　　불 가 설 회　　전 교　　빙 하 소 급

지극한 도는 그윽이 깊어 말로는 알기 불가하니, 경전의 가르침이 어찌 미치는 바에 의지하리요(경전의 가르침은 미칠 수 없다).

憑(빙) 의지하다, 기대다

但見本性하면 **一字不識**도 **亦得**이니 **見性即是佛**이니라.
　단 견 본 성　　　일 자 불 식　　역 득　　　견 성 즉 시 불

다만 본 성품을 보면 글자 하나 몰라도 또한 얻을 수 있음이니, 견성하는 즉시 부처이다.

聖體는 **本來清淨**하야 **無有雜穢**하며 **所有言說**이
　성 체　　본 래 청 정　　　무 유 잡 예　　　소 유 언 설

皆是聖人이 **從心起用**이라.
　개 시 성 인　　종 심 기 용

성스러운 체성(體性)은 본래 청정하여 잡되고 더러움이 있지 않으며 모든 언설(言說)이 모두 성인의 마음을 쫓아 일어나고 작용한다.

穢(예) 더럽다, 거칠다, 거친 땅

用體本來空하야 **名言**도 **尙不及**이온 **十二部經**이
용 체 본 래 공　　명 언　상 불 급　　십 이 부 경

憑何得及이리오.
빙 하 득 급

작용의 체(體)는 본래 공하여 이름과 말로는 오히려 미칠 수 없는데, 12부경도 어찌 미칠 바에 의지하리요(미칠 바가 아니다).

尙(상) 오히려, 숭상하다, 높다

道本圓成하여 **不用修證**이요. **道非聲色**하여
도 본 원 성　　불 용 수 증　　도 비 성 색

微妙難見이니 **如人飮水**하야 **冷暖自知**라
미 묘 난 견　　여 인 음 수　　냉 난 자 지

不可向人說也니라.
불 가 향 인 설 야

도는 본래 원만하게 이루어져 닦아 증득함을 닦아 쓰지 않음이요, 도는 소리나 색이 아니고 미묘하여 보기 어려우니, 마치 사람이 물을 마셔 봐야 차가운지 따뜻한지 아는 것과 같아서, 사람을 향해 설하기는 불가하니라.

唯有如來能知요 **餘人天等類**는 **都不覺知**하느니라.
유 유 여 래 능 지　여 인 천 등 류　　도 불 각 지

오직 여래만이 능히 앎이요, 여타의 사람과 하늘 등의 부류는

도저히 깨달아 알 수 없다.

餘(여) 나머지, 남다, 다른 / 都(도) 도무지, 모두

凡夫智不及일세 **所以**로 **有執相**하나니라. **不了自心**이
범 부 지 불 급　　소 이　　유 집 상　　　불 료 자 심
本來空寂하면 **妄執相及一切法**하야 **即墮外道**하나니라.
본 래 공 적　　망 집 상 급 일 체 법　　즉 타 외 도

범부의 지혜로는 미칠 수 없음일세. 그러한 까닭으로 상(相)에 집착함이 있음이라. 자심이 본래 공적함을 요달하지 못하면 망령되어 상과 일체법에 집착하여 바로 외도로 떨어진다.

若知諸法이 **從心生**하면 **不應有執**이니 **執即不知**니라.
약 지 제 법　종 심 생　　불 응 유 집　　집 즉 부 지

만약 모든 법이 마음을 쫓아 생(生)한 줄을 알면 응당 집착하지 않을지니, 집착한 즉 알지 못함이라.

若見本性하면 **十二部經**이 **總是閑文字**라 **千經萬論**이
약 견 본 성　　십 이 부 경　총 시 한 문 자　천 경 만 론
只是明心이니 **言下契會**[15]하면 **教將何用**이리오.
지 시 명 심　　언 하 계 회　　교 장 하 용

15　계회(契會) : 딱 들어맞다, 여기지 않는 것. 계심증회(契心證會)의 약어.

만약 본 성품을 보면 12부경이 모두 한가한(쓸데없는) 문자라, 천 가지 경과 만 가지 론이 다만 마음을 밝힌 것이니, 언하(당장)에 계합해 알면 가르침이 장차 무슨 소용이리요.

言下(언하) 당장에(당송 시대의 구어체) / 契(계) 계합하다

至理는 **絕言**이라. **教是語詞**니 **實不是道**요
지 리 절 언　　교 시 언 사　　실 불 시 도
道本無言이니 **言說**은 **是妄**이니라.
도 본 무 언　　언 설　　시 망

지극한 이치는 말이 끊어짐이라. 교(敎)는 말이니 실제로 도가 아님이요, 도는 본래 말이 없음이니 언설은 허망함이라.

若夜夢에 **見樓閣 宮殿 象馬之屬 及樹木 叢林 池亭**
약 야 몽　 견 루 각 궁 전 상 마 지 속 급 수 목 총 림 지 정
如是等相이어든 **不得起一念樂着**이니라.
여 시 등 상　　　부 득 기 일 념 락 착

만약 밤 꿈에 누각, 궁전, 코끼리, 말의 무리와 수목, 총림, 연못, 정자, 이와 같은 등의 모양을 보았더라도 한 생각도 좋아하고 애착함을 일으키지 말라.

盡是托生之處니 切須在意이다.
진 시 탁 생 지 처　　절 수 재 의

모두 생의 의탁한 처지니 (그러한 것은 인연사에 의해서 그러한 상이 나타난 것이다), 반드시 유의해야 한다(이와 같음을 생각할지어다).

臨終之時에 不得取相하면 即得除疑어니와
임 종 지 시　　부 득 취 상　　　즉 득 제 의

心瞥起하면 即魔攝하리라.
심 별 기　　즉 마 섭

임종할 때에 상(相)을 취하지 않으면 곧 장애와 의혹을 없앨 수 있으나, 마음을 잠시라도 일으킨즉, 마구니에게 포섭되리라.

瞥(별) 언뜻, 잠깐, 잠시

法身은 本來淸淨無受이언마는 只緣迷故로
법 신　　본 래 청 정 무 수　　　　지 연 미 고

不覺不知하야 因玆故로 妄受報하나니
불 각 부 지　　인 자 고　　망 수 보

所以有樂着하면 不得自在하느니라.
소 이 유 락 착　　부 득 자 재

법신은 본래 청정하여 (과보)받음이 없지만, 다만 미혹한 인연인 까닭으로 깨닫지도 못하고 알지도 못하여, 이로 인한 까닭으로 망령되이 과보를 받나니, 이러한 까닭에 좋아하는 애착이 있으면 자재하지 못하니라.

迷(미) 미혹하다, 헤매다 / 玆(자) 이, 이러한, 이것, 검다

只今에 **若悟得本來身心**하면 **即不染習**하리라.
　　지금　　약 오 득 본 래 신 심　　　즉 불 염 습

지금 만약 본래의 법신과 마음을 깨달으면, 곧 습기(習氣)에 물들지 않느니라.

若從聖入凡하야 **示現種種雜類等**은 **自爲衆生故**라.
　약 종 성 인 범　　시 현 종 종 잡 류 등　　자 위 중 생 고

만약 성인의 경지로부터 범부의 지위로 들어가서 갖가지 잡스러운 종류를 나타내 보임은 스스로 중생을 위하기 때문이다.

聖人은 **逆順**에 **皆得自在**일세 **一切業**이
　성 인　　역 순　　개 득 자 재　　　일 체 업

拘他不得이니라.
　구 타 부 득

성인은 거스르고 수순함에 모두 자재하여 일체업이 그를 구속할 수 없다.

聖成久하면 **有大威德**하야 **一切品類業**이
성 성 구 　유 대 위 덕 　 일 체 품 류 업
被他聖人轉이요, **天堂地獄**도 **無奈何他**니라.
피 타 성 인 전 　 천 당 지 옥 　무 내 하 타

성인을 이룬 지 오래면 큰 위엄과 덕이 있어서 일체 중생의 업이 저 성인의 가피를 입어 바뀌나니, 천당 지옥도 그를 어찌하지 못한다.

品類(품류) '중생의 종류'를 이름 / 奈何(내하) 어찌하지, 어찌지

凡夫는 **神識**이 **昏昧**하야 **不同聖人內外明徹**이니라.
범 부 　신 식 　 혼 매 　　부 동 성 인 내 외 명 철

범부는 신령한 식이 어둡고 미혹하여 내외가 명철한 성인과는 같지 않다.

若有疑라도 **即不作**이니 **作即流浪生死**하야
약 유 의 　　즉 부 작 　　작 즉 유 랑 생 사
後悔하여도 **無相救處**하리라.
후 회 　　　무 상 구 처

만일 의혹이 있더라도 짓지 말지니(의심하지 말라), 짓는 즉시 생사에 유랑하여 후회하여도 서로 구할 처방이 없다.

貧窮困苦가 皆從妄想生이니라. 若了是心하야
빈궁곤고　　개종망상생　　　　약료시심
遞相勸勉하되 但無作而作하면 即入如來知見하리라.
체상권면　　　단무작이작　　　즉입여래지견

빈궁과 고통은 모두 망상을 쫓아 생함이라. 만일 이 마음을 요달하여 번갈아 가며 서로 권해 부지런히 힘쓰되, 다만 지음 없이 지으면 곧 여래의 지견에 들어가리라.

困(곤) 곤하다, 지치다, 어렵다 / 遞相勸勉(체상권면) 번갈아 서로 권해 힘쓰다, 수행하다

初發心人은 神識이 總不定하나니 若夢中에
초발심인　　신식　　총부정　　　　약몽중
頻見異境이라도 輒不用疑니 皆是自心起故며
빈견이경　　　　첩불용의　　개시자심기고
不從外來니라.
부종외래

처음 발심한 사람은 신식이 전혀 안정되지 않으니, 만약 꿈속에서 기이한 경계를 자주 보더라도 제멋대로 의심하지 마라. 모두 자기 마음에서 일어나기 때문이며 밖에서 온 것이 아니다.

頻(빈) 자주 / 異(이) 다르다, 달리하다 / 輒(첩) 문득, 갑자기, 쉽게, 번번이, 제멋대로

夢에 若見光明이 出現하야 過於日輪하면 即餘習이
몽　　약견광명　　출현　　　과어일륜　　　즉여습

頓盡하고 **法界性現**이라.
돈 진　　법 계 성 현

꿈에 만약 광명이 출현하여 햇빛보다 뛰어남을 보면, 곧 나머지 습기가 단박에 다하고 법계의 성품이 나타남이라.

於(어) ~보다 (비교격), ~에, ~에서(처소격) / 日輪(일륜) 해 / 頓(돈) 조아리다, 갑자기, 단박에, 가지런히 하다

若有此事하면 **即是成道之因**이니 **唯自知**요.
약 유 차 사　　즉 시 성 불 지 인　　유 자 지

不可向人說이니라.
불 가 향 인 설

만일 이러한 일이 있으면 곧 부처를 이루는 인이니, 오직 스스로 앎이요. 다른 이에게 설함은 불가하다.

或靜園林中行住坐臥[16]에 **眼見光明**이 **或大或小**이던
혹 정 원 림 중 행 주 좌 와　　안 견 광 명　　혹 대 혹 소

莫與人說하며 **亦不得取**하라. **亦是自性光明**이니라.
막 여 인 설　　역 부 득 취　　역 시 자 성 광 명

혹 고요한 동산에서 행하고 머무르고 앉고 눕되, 눈에 혹은

16　행주좌와(行住坐臥) : 행(行)은 걷는 것, 주(住)는 머무르는 것, 좌(坐)는 앉는 것, 와(臥)는 눕는 사위의(四威儀)를 말함. 인간의 행동 전체를 말하며, 일상행동을 뜻함. 또는 시작과 끝, 언제라도의 의미.

크고 혹은 작은 광명을 보아도 다른 사람에게 설하지 말며, 또한 취착하지도 말라. 이 또한 자성의 광명이니라.

與(여) 주다, 함께 하다, 더불어, 참여하다

或夜靜暗中行住坐臥에 **眼見光明**이 **與晝無異**이던
혹 야 정 암 중 행 주 좌 와   안 견 광 명   여 주 무 이
不得怪니 **並是自心**이 **欲明顯**이니라.
부 득 괴   병 시 자 심   욕 명 현

혹 고요한 밤중에 가고 머무르고 앉고 눕되, 눈에 보이는 광명이 낮과 더불어 다름이 없을지라도 괴이하게 여기지 말지니, 모두 자기의 마음이 밝게 드러나려는 것이라.

怪(괴) 괴이하다 / 並(병) 아울러, 함께, 모두 / 顯(현) 나타나다, 나타내다, 높이다

或夜夢中에 **見星月分明**하여도 **亦自心諸緣**이
혹 야 몽 중   견 성 월 분 명   역 자 심 제 연
欲息이니 **亦不得向人說**이니라.
욕 식   역 부 득 향 인 설

혹 한밤중의 꿈에 별과 달이 분명히 보여도 또한 자기 마음의 모든 인연이 쉬려고 하는 것이니, 이 또한 사람을 향하여 설하지 말라.

夢若昏昏하야 猶如陰暗中行이면
몽약혼혼   유여음암중행
亦是自心煩惱障重이니 亦自知니라.
역시자심번뇌장중   역자지

꿈에 만약 캄캄하여 마치 어두운 가운데 다니는 것과 같았다면, 또한 자기 마음의 번뇌와 업장이 무거운 것임을 스스로 알지니라.

若見本性하면 不用讀經念佛이니 廣學多知가
약견본성   불용독경염불   광학다지
無益이라. 神識이 轉昏이니라.
무익   신식   전혼

만약 본래 성품을 보면 독경, 염불이 필요치 않으니, 널리 배우고 많이 아는 것이 이익이 없음이라. 신령스런 식이 어둡게 변할 뿐이다.

轉(전) 구르다, 회전하다. '변하다'의 뜻이 있다.

設教는 只爲標心이니 若識心하면 何用看教리오.
설교   지위표심   약식심   하용간교

교를 설한 것은 단지 마음을 표시하기 위함이니, 만약 마음을 알면 교를 봄(교학을 공부함)이 무슨 필요가 있겠는가.

若從凡入聖하면 **即須息業養神**하야 **隨分過日**이니라.
약 종 범 입 성   즉 수 식 업 양 신   수 분 과 일

若多嗔喜하면 **令性轉**이니 **與道相違**하야
약 다 진 희   영 성 전   여 도 상 위

自賺無益이니라.
자 잠 무 익

만약 범부로부터 성인으로 들어가려면 곧 반드시 업을 쉬고 정신을 길러(풍부히 하여) 본분을 따라 날을 보낼지니라. 만약 많이 성내고 기뻐한다면 성품을 변하게 할지니, 도와 더불어 서로 어긋나 스스로를 속임이요, 이익이 없다.

賺(잠) 속이다

聖人은 **於生死中**에 **自在出沒**하며 **隱顯不定**하야도
성 인   어 생 사 중   자 재 출 몰   은 현 부 정

一切業은 **拘他不得**이니 **聖人**은 **破邪魔**하나라.
일 체 업   구 타 부 득   성 인   파 사 마

성인은 생사 가운데 출몰이 자재하며, 사라지고 드러남이 정해져 있지 아니해도 일체업은 그를 구속할 수 없으니, 성인은 삿된 마구니를 쳐부순다.

一切衆生이 **但見本性**하면 **餘習**이 **頓滅**하고 **神識**이
일 체 중 생   단 견 본 성   여 습   돈 멸   신 식

不昧하니 **須是直下便會**니라.
　　불 매　　수 시 직 하 변 회

일체중생이 다만 본 성품을 보면 나머지 습기가 단박에 멸하고, 신령스런 식이 어둡지 않나니 반드시 곧바로 문득 알지니라.

昧(매) 어둡다 / 直下(직하) 곧바로

只在如今에 **欲眞會道**인데 **莫執一法**하라.
　　지 재 여 금　　욕 진 회 도　　　막 집 일 법

息業養神하고 **餘習**이 **亦盡**하면 **自然明白**하야
　　식 업 양 신　　여 습　 역 진　　자 연 명 백

不假用功이니라.
　　불 가 용 공

단지 지금과 같이 진실로 도를 알고자 할진대 일법도 집착치 말라. 업을 쉬고 정신을 길러서 나머지 습기가 또한 다하면, 자연히 명백하여 공들임을 빌릴 필요가 없다.

外道는 **不會佛意**하고 **用功最多**나 **違肯聖意**하고
　　외 도　 불 회 불 의　　용 공 최 다　　위 배 성 의

終日驅驅하야 **念佛轉經**하여도 **昏於神性**하야
　　종 일 구 구　　염 불 전 경　　　혼 어 신 성

不免輪廻니라.
　　불 면 윤 회

외도는 부처의 뜻을 알지 못하고 많은 공력을 쓰나 성인의 뜻을 어기고 등짐이요, 종일토록 분주히 염불하고 경을 돌려도(경을 읽어도) 신령스런 성품에는 어두워서 윤회를 면치 못한다.

違背(위배) 거스르고 등지다 / 驅驅(구구) 말을 몰다, 분주하다

佛은 **是閑人**이라. **何用驅驅**리오. **廣求名利**하야
불　　시한인　　　하용구구　　　광구명리

後時何用이리오.
후시하용

부처는 한가한 사람이라. 어찌 분주함을 쓰리요. 널리 명예와 이익을 구하여 훗날 어디에 쓰리요.

但不見性人은 **讀經念佛**하며 **長學精進**하며
단 불견성인　　독경염불　　　장학정진

六時[17]**行道**하며 **長學坐不臥**하며 **廣學多聞**으로
육시 행도　　　장학좌불와　　　광학다문

以爲佛法하나니 **此等衆生**은 **盡是謗佛法人**이니라.
이위불법　　　차등중생　　진시방불법인

다만 견성하지 못한 사람은 독경 염불하며, 오래 배우고 정진

17　육시(六時) : 옛날에는 하루를 12시로 계산해서 사용(2시간을 1時로 계산, 자·축·인·묘·진·사·오·미·신·유·술·해)했으므로 그 반인 육시는 낮 동안을 의미함.

하며, 종일 (날이 밝은 동안) 도를 수행하며, 장좌불와하며, 널리 배우고 많이 듣는 것으로 불법을 삼나니, 이러한 부류의 중생은 모두 불법을 비방하는 사람이다.

以爲(이위) ~라고 여기다, 생각하건대

前佛後佛이 **只言見性**이니 **諸行**은 **無常**이라.
전 불 후 불　지 언 견 성　　제 행　　무 상

앞 부처 뒤 부처님이 단지 견성만을 말씀하셨을 뿐이니 제행은 무상이다.

若不見性하고 **妄言我得阿耨菩提**라 하면
약 불 견 성　　망 언 아 득 아 뇩 보 리
此是大罪人이니라.
차 시 대 죄 인

만약 견성하지 못하고 망령되이 '나는 무상정각을 얻었다'고 말하면 이러한 자는 대죄인이다.

十大弟子[18] 阿難은 **聲聞中得第一**이나 **佛無識**이라.
십대제자 아난   성문중득제일   불무식

십대제자 아난은 다문제일이나 부처는 알음알이가 없나니

只令聲聞[19] 二乘[20] 外道로 **無識**게 함이어늘
지령성문   이승   외도   무식

識數修證으로 **墮在因果中**하니 **是**는 **衆生業報**라.
식수수증   타재인과중   시 중생업보

不免生死하고 **違背佛意**니라.
불면생사   위배불의

다만, 성문승과 연각승과 외도로 하여금 분별을 없게 하거늘. 닦고 증득함을 낱낱이 분별하는 것으로는 인과에 떨어질 뿐이니 중생의 업보이다. 생사를 면하지 못하고 부처님 뜻을 어기고 등지게 된다.

---

18   십대제자(十大弟子) : 석존의 제자 중에 가장 수승한 열 분의 특징적인 점. 제1 사리불-지혜제일, 제2 목건련-신통제일, 제3 대가섭-두타제일, 제4 아나율-천안제일, 제5 수보리-해공제일, 제6 부루나-설법제일, 제7 가전연-논의제일, 제8 우바리-지계제일, 제9 라홀라-밀행제일, 제10 아난다-다문제일로, 출처는 『유마경』 상권 『관정경』 제8권임.

19   성문(聲聞) : ① 출가한 수행승으로 석존의 음성을 들은 불제자를 의미함 ② 원래는 출가자나 재가자나 가르침을 듣는 불제자를 의미했으나 나중에는 출가 수행자만을 의미하게 됨. 자신의 완성만을 위해 힘쓰는 출가승을 의미하며 아라한 위에 도달한 성자를 말하기도 함. 대승불교에서는 성문을 독각과 견주어 이승, 소승으로 낮추고 있음.

20   이승(二乘) : 독각, 연기의 이치를 홀로 사유하여 깨달은 자, 소승아라한 자기의 깨달음에 중점을 둔 자(일체중생을 구제하겠다는 대승의 발원이 없는 수행자는 모두 이승이라고 할 수 있다).

卽是謗佛衆生[21]이니 殺却하야도 無罪過니라. 經에
즉 시 방 불 중 생   살 각   무 죄 과   경

云하사되 闡提人은 不生信心하니 殺却하야도
운   천 제 인   불 생 신 심   살 각

無罪過라 하니라.
무 죄 과

이는 곧 부처를 비방하는 중생이니 죽여도 허물이 없다. 경에도 말하기를, '천제는 신심을 내지 않으니, 죽여도 허물이 없다'고 하였다.

殺却(살각) 심하게 물리치다 / 闡提(천제) 선근이 끊어져 깨달을 가망이 없는 자

若有信心하면 此人은 是佛位人이요. 若不見性하면
약 유 신 심   차 인   시 불 위 인   약 불 견 성

卽不用取次니 謗他良善은 自賺無益이니라
즉 불 용 취 차 방 타 양 선   자 잠 무 익

만약 신심이 있으면 이 사람은 부처 지위의 사람이요. 만약 견성하지 못했으면, 곧 이것(견성)을 취하여 활용할 수 없으니 다른 선량한 사람을 비방함은 스스로를 속이는 것이요, 이익이 없다.

---

21 중생(衆生) : ① 생존하는 것, 목숨이 있는 것, 특히 범부중생을 일컬음. ② 존경할 만한 사람, 특히 대승불교도를 가리키는 경우도 있음.

善惡歷然하고 **因果分明**하야 **天堂地獄**이
　선 악 역 연　　인 과 분 명　　천 당 지 옥

只在眼前이로다.
　지 재 안 전

선악이 역연하고 인과가 분명하여 천당과 지옥이 단지 눈앞에 있음이로다.

歷然(역연) 분명하다

愚人은 **不信**하야 **見墮黑暗地獄中**하야도
　우 인　　불 신　　견 타 흑 암 지 옥 중

亦不覺不知하나니 **只緣業重故**로 **所以不信**이니라.
　역 불 각 부 지　　　지 연 업 중 고　　소 이 불 신

어리석은 자는 믿지 않아 흑암지옥에 떨어지는 것을 보고도 또한 느끼지도 알지도 못하니, 단지 업의 인연이 무겁기 때문에 믿지 않는 까닭이니라.

所以(소이) ~하는 까닭

譬如無目人이 **不信道日有光明**인달하야
　비 여 무 목 인　불 신 도 일 유 광 명

縱向伊說이라도 **亦不信**함은 **只緣盲故**니
　종 향 이 설　　　역 불 신　　지 연 맹 고

憑何辨得日光이리오.
빙 하 변 득 일 광

비유컨대 눈이 없는 사람이 '해에는 광명이 있다'는 말을 믿지 않는 것과 같아서, 설령 그를 향해 설해도 또한 믿지 않음을 단지 맹인에 연유한 까닭이니, 무엇을 의지해 햇빛을 구별하겠는가.

伊(이) 저, 이

愚人도 **亦復如是**하야 **見今墮畜生雜類**하며
우 인   역 부 여 시   견 금 타 축 생 잡 류

誕在貧窮下賤하야도 **求生不得**하며 **求死不得**하니라.
탄 재 빈 궁 하 천   구 생 부 득   구 사 부 득

어리석은 자도 또한 이와 같아 지금 축생 등의 잡된 무리에 떨어지게 됨을 보고, 빈궁하고 천한 존재로 태어나게 되어 삶을 구해도 그럴 수 없으며, 죽음을 구해도 그럴 수 없느니라.

畜生(축생) 짐승

雖受是苦라도 **直問着**하면 **亦言我今快樂**이
수 수 시 고   직 문 착   역 언 아 금 쾌 락

不異天堂이라. **故知一切衆生**이 **生處**로 **爲樂**하야
불 이 천 당   고 지 일 체 중 생   생 처   위 락

亦不覺不知하나니라.
　　역 불 각 부 지

비록 이러한 고(苦)를 받을지라도 직접 물어 보면, 또한 '나의 지금의 쾌락이 천당과 다르지 않다'고 말한다. 그러므로 일체 중생은 살고 있는 곳을 즐거움으로 삼아 또한 느끼지도 알지도 못하는 (살고 있는 곳이 즐거움으로 삼을 만한 곳이 아님을) 줄을 알아야 한다.

如斯惡人은 **只緣業障重故**라. **所以**로
　여 사 악 인　　지 연 업 장 중 고　　소 이
不能發信心者요 **不自由他也**니라.
　불 능 발 신 심 자　　부 자 유 타 야

이와 같은 악인은 단지 업장의 연이 무겁기 때문이라. 이런 까닭에 능히 신심을 발하지 못하는 것이요. 다른 것을 말미암음이 아니다.

斯(사) 이(지시대명사)

若見自心是佛하면 **不在剃除鬚髮**이요 **白衣**도
　약 견 자 심 시 불　　부 재 체 제 수 발　　백 의
亦是佛이니라. **若不見性**하면 **剃除鬚髮**하야도
　역 시 불　　약 불 견 성　　체 제 수 발

亦是外道니라.
역 시 외 도

만약 자심이 부처라면 수염과 터럭을 깎는 데(출가) 있지 않음을 볼 것이요. 흰옷을 입어도(재가) 부처이다. 만약 견성 못하면 수염과 터럭을 깎아도 또 외도이니라."

剃(체) 머리를 깎다 / 鬚髮(수발) 수염과 터럭 / 白衣(백의) 백의단월(白衣檀越)

第四節

道不在山野
도 부 재 산 야

도는 산이나 들에 있는 것이 아니다

問曰 白衣는 **有妻子**하야 **婬欲不除**어니
　문왈 백의　유처자　　음욕부제

憑何得成佛이닛고.
　빙하득성불

묻기를, "흰옷 입은 이는 처자가 있어 음욕을 끊지 못하는데 무엇을 의지해 부처를 이룰 수 있습니까?"

答曰 只言見性이요 **不言婬欲**이니라.
　답왈 지언견성　　불언음욕

只爲不見性일세 **但得見性**하면 **婬欲**이 **本來空寂**하야
　지위불견성　　단득견성　　음욕　본래공적

不假斷除하며 **亦不樂着**하며 **縱有餘習**이라도
불 가 단 제   역 불 락 착   종 유 여 습

不能爲害니라. **何以故**오.
불 능 위 해   하 이 고

답하기를, "단지 견성을 말할 뿐, 음욕을 말하지 않는다. 단지 견성하지 못함이니, 다만 견성을 하면 음욕은 본래 공적하여 끊어 제거함을 빌리지 않으며, 또한 좋아해서 집착할 필요가 없으며 설령 남은 습기가 있을지라도 능히 해가 되지 않느니라. 무슨 까닭인가?

害(해) 손해, 방해하다

性本清淨故니라. **雖處在五蘊[22]色身中**이나 **其性**이
성 본 청 정 고   수 처 재 오 온 색 신 중   기 성

本來清淨하야 **染污不得**이니라.
본 래 청 정   오 염 부 득

성품은 본래 청정하기 때문이니라. 비록 오온의 색신 가운데에 처했을지라도 그 성품이 본래 청정하여 더럽혀 물들 수 없다.

---

22 오온(五蘊): 5취온(取蘊) 5음(陰) 5중(衆) 5취(聚)라고도 함. 온(蘊)은 모아 쌓은 것. 곧 화합하여 모인 것. 무릇 생멸하고 변화하는 것을 종류대로 모아서 5종으로 구별. ① 색온(色蘊): 스스로 변회하고 또 다른 것을 장애하는 물체. ② 수온(受蘊): 고(苦) 락(樂) 불고불락(不苦不樂)을 느끼는 마음의 작용. ③ 상온(想蘊): 외계(外界)의 사물을 마음속에 받아들이고, 그것을 상상하여 보는 마음의 작용. ④ 행온(行蘊): 인연으로 생겨나서 시간적으로 변천함. ⑤ 식온(識蘊): 의식하고 분별함.

法身은 **本來無受**라. **無飢無渴**하며 **無寒熱**하며
법신 본래무수   무기무갈   무한열

無病하며 **無恩愛無眷屬**하며 **無苦樂無好惡**하며
 무병   무은애무권속   무고락무호오

無長短無強弱하니라.
 무장단무강약

법신은 본래 받아들임(느낌)이 없다. 주림도 갈증도 없고, 춥고 더움도 없고, 병도 없으며, 부모 자식 간의 사랑도 권속도 없으며, 괴로움도 즐거움도 좋아하고 싫어함도 없으며, 짧고 김도 없으며, 강하고 약함도 없으니라.

飢(기) 굶주리다 / 渴(갈) 목마르다 / 恩愛(은애) 은혜와 사랑

本來無有一物可得이나 **只緣有此色身**하야
본래무유일물가득   지연유차색신

因即有飢渴寒熱瘴病等相이니 **若不賺即一任作**이니라.
인즉유기갈한열장병등상   약부잠즉일임작

본래 얻을 만한 하나의 물건도 있지 아니하나, 단지 이 색신이 있는 인연으로 인한, 즉 주리고 갈증, 추위, 더위, 질병 등의 모양이 있음이니, 만일 집착하지 않게 되었다면(견성했다면) 짓는 대로 맡겨 보아라.

瘴病(장병) 풍토병 / 任(임) 맡기다, 마음대로

若於生死中에 得自在하야 轉一切法하야
약 어 생 사 중　 득 자 재　　 전 일 체 법

與聖人神通으로 自在無礙하면 無處不安이니라.
여 성 인 신 통　　 자 재 무 애　　 무 처 불 안

만일 생사 가운데 자재함을 얻어 일체법을 굴려서 성인과 더불어 신통으로 자재하여 걸림이 없으며 불안한 곳이 없으리라.

礙(애) 거리끼다, 방해하다, 가로막다 / 通(통) 통하다, 지나가다, 꿰뚫다

若心有疑하면 決定透一切境界不過하리니 不作이
약 심 유 의　　 결 정 투 일 체 경 계 불 과　　　 부 작

最好라. 作了하면 不免輪廻生死하리라.
최 호　　 작 료　　 불 면 윤 회 생 사

若見性하면 旃陀羅²³도 亦得成佛이니라.
약 견 성　　 전 다 라　　　 역 득 성 불

만일 마음에 의심이 있으면 결코 일체경계를 꿰뚫어서 뛰어넘지 못하리니, 짓지 않음이 제일 좋음이라. 짓게 되면 생사윤회를 면치 못하리라. 만약 견성하면 전다라(신분이 낮은 천민)도 또한 성불할 수 있느니라."

疑(의) 의심하다

23　전다라(旃陀羅) : 깃대 '전', 비탈 '타', 새그물 '라'. 범어로는 caṇḍāla이며, 한자로 전다라(旃陀羅)라고도 한다. 도자(屠者), 엄치(嚴幟), 포악(暴惡), 살자(殺者), 하성(下姓)이라 번역. 인도 종성(種姓)의 이름. 인도 계급 중에서 가장 하천한 계급으로 백정, 옥졸(獄卒) 등의 비천한 직업에 종사하는 종족. 남자는 전다라(旃陀羅), 여자는 전다리(旃陀利)라고 함.

第五節

屠漢亦得成道
도 한 역 득 성 도

백정도 도를 이룰 수 있다

問曰 旃陀羅는 **殺生作業**이어니 **如何得成佛**이닛고.
문 왈 전 다 라 살 생 작 업 여 하 득 성 불

묻기를, "전다라는 살생을 업으로 짓는데 어찌 성불할 수 있습니까?"

答曰 只言見性이요, **不言作業**이니 **縱作業**이라도
답 왈 지 언 견 성 불 언 작 업 종 작 업

不同迷人하야 **一切業**이 **拘他不得**이니라.
부 동 미 인 일 체 업 구 타 부 득

답하기를, "단지 견성만을 말했음이요, 업 지음은 말하지 않았으니, 설령 업을 지었더라도 미혹한 사람과는 같지 않아서 일체업이 그를 구속하지 못하느니라.

從無始曠大劫來로 只爲不見性하야 墮地獄中하나니라.
종 무 시 광 대 겁 래   지 위 불 견 성   타 지 옥 중

所以作業하야 輪廻生死나 從悟得本性하면
소 이 작 업   윤 회 생 사   종 오 득 본 성

終不作業이니라.
종 부 작 업

비롯함이 없는 광대한 겁으로부터 단지 견성하지 못해서 지옥 가운데로 떨어진 것이라. 그러한 까닭으로 업을 지어 생사 윤회하나 깨달음을 쫓아 본성을 얻으면 마침내는 업을 짓지 않는다.

若不見性하면 念佛도 免報不得이니
약 불 견 성   염 불   면 보 부 득

非論殺生命이니라.
비 론 살 생 명

만약 견성하지 못하면 염불해도 과보를 면할 수 없으니, 생명을 죽이는 것은 논하지 않겠다.

若見性하면 疑心이 頓除하야 殺生命하야도
약 견 성   의 심   돈 제   살 생 명

亦不奈他何라.
역 불 나 타 하

만약 견성하면 의심이 단박에 제거되어 생명을 죽이더라도

또한 그를 어찌하지는 못한다.

自西天二十七祖[24]**로 只是遞傳心印**이니
　　자 서 천 이 십 칠 조　　　지 시 체 전 심 인

吾今來此土하야 **唯傳頓教**[25]**大乘即心是佛**이요.
　오 금 래 차 토　　유 전 돈 교　대 승 즉 심 시 불

인도의 28명의 조사들도 오직 서로 심인(心印)을 전하였다. 나는 지금 이 땅에 와서 오직 단박에 깨닫는 대승의 즉심시불(即心是佛)을 전할 뿐이다.

不言持戒精進苦行하며 **乃至入水火**하며
　불 언 지 계 정 진 고 행　　내 지 입 수 화

登於劍輪하며 **一食長坐不臥**[26]니
　등 어 검 륜　　일 식 장 좌 불 와

盡是外道有爲法이라.
　진 시 외 도 유 위 법

24　서천이십칠조(西天二十七祖) : 인도에 있어서 선의 전등을 중국에 전했다고 하는 27명의 조사로 달마대사는 28조임. 제1 마하가섭, 제2 아난타, 제3 상나화수, 제4 우바국다, 제5 제가다, 제6 미자가, 제7 바수밀다, 제8 불타난제, 제9 불타밀다, 제10 바율습박(협존자), 제11 부나야사, 제12 마명, 제13 가비마라, 제14 용수, 제15 가나제바, 제16 라후라다, 제17 승가난제, 제18 가야사다, 제19 구마라다, 제20 사야다, 제21 바수반두, 제22 마나라, 제23 학륵나, 제24 사자, 제25 바사사다, 제26 불여밀다, 제27 반야다라, 제28 보리달마임. (『종경록』)

25　돈교(頓教) : 수행의 지위 점차를 거치지 않고, 속히 증과(證果)를 얻는 가르침.

26　장좌불와(長坐不臥) : 눕지 않고 수행함.

계를 지니고 정진하고 고행하며, 또는 물불에 들어가며, 칼산에 오르며, 한 끼 먹고 장좌불와를 말하고자 함이 아니니, 모두 외도인 유위법이다.

若識得施爲運動靈覺之性하면 **汝卽諸佛心**이니라.
약 식 득 시 위 운 동 영 각 지 성   여 즉 제 불 심

만일 베풀고 움직이며 신령스럽게 깨닫는 성품을 알면 네가 곧 모든 부처님의 마음이니라.

前佛後佛이 **只言傳心**이요 **更無別法**이니
전 불 후 불   지 언 전 심   갱 무 별 법
若識此心하면 **凡間**의 **一字不識**도 **亦是佛**이니라.
약 식 차 심   범 간   일 자 불 식   역 시 불

앞 부처와 뒤 부처가 단지 마음 전하는 것을 말함이요, 다시 별다른 법은 없으니 만약 이 법을 알면 범부가 한 자를 알지 못해도 또한 부처이니라.

若不識自己靈覺之性하면 **假使身破如微塵**이라도
약 불 식 자 기 영 각 지 성   가 사 신 파 여 미 진
覓佛은 **終不得也**니라.
멱 불   종 부 득 야

만약 자기의 신령스럽게 깨닫는 성품을 알지 못하면, 가령 몸

이 부서져 미진과 같이 되더라도 부처를 찾음은 끝내 얻지 못하니라(불가하다).

假使(가사) 설령, 가령 / 破(파) 깨뜨리다 / 微塵(미진) 작은 티끌

佛者는 **亦名法身**이며 **亦名佛心**이니라. **此心**이
불 자   역 명 법 신   역 명 불 심   차 심
無形相하며 **無因果**하며 **無筋骨**하며 **猶如虛空**하야
무 형 상   무 인 과   무 근 골   유 여 허 공
取不得이라.
취 부 득

부처라는 것은 또한 법신이라 이름하며, 또한 불심이라 이름하느니라. 이 마음이 형상이 없으며, 인과가 없으며, 힘줄과 뼈도 없으며, 마치 허공과 같아 취할 수 없음이니라.

不同質界하며 **不同外道**니라. **此心**은
부 동 질 계   부 동 외 도   차 심
除如來一人能會요. **其餘衆生迷人**은 **不明了**니라.
유 여 래 일 인 능 회   기 여 중 생 미 인   불 명 료

물질의 세계와도 같지 않으며, 외도와도 같지 않으니라. 이 마음은 오직 여래 한 분만이 능히 앎이요. 그 나머지 중생과 미혹한 자는 밝게 요달하지 못함이라.

此心은 **不離四大色身中**이니 **若離是心**하면
차 심　　불 리 사 대 색 신 중　　약 리 시 심
即無能運動이니라.
즉 무 능 운 동

이 마음은 사대색신과 떨어지지 않음이니, 만약 이 마음이 떨어졌으면 능히 움직일 수 없느니라.

是身은 **無知**하야 **如草木瓦礫**이니 **身是無情**인데
시 신　　무 지　　여 초 목 와 력　　신 시 무 정
因何運動이리오.
인 하 운 동

이 몸이 앎이 없어 풀, 나무, 기와 조각과 같아 몸은 정(情)이 없음이라. 어떻게 움직이리요.

瓦礫(와력) 기와와 조약돌

若自心이 **動**하면 **乃至語言施爲運動**과 **見聞覺知**가
약 자 심　　동　　내 지 어 언 시 위 운 동　　견 문 각 지
皆是動心動用이니라.
개 시 동 심 동 용

만일 자심이 움직이면 더 나아서 말하고 베풀고 움직임과 보고 듣고 느끼고 아는 것이 모두 마음의 움직임이며 자용의 움직임이니라.

動是心動이요. 動即其用이니 動用外에 無心이요.
동시심동   동즉기용   동용외 무심
心外에 無動이니라.
심외 무동

움직임은 마음이 움직인 것이요, 움직임은 곧 작용이니 움직임과 작용 밖에 마음은 없음이요. 마음 밖에 움직임도 없다.

動不是心이요. 心不是動이라. 動本無心이고
동부득심   심불시동   동본무심
心本無動이나 動不離心이요. 心不離動이니라.
심본무동   동불리심   심불리동

움직임은 마음이 아니요, 마음은 움직이지 않는다. 움직임에는 본래 마음이 없고, 마음은 본래 움직임이 없으나 움직임은 마음을 여의지 않음이요, 마음도 움직임을 여의지 않는다.

無心離離하며 無心動動이니라.
무심리리   무심동동

마음은 여의였다는 여윔도 없으며, 마음은 움직였다고 하는 움직임도 없다.

是心用用이며 是心動動이라. 即心用用이며
시심용용   시심동동   즉심용용

卽心動動이니라.
즉 심 동 동

마음의 작용이 작용이며, 마음의 움직임이 움직임이다. 바로 마음의 작용이 작용한 것이며, 바로 마음의 움직임이 움직인 것이니라.

用卽心用이나 **不動不用**이니라. **用體本空**이요
용 즉 심 용   부 동 불 용   용 체 본 공
空本無動이니라.
공 본 무 동

작용은 곧 마음의 작용이나 움직인 것도 아니고 작용한 것도 아니니라. 작용의 체는 본래 공함이요, 공은 본래 움직임이 없느니라.

動用은 **同心**이나 **心本無動**이라.
동 용   동 심   심 본 무 동

움직임과 작용은 같은 마음이나 마음은 본래 움직임이 없다.

故로 **經**에 **云**하사되 **動而無所動**이라 하시니
고   경   운   동 이 무 소 동
終日去來而未曾去來며 **終日見而未曾見**이며
종 일 거 래 이 미 증 거 래   종 일 견 이 미 증 견

終日笑而未曾笑며 終日聞而未曾聞이며
종일소이미증소   종일문이미증문

終日知而未曾知며 終日喜而未曾喜며
종일지이미증지   종일희이미증희

終日行而未曾行이며 終日住而未曾住라.
종일행이미증행   종일주이미증주

고로 경에 이르기를, '움직여도 움직인 바가 없다'고 하시니, 종일 가고 오지만 일찍이 가고 옴이 없으며, 종일 보지만 일찍이 본 적이 없으며, 종일 웃어도 일찍이 웃은 적이 없으며, 종일 들어도 일찍이 들은 적이 없으며, 종일 알아도 일찍이 안 적이 없으며, 종일 기뻐도 일찍이 기쁜 적이 없으며, 종일 행해도 일찍이 행한 적이 없으며, 종일 머물러도 일찍이 머무른 적이 없느니라.

曾(증) 일찍이 / 笑(소) 웃음

故로 經에 云하사되 言語道斷하고
고 경 운   언어도단

心行處滅이라 하시니 見聞覺知가 本自圓寂하고
심행처멸   견문각지 본자원적

乃至嗔喜痛痒이 何異木人이리오.
내지진희통양   하이목인

고로 경에 이르기를 '언어의 길이 끊겼고 마음으로 행할 곳(경지)도 끊어졌다'고 하시니, 보고 듣고 느끼고 아는 것이 본래 스스로 원만하고 공적하여 더 나아가서, 성내고 기뻐하고 아파하고 가려워함에 이르기까지 어찌 목인(木人)과 다르겠는가.

嗔喜痛痒(진희통양) 성냄, 기뻐함, 아픔, 가려움

只緣推尋하면 痛痒을 不可得이니라.
지 연 추 심   통 양   불 가 득

단지 (그러한) 연을 미루어 찾아보면 아프고 가려운 것을 얻을 수가 없다.

推尋(추심) 헤아리다, 찾다

故로 經에 云하사되 惡業은 即得苦報하고 善業은
고   경   운   악업   즉득고보   선업

有善報라 하시니 不但嗔墮地獄이며 喜即生天이니라.
유선보   부단진타지옥   희즉생천

고로 경에 이르기를, '악업은 곧 고통의 과보를 얻고 선업은 곧 선의 과보를 얻는다' 하시니, 다만 분노로 지옥에 떨어지고, 기뻐한즉 하늘에 태어나는 것이 아니다.

若知嗔喜性空하야 但不執하면 即業脫이어니와
약 지 진 희 성 공   단 부 집   즉 업 탈

若不見性하면 **講經**하야도 **決無憑**이니라.
약 불 견 성　　　강 경　　　　결 무 빙

만약 성내고 기뻐하는 성품이 공한 줄을 알아, 다만 집착하지 않으면 곧 업에서 벗어나거니와, 만약 견성하지 못하면 경을 읽어도 결코 의지할 것이 없다.

講(강) 읽다, 익히다

說亦無盡이나 **畧標邪正**이 **如是**하나 **不及一一也**하노라.
설 역 무 진　　　약 표 사 정　　여 시　　불 급 일 일 야

설해도 또한 다함이 없으나, 간략히 바르고 삿됨을 표시하여 이와 같으나 낱낱이 (전혀) 미치지 못하노라(본질을 설명함에 있어서는 10만 8천 리이다).”

畧(약) 간략히, 빼앗다, 범하다 / 標(표) 표시하다, 기둥, 푯말

頌曰
송 왈

心心心難可尋이라. **寬時**에 **遍法界**하고 **窄也**에
심 심 심 난 가 심　　관 시　　편 법 계　　착 야
不容鍼이니라.
불 용 침

마음 마음 하는 마음이여, 찾기 어렵도다. 관대할 때는 법계에 두루하고, 좁으면 바늘도 용납하지 않는다.

寬(관) 너그러울, 넓을 / 遍(편, 변) 두루하다, 널리 / 窄(착) 좁다 / 鍼(침) 침, 바늘, 침놓다

我本求心으로 **不求佛**이니 **了知三界空無物**이어다.
　　아 본 구 심　　　불 구 불　　　요 지 삼 계 공 무 물

나는 본래 구하는 마음으로 부처를 구하는 것이 아니니, 삼계가 공하여 한 물건도 없음을 요달함이로다.

若欲求佛인데 **但求心**이니 **只這心心心是佛**이니라.
　　약 욕 구 불　　　단 구 심　　　지 저 심 심 심 시 불

만약 부처를 구하고자 하면 다만 마음을 구할지니, 단지 이 마음, 마음 하는 마음이 부처이니라.

這(저) 이

我本求心도 **心自持**하니 **求心**으로 **不得待心知**니라.
　　아 본 구 심　　심 자 지　　　구 심　　　부 득 대 심 지

나는 본래 구하는 마음도 마음 스스로 지니고 있으니, 마음을 구함으로 마음 알기를 기다리지 말라.

待(대) 기다리다

佛性은 **不從心外得**이니 **心生**하면 **便是罪生時**니라.
불 성 부 종 심 외 득   심 생   변 시 죄 생 시

불성은 마음 밖으로부터 얻는 것이 아니니, 마음을 내면 문득 죄가 생(生)하는 때이니라.

便(변) 문득

偈曰
게 왈

吾本來此土하야 **傳法救迷情**이라.
오 본 래 차 토   전 법 구 미 정

내가 본래 이 땅에 온 것은 법을 전하여 미혹한 유정을 구하고자 함이라.

救(구) 건지다, 돕다, 구원하다

一華開五葉하니 **結果自然成**이로다.
일 화 개 오 엽   결 과 자 연 성

한 송이 꽃에서 다섯 잎이 피니 열매는 자연히 맺어질 것이다.

血脈論 終

觀心論

관 심 론

第一節

觀心[1]
관 심

마음을 관하라

惠可[2] 問曰 若有人이 **志求佛道**인데
혜 가 문 왈 약 유 인 지 구 불 도

當修何法하야사 **最爲省要**닛고.
당 수 하 법   최 위 성 요

혜가 스님이 달마 스님에게 묻되, "만약 어떤 사람이 부처님 가르침을 구하고자 한다면 마땅히 어떤 법을 닦아야 가장 간

---

1   관심(觀心) : 마음을 관(觀)하는 것, 자신의 마음을 명확하게 깨닫는 것.
2   혜가(惠可) : 487~593. 중국 선종 제2조로, 이름은 신광(神光), 속성은 희(姬). 낙양(洛陽) 무뢰 사람으로 낙양 용문의 향산에서 출가, 32세에 향산으로 돌아와 8년 동안 좌선함. 40세에 숭산 소림사에 보리달마를 찾아가 가르침을 청했으나 허락지 않으므로 왼팔을 끊어 굳은 뜻을 보여 마침내 허락을 받고, 밥을 전해 받음. 3조 승찬(僧璨)에게 법을 전하고 업도에 34년 동안 머물다 뒤에 광구사에서 『열반경』을 강하여 많은 사람의 신앙이 높아지니 수나라 개황 13년 적중간의 혹형을 받아 나이 107세에 입적함. 당 태조가 정종보각대사라는 시호를 내림.

단하면서도 중요하겠습니까?"

惠(혜) 은혜

師答曰 唯觀心一法이 **總攝諸行**이니 **名爲省要**니라.
　　　사 답 왈 유 관 심 일 법　　총 섭 제 행　　　명 위 성 요

달마 대사가 대답했다. "오직 마음 관하는 한 법이 이 일체의 현상[諸行]을 모두 포섭하므로 간단하면서도 요긴한 수행법이라고 말할 수 있다."

總(총) 모두 / 攝(섭) ① 당기다 ② 잡다 ③ 굳건히 유지하다

問曰 云何一法이 **總攝諸行**이닛고.
　　　문 왈 운 하 일 법　　총 섭 제 행

이에 혜가 스님이 질문했다. "어떻게 이 법[觀心法]이 일체의 모든 현상을 포섭합니까?"

師答曰 心者는 **萬法之根本也**라. **一切諸法**이
　　　사 답 왈 심 자　　만 법 지 근 본 야　　　일 체 제 법
唯心所生이니 **若能了心**하면 **萬行俱備**하노라.
　　유 심 소 생　　　약 능 료 심　　　만 행 구 비

달마 대사가 말했다. "마음이라는 것은 모든 만법의 근본이라

일체 모든 법은 오직 마음에서 생긴 것이기 때문이니 만약 마음만 깨달으면 만 가지 수행이 다 갖춘 것이 되느니라.

了(료) ① 마치다 ② 깨닫다 / 俱(구) ① 함께 하다 ② 갖추다 / 備(비) 갖추다

猶如大樹가 所有枝條와 及諸花菓가
유 여 대 수   소 유 지 조   급 제 화 과
皆悉因根이달하야
개 실 인 근

비유하면 마치 큰 나무의 모든 가지와 꽃과 열매는 모두 뿌리를 근본으로 삼는 것과 같다.

猶(유) ① 오히려 ② 마치 ~와 같다 ③ 써(以) / 菓(과) 과일 / 悉(실) 모두

栽樹者는 存根而始生하고 伐樹者는
재 수 자   존 근 이 시 생   벌 수 자
去根而必死하나니
거 근 이 필 사

나무를 키우려면 뿌리가 있어야 비로소 생하고 나무를 베어 버리려면 뿌리를 없애야 죽일 수 있으니,

栽(재) 재배하다, 키우다 / 存(존) 있다 / 始(시) 처음

若了心修道則省功而易成이요
약 료 심 수 도 즉 성 공 이 이 성

만일 마음(이치)을 알아서 도를 닦으면 힘을 적게 들여도 쉽게 이루리라.

則(즉) 곧, (칙) 법칙 / 易(이) 쉬울

若不了心而修道하면 **乃費功而無益**이라.
약 불 료 심 이 수 도   내 비 공 이 무 익

만일 마음(이치)을 모르고 도를 닦으면 노력(공)을 많이 해도 아무런 이익이 없다.

費(비) ① 쓰다 ② 손상하다 ③ 닳다

故知一切善惡이 **皆由自心**이니 **心外別求**하면
고 지 일 체 선 악   개 유 자 심   심 외 별 구

終無是處니라.
종 무 시 처

그러므로 일체의 선악이 모두 자기 마음에서 생겨나므로 마음 밖에서 달리 (도를) 구하는 것은 결코 올바르지 못한 것이니라."

由(유) ① 말미암을 ② 따르다 ③ ~에서(부터) ④ 연유

心具染淨緣起
심구염정연기

번뇌와 지혜를 갖춘 마음

又問曰 云何觀心이 稱之爲了닛고.
우 문 왈 운 하 관 심　칭 지 위 료

혜가 스님이 질문했다. "어떻게 마음을 관하는 것이 마음을 아는 것[了達]이라고 말할 수 있습니까?"

染(염) 물들이다 / 淨(정) 깨끗하다

答曰 菩薩摩訶薩[3]이 行深般若波羅密多時에
답 왈 보 살 마 하 살　　행 심 반 야 바 라 밀 다 시

3　보살마하살(菩薩摩訶薩) : 보리살타라고도 하며, ① 깨달음을 구해 수행하는 자 ② 깨달음을 얻기 이전 석존 ③ 과거세의 석존 ④ 석가모니 부처님의 자(子) ⑤ 대승의 수행자 ⑥ 상구보리하화중생의 원력으로 중생을 교화하려는 자, 마하살 또한 같은 의미로 보살의 존칭임.

了四大五蘊[4]이 本空無我하며 了見自心起用이
요 사 대 오 온　　본 공 무 아　　요 견 자 심 기 용

有二種差別하나니.
유 이 종 차 별

달마 대사가 대답했다. "보살마하살이 깊이 반야바라밀다를 행할 때에 사대(지·수·화·풍)와 오온(색·수·상·행·식)이 본래 공이라서 실체[我]가 없음을 알았으며 자기 마음에서 일어나는 작용에는 두 가지 다른 종류가 있음을 알아야 한다.

菩(보) ① 보리 ② 보살 / 薩(살) 보살 / 摩(마) ① 갈다 ② 연마하다 / 般(반) ① 돌다 ② 돌리다 / 羅(라) 새 그물 / 密(밀) 빽빽하다 / 蘊(온) 쌓다 / 種(종) ① 씨 ② 근본, 원인 / 差(차) 어긋나다 / 別(별) 나누다

云何爲二오 一者는 淨心이요 二者는 染心이라.
운 하 위 이　 일 자　 정 심　　 이 자　 염 심

其淨心者는 卽是無漏眞如之心이요.
기 정 심 자　　즉 시 무 루 진 여 지 심

其染心者는 卽是有漏無明之心이니
기 염 심 자　　즉 시 유 루 무 명 지 심

그 두 가지는 첫째는 청정한 마음이요, 둘째는 더러운 마음이다. 그 청정한 마음이라는 것은 즉 번뇌가 없는 진여의 마음이요,

---

4　오온(五蘊) : 색·수·상·행·식을 말함. ① 색(色)은 변하는 물질 ② 수(受)는 감수 작용으로 사물을 받아들이는 작용 ③ 상(想)은 마음에 떠오르는 표상 ④ 행(行)은 수·상 이외의 전체적인 욕구에 해당되는 마음 작용 ⑤ 식(識)은 구별하여 아는 마음 작용의 전반적인 인식 작용

더러운 마음이라는 것은 즉 번뇌가 있는 무명의 마음이다.

漏(루) ① 새다 ② 비밀이 드러나다

此二種心이 **自然本來俱有**하야 **雖假緣和合**이나
차 이 종 심   자 연 본 래 구 유   수 가 연 화 합
互不相生이니라.
호 불 상 생

이 두 가지 종류의 마음은 자연스럽게 본래 함께 존재하는 것이다. 비록 인연에 의해서 나타나지만 서로 생기게 하지는 못한다.

假(가) 거짓 / 互(호) 서로, 함께

淨心은 **恒樂善因**하고 **染心**은 **常樂惡業**하나니
정 심   항 락 선 인   염 심   상 락 악 업

청정한 마음은 항상 좋은 마음씨를 일으키고 더러운 마음은 항상 나쁜 업을 초래하게 된다.

恒(항) 항상 / 因(인) ① 인하다 ② 원인을 이루는 근본

若眞如自覺하야 **覺不受所染則稱之爲聖**이라.
약 진 여 자 각   각 불 수 소 염 즉 칭 지 위 성

만약 진여를 깨달아 그 깨달음이 번뇌에 사로잡히지 않으면 그를 성인이라 한다.

覺(각) 깨닫다 / 稱(칭) 일컫다

遂能遠離諸苦하고 證涅槃[5] 樂이요.
수 능 원 리 제 고   증 열 반 락

마침내는 모든 고통을 떠나서 열반의 즐거움을 증득할 것이요.

遂(수) ① 이르다 ② 성취하다 ③ 통달하다 ④ 드디어, 마침내 / 離(리) ① 떼놓다 ② 나누다 ③ 헤어지다 ④ 떠나가다 / 證(증) 증거 / 涅(열) ① 개흙 ② 진흙 ③ 반석(盤石) / 槃(반) ① 쟁반 ② 소반

若隨染造惡하야 受其纏覆則名之爲凡이다.
약 수 염 조 악   수 기 전 복 즉 명 지 위 범

만약 번뇌로 악을 지어 그것에 얽히고 덮이면 그를 범부중생이라고 한다.

隨(수) ① 따르다 ② 연(沿)하다 ③ 근거하다 / 造(조) 짓다 / 纏(전) 얽히다 / 覆(복) 뒤집히다 (부) 덮이다 / 凡(범) ① 무릇 ② 모두

---

5   열반(涅槃) : 번뇌의 불을 끈 상태로 불생불멸의 진제이며, 해탈로부터 열반의 상태가 얻어진다고 함.

於是에 **沉淪三界**하야 **受種種苦**하나니
　어 시　　침 륜 삼 계　　　수 종 종 고

그는 삼계에 빠져서 갖가지 괴로움을 받으리라.

沈(침) ① 가라앉다 ② 빠지다 ③ 침(沈)의 속자(俗子) / 淪(륜) ① 잔물결 ② 잠기다 ③ 빠지다 /
苦(고) ① 쓰다 ② 괴로워하다

何以故오 **由彼染心**이 **障眞如體故**로
　하 이 고　　유 피 염 심　　장 진 여 체 고

왜냐하면 그 더러운 마음이 진여의 자체를 장애하고 있기 때문이다.

彼(피) 저, 삼인칭대명사 / 障(장) 가로막다

眞心因妄不現
진심인망불현

진실한 마음은 무명 때문에 나타나지 않는다

十地經⁶에 **云**하되 **衆生身中**에 **有金剛佛性**하야
십지경   운   중생신중   유금강불성

『십지경』에 이르시길 '중생의 몸 안에 금강 같은 불성이 있는데,

妄(망) 허망하다 / 剛(강) 단단하다

猶如日輪이 **體明圓滿**하야 **廣大無邊**이언마는
유여일륜   체명원만   광대무변

마치 해(태양)의 자체는 밝고 원만해서 광대하고 끝이 없건마는

圓(원) 둥글다 / 滿(만) 차다, 가득하다 / 廣(광) 넓다 / 邊(변) 가, 가장자리

---

6 십지경(十地經): 『화엄경』 「십지품」의 다른 이름.

只爲五陰黑雲所覆이 **猶如瓶內燈光**이
지 위 오 음 흑 운 소 복 　 유 여 병 내 등 광

不能顯現이라 하시고
불 능 현 현

단지 오온의 검은 구름이 가려지게 되면 마치 병 속에 등불의 빛이 (밖으로) 나타나지 못하는 것과 같다'고 하셨고,

---

只(지) 다만, 어조사 / 陰(음) 응달 / 墨(묵) 먹 / 甁(병) 병 / 燈(등) 잔 / 顯(현) 나타나다

又涅槃經[7]에 **云**하길 **一切衆生**이 **皆有佛性**이나
우 열 반 경 　 운 　 일 체 중 생 　 개 유 불 성

無明覆故로 **不得解脫**[8]이라 하시니라.
무 명 복 고 　 부 득 해 탈

또한 『열반경』에서 이르시길 '일체중생이 모두 불성이 있으나 무명에 덮여 있기 때문에 해탈을 얻을 수 없다'고 하셨다.

---

7 열반경(涅槃經) : 원명은 『대반열반경』으로 부처님이 돌아가시기 직전에 설법 형식을 통해 ① 불신(佛身)의 상주 ② 열반의 상락아정(常樂我淨) ③ 일체중생의 실유불생이라는 세 가지 사상을 밝힌 것.

8 해탈(解脫) : ① 벗어나는 것 ② 괴롭고 아픈 고통에서 벗어나 속박에서 해방되는 것 ③ 해탈은 열반과 구별되고 해탈에 근거하여 열반이 얻어난다고 함 ④ 벗어나게 하는 것 ⑤ 더러움으로부터 해방되는 것 ⑥ 번뇌의 결박을 풀고 미혹으로부터 벗어나는 것, 열반의 다른 이름 ⑦ 아집이 없고, 맑음, 번뇌를 조복하고 끊어 아라한과를 얻는 것, 법신 등을 뜻하며 선종에서는 깨달음을 뜻함.

善法以覺⁹爲根者
선 법 이 각 위 근 자

착한 법은 깨달음으로 그 근본을 삼는다

佛性者는 覺也라. 但能自覺하야 覺智明了하야
불 성 자   각 야   단 능 자 각   각 지 명 료

離其所覆則名解脫이라.
이 기 소 복 즉 명 해 탈

불성(佛生)이란 깨달음이다. 다만 스스로 깨달아서 깨달음의 지혜가 분명하여 무명에 의해 덮여 있던 것을 벗겨 내면 이것이 곧 해탈이다.

解(해) 풀다 / 脫(탈) 벗다

---

9 각(覺) : 오(悟)와 같음 ① 각오(覺悟)는 진리를 깨닫는 것 ② 보리 혹은 도(道), 지(智), 깨달은 지혜를 말함 ③ 기신론에서는 아뢰야식의 본체로 진여를 말함 ④ 불타(佛陀).

故知一切諸善이 **以覺**으로 **爲根**이니
고 지 일 체 제 선　이 각　　위 근

그러므로 일체의 모든 선법은 깨달음으로 근본을 삼는다는 것을 알아야 한다.

因其覺根하야 **遂能顯現諸功德樹**하며
인 기 각 근　　수 능 현 현 제 공 덕 수

涅槃之果가 **由此而成**하나니 **如是觀心**을
열 반 지 과　유 차 이 성　　　여 시 관 심

可名爲了니라.
가 명 위 료

그 깨달음이라는 뿌리로 인하여 모든 공덕의 나무가 자라나서 열반이라는 열매가 이렇게 이루어지나니 이 같은 마음을 관하는 것이 (마음을) 가히 아는 것[了達]이라고 말힐 수 있다."

惡法以三毒爲根
악 법 이 삼 독 위 근

악법의 근본은 삼독이다

又問曰 上說眞如佛性과 一切功德은 因覺爲根이나
우 문 왈 상 설 진 여 불 성 　 일 체 공 덕 　 인 각 위 근

未審無明[10]之心과 一切諸惡은 以何爲根이닛고.
미 심 무 명 　 지 심 　 일 체 제 악 　 이 하 위 근

이에 혜가 스님이 여쭙기를 "위에서 진여의 불성과 일체의 공덕은 깨달음이 그 근본이 된다고 말씀하셨는데 도대체 무명의 마음과 일체 모든 악은 무엇이 근본이 됩니까?"

審(심) ① 살피다 ② 환히 알다 ③ 밝게 알다 ④ 깨닫다

10 　무명(無明) : 무지. ① 생·노·병·사의 모든 고를 초래하는 원인 ② 모든 사물의 이치에 어두운 마음 ③ 어리석음 ④ 미망

答曰 無明之心이 **雖有八萬四千煩惱**와 **情欲**하야
답 왈 무 명 지 심   수 유 팔 만 사 천 번 뇌   정 욕

恒沙衆惡이 **無量無邊**이나 **取要言之**컨대
항 사 중 악   무 량 무 변   취 요 언 지

皆因毒者하야 **以爲根本**이니
개 인 독 자   이 위 근 본

달마 대사가 대답했다. "무명의 마음은 비록 팔만 사천 가지 번뇌와 욕망이 있어서 (이로 인하여) 갠지스 강 모래알보다 많은 악이 (생겨나) 한도 없고 끝도 없지만 이를 요약하여 말하면 모두 삼독이 근본이 되니라.

煩(번) 괴로워하다 / 惱(뇌) 괴로워하다 / 情(정) 뜻, 본성 / 沙(사) 모래 / 量(량) 헤아리다 / 邊(변) 가, 가장자리 / 取(취) 취하다

其三毒者는 **卽貪嗔痴也**라.
기 삼 독 자   즉 탐 진 치 야

삼독이란 것은 즉 탐냄과 성냄과 어리석음이라.

貪(탐) 탐하다 / 嗔(진) 성내다 / 痴(치) 어리석다

此三毒心이 **自然本來具有一切諸惡**하야
차 삼 독 심   자 연 본 래 구 유 일 체 제 악

이 세 가지의 독과 같은 마음은 자연적으로 본래 일체 모든 악을 갖추고 있다.

具(구) 갖추다

猶如大樹根이 雖是一이나 所生枝葉이
유 여 대 수 근　수 시 일　　소 생 지 엽

基數無邊인달하니
기 수 무 변

마치 큰 나무의 뿌리는 비록 하나이지만 거기에서 생기는 가지와 잎은 아주 많은 것과 같다.

技(지) 가지 / 葉(엽) 잎 / 數(수) 세다

彼三毒根이 一一根中에 生諸惡業하되
피 삼 독 근　일 일 근 중　생 제 악 업

百千萬億倍過於前하야 不可爲喩라.
백 천 만 억 배 과 어 전　　불 가 위 유

이처럼 삼독의 뿌리가 각각의 뿌리 가운데에 많은 악업을 생기게 하는데, (이것은) 앞의 비유보다 백 천만 배나 더하여 도저히 비유할 수도 없느니라."

億(억) 억 / 倍(배) 곱 / 喩(유) 깨우치다

正明六識[11]
정명육식

육식을 설명하다

如是三毒이 **於一本體**에 **自爲三毒**하야.
여 시 삼 독 어 일 본 체   자 위 삼 독

이와 같이 삼독이 하나의 본체에서 저절로 세 가지의 독이 되었다.

識(식) 알다

---

11 육식(六識) : 안(眼)·이(耳)·비(鼻)·설(舌)·신(身)·의(意) 여섯 종류의 인식 작용. 안·이·비·설·신·의의 육근(六根)을 근거로 하여, 색(色)·성(聲)·향(香)·미(味)·촉(觸)·법(法)의 육경(六境)에 대하여 안식(眼識), 이식(耳識), 비식(鼻識), 설식(舌識), 신식(身識), 의식(意識)을 말함.

若應現六根하면 **亦名六賊**[12]이니 **六賊者**는
약 응 현 육 근　　　역 명 육 적　　　　육 적 자

卽六識也라.
즉 육 식 야

만약 육근(六根)에서 나타나면 또한 육적(六賊)이라고 말한다. 육적이라는 것은 바로 육식을 뜻한다.

應(응) 응하다 / 賊(적) 도둑

由此六識이 **出入諸根**하야 **貪着萬境**이라.
유 차 육 식　　　출 입 제 근　　　탐 착 만 경

이 육식이 육근을 넘나들므로 인하여 온갖 경계를 탐하여 집착하니

着(착) 붙다

然成惡業하야 **障眞如體**하나니 **故**로 **名六賊**이라.
연 성 악 업　　　장 진 여 체　　　　고　 명 육 적

악업을 지어 진여의 자체를 가리게 되니 육적이라고 이름함이라.

障(장) 가로막다

12　육적(六賊) : 번뇌를 생기게 한 근원이 되는 눈, 귀, 코, 혀, 몸, 뜻의 육근을 도적에 비유함.

一切衆生이 由此三毒과 及以六賊으로 惑亂身心하야
일 체 중 생　유 차 삼 독　급 이 육 적　　혹 란 신 심

일체중생은 이 삼독과 육적으로 인하여 몸과 마음을 미혹시키고 어지럽게 해서

惑(혹) 미혹하다 / 亂(란) 어지러울

沉淪生死하며 輪廻六趣[13]하야 受諸苦惱함이
침 류 생 사　　윤 회 육 취　　　수 제 고 뇌

猶如江河가 因小泉源涓流不絶하야 乃能彌漫하야
유 여 강 하　인 소 천 원 연 류 부 절　　내 능 미 만

波濤萬里인달하야
파 도 만 리

생사의 바다에 빠져 육도를 윤회하며 모든 괴로움을 받는다. 마치 큰 강이 작은 샘을 근원으로 하여 쉬지 않고 흐르다가 마침내 두루 가득하면 파도가 수만리에 걸쳐 출렁이는 것과 같다.

沈(침) 가라앉다 / 輪(륜) 바퀴 / 廻(회) 돌다 / 趣(취) 달리다 / 原(원) 근원 / 涓(연) 시내 / 絶(절) 끊다 / 乃(내) 이에 / 彌(미) 두루, 널리 / 漫(만) ① 질펀하다 ② 넘쳐흐르다 / 濤(도) 큰 물결

13　육취(六趣) : 육도와 동일하며, 중생이 업에 의해 윤회하는 여섯 종의 세계로 지옥, 아귀, 축생, 수라, 인간, 천상, 세계로 구분.

第七節

斷三毒根
단 삼 독 근

삼독의 근원을 끊다

若復有人하여 **斷其根源則衆流皆息**이니라.
약 부 유 인　　단 기 근 원 즉 중 류 개 식

求解脫者는 **能轉三毒**하여 **爲三聚淨戒**[14]하고
구 해 탈 자　 능 전 삼 독　　위 삼 취 정 계

能轉六賊하야 **爲六波羅密**하면
능 전 육 적　　위 육 바 라 밀

自然永離一切諸苦하나니라.
자 연 영 리 일 체 제 고

14　삼취정계(三聚淨戒) : 줄여서 삼취계, 삼종계장이라 함. 대승의 보살이 지켜야 할 계법으로 ① 섭율의계(攝律儀戒) : 부처님이 만든 계를 지키고 모든 악을 끊어 버리는 것 ② 섭선법계(攝善法戒) : 적극적으로 모든 제선을 실행하는 것 ③ 섭중생계(攝衆生戒) : 일체의 중생을 완전히 섭(攝)하며, 이익을 베풀고, 자비를 바탕으로 중생을 위해 전력하는 이타행을 말함.

만약 어떤 사람이 (삼독의) 근원을 끊으면 (번뇌의) 모든 흐름이 모두 쉬게 되리라. 해탈을 구하는 것도 삼독을 전환하여 삼취정계로 삼고 육적을 전환하여 육바라밀로 삼으면 자연히 모든 괴로움을 벗어나게 된다.

復(복) 돌아오다 / 斷(단) 끊다 / 息(식) 숨쉬다 / 轉(전) 구르다 / 聚(취) 모이다 / 波(파) 물결 / 密(밀) 빽빽하다 / 永(영) 길다

了出三界
요 출 삼 계

삼계를 벗어나는 깨달음

又問曰 三毒六賊이 **廣大無邊**이어늘 **若唯觀心**하면
우 문 왈 삼 독 육 적   광 대 무 변   약 유 관 심

云何免彼 無窮之苦이닛고.
운 하 면 피 무 궁 지 고

혜가 스님이 질문했다. "삼독과 육적은 넓고도 끝이 없거늘 오직 마음만 관한다고 하여 어떻게 저 한없는 괴로움을 면할 수 있겠습니까?"

免(면) 면하다

答曰 三界業報가 **唯心所生**이니 **若能了心**하면
답 왈 삼 계 업 보   유 심 소 생   약 능 요 심

於三界中에 則出三界니라
어 삼 계 중   즉 출 삼 계

달마 대사가 대답했다. "삼계 업보가 오직 마음에서 생기는 것이니 만약 마음을 깨달으면 삼계 안에 있더라도 삼계를 벗어나리라.

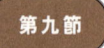

三界¹⁵原因
삼 계 원 인

삼계가 생기는 원인

其三界者는 **則三毒也**니 **貪爲欲界**하고 **嗔爲色界**하고
기 삼 계 자　즉 삼 독 야　탐 위 욕 계　　진 위 색 계

癡爲無色界니 **由此三毒心**하야
치 위 무 색 계　유 차 삼 독 심

삼계란 것은 즉 탐·진·치 삼독이다. 탐욕은 욕계이고 성냄은 색계이며 어리석음은 무색계이다. 이 삼독심으로 인해서,

---

15　삼계(三界) : 불교의 세계관으로 중생이 왕래하고 거주하는 세 가지 종류의 세계로 중생이 태어나서 죽어 윤회하는 ① 욕계(欲界)와 색계는 욕계 위에 있고, 음욕과 식욕을 여읜 생물이 사는 장소로 절묘한 물질로 이루어져 ② 색계(色界)라 함. ③ 무색계는 최상의 영역으로 물질을 초월한 세계로 고도의 정신적인 세계로 색계 같은 몸도 없는 세계임.

結集諸惡하며 **業報成就**하야 **輪廻六趣故**로
결 집 제 악　　업 보 성 취　　윤 회 육 취 고

名爲三界니라.
명 위 삼 계

모든 악업이 모여 (그에 따른) 업보를 받아서 육도에 윤회하기 때문에 삼계라 이름한다.

結(결) 맺다 / 集(집) 모이다 / 就(취) 이루다

又三毒造業輕重으로 **受報不同**하야 **分歸六處故**로
우 삼 독 조 업 경 중　　수 보 부 동　　분 귀 육 처 고

名六趣니라.
명 육 취

또한 삼독으로 인해 크고 작은 업을 짓기 때문에 받는 과보가 같지 않다. (그리하여) 여섯 가지 장소로 나뉘어 돌아가므로 육취[六道]라고 말한다."

迷現六趣
미현육취

미혹하면 육취가 나타난다

又問曰 云何輕重이 **分之爲六**이닛고
우 문 왈 운 하 경 중 　 분 지 위 육

혜가 스님이 질문했다. "어떻게 (업의) 무겁고 가벼운 것에 따라 여섯 가지 갈래로 나눌 수 있습니까?"

答曰 若有衆生이 **不了正因**하고 **迷心修善**하면
답 왈 약 유 중 생 　 불 료 정 인 　 미 심 수 선

未免三界하야 **生三輕趣**하나니 **云何三輕**고
미 면 삼 계 　 생 삼 경 취 　 　 운 하 삼 경

달마 대사가 대답했다. "만약 어떤 중생이 바른 길을 깨닫지 못하여 미혹한 마음으로 선을 닦으면 삼계를 벗어나지 못한다. 세 가지 가벼운 무리[三經聚]에 태어난다. 무엇을 세 가지

가벼운 갈래라 하는가?

所謂迷修十善하야 **妄求快樂**하면 **未免貪界**하야
소 위 미 수 십 선　　망 구 쾌 락　　미 면 탐 계

生於天趣하고 **迷持五戒**하야
생 어 천 취　　미 지 오 계

이를테면, 미혹한 마음으로 십선을 닦지만 허망하게 쾌락을 추구하면 탐욕의 경계를 면하지 못하여 천상에 태어난다. 미혹한 마음으로 오계를 지키지만,

---

快(쾌) ① 쾌하다 ② 상쾌하다 ③ 기뻐하다

妄起愛憎하면 **未免嗔界**하야 **生於人趣**하고
망 기 애 증　　미 면 진 계　　생 어 인 취

허망하게 미움과 사랑을 일으키면 성냄의 경계를 면하지 못하여 인간에 태어난다.

迷執有爲하야 **信邪求福**하면 **未免癡界**하야
미 집 유 위　　신 사 구 복　　미 면 치 계

生於修羅趣하나니 **如是三類**를 **名爲三輕趣**니라.
생 어 수 라 취　　여 시 삼 류　　명 위 삼 경 취

미혹한 마음으로 유위에 집착하여 삿된 것 믿고 복을 구하면

어리석음의 경계를 벗어나지 못하여 아수라의 모임에 태어난다. 이와 같이 세 종류를 일러 세 가지 가벼운 모임이라고 말한다.

癡(치) 어리석다 / 類(류) 무리

云何三重고 **所謂縱三毒心**하야 **唯造惡業**하야
 운 하 삼 중   소 위 종 삼 독 심   유 조 악 업
墮三重趣하나니
 타 삼 중 취

무엇이 세 가지 무거운 갈래라 하는가? 이를테면 삼독심에 이끌려서 오직 악업을 지어 삼악도에 떨어진다.

縱(종) 늘어지다 / 墮(타) 떨어지다

若貪業重者는 **墮餓鬼趣**하고 **瞋業重者**는
 약 탐 업 중 자   타 아 귀 취   진 업 중 자
墮地獄趣하고 **癡業重者**는 **墮畜生趣**하나니
 타 지 옥 취   치 업 중 자   타 축 생 취

만약 탐욕으로 업이 무거운 자는 아귀도에 떨어지고 성냄으로 지은 업이 무거운 자는 지옥도에 떨어지며, 어리석음으로 지은 업이 무거운 자는 축생도에 떨어진다.

餓(아) ① 주리다 ② 굶기다 ③ 굶주림 / 鬼(귀) 귀신 / 瞋(진) 성내다 / 獄(옥) 감옥 / 畜(축) 쌓다

如是三重과 通前三輕하야 遂成六趣하나니라.
여시삼중 통전삼경   수성육취

이와 같이 세 가지 무거운 곳과 앞에서 말한 세 가지 가벼운 곳을 합하면 육도, 즉 여섯 갈래가 된다.

通(통) ① 모두 ② 합계 ③ 총계

攝心解脫
섭 심 해 탈

마음을 잘 다스리면 해탈

故知惡業이 由自心生이니 但能攝心하야
고 지 악 업   유 자 심 생   단 능 섭 심
離諸邪惡하면 三界六趣輪廻之苦가
이 제 사 악   삼 계 육 취 윤 회 지 고
自然消滅하고 能盡諸苦則名解脫이니라.
자 연 소 멸   능 진 제 고 즉 명 해 탈

그러므로 악업은 자기의 마음에 의하여 생긴 것임을 알아야 하니 다만 마음을 잘 포섭하여 모든 악업에서 벗어나면 삼계 육취의 윤회로 인한 괴로움이 자연히 소멸되어 모든 고통은 다 없어지는데 이것을 해탈이라고 말한다."

消(소) 사라지다 / 滅(멸) 멸망하다 / 盡(진) 다되다

惡法以三毒覺爲根
악법이삼독각위근

삼독이 악법의 뿌리임을 제거한다면 깨달음에 이른다

又問曰 如佛所說하야 **我於阿僧祇劫**에
우 문 왈 여 불 소 설　　아 어 아 승 지 겁

無量勤苦하야 **方成佛道**라 하셨거늘
무 량 근 고　　　방 성 불 도

또 혜가 스님이 질문했다. "부처님께서 말씀하신 것처럼 나는 한량없는 세월에 걸쳐 무량한 고행을 부지런히 닦아 비로소 성불할 수 있었다고 하셨거늘

阿(아) 언덕 / 僧(쾌) ① 거간 ② 중개인 ③ 상인 / 祇(기) ① 토지의 신 ② 크다, (지) ① 마침 ② 다만 / 量(량) 헤아리다

云何今說唯除三毒을 **則名解脫**이닛고.
운 하 금 설 유 제 삼 독　　즉 명 해 탈

어찌 지금 스님께서는 오직 삼독만을 제거하면 즉 해탈이라고 이름한다고 합니까?"

則(즉) 곧, (칙) 법칙

答曰 佛所說이 **言無虛妄也**니라.
답 왈 불 소 설 언 무 허 망 야

달마 대사가 대답했다. "부처님께서 하신 말씀은 전혀 허망함이 없다.

阿僧祇者는 **卽三毒心也**니 **胡名阿僧祇**[15]이든
아 승 지 자 즉 삼 독 심 야 호 명 아 승 지

아승지라는 것은 즉 삼독의 마음을 말한다. 인도의 말로는 아승지라 하며

漢言에 **不可數**니 **此心中**에 **有恒沙惡念**하고
한 언 불 가 수 차 심 중 유 항 사 악 념

중국 말로는 불가수이다. 이 마음 가운데 갠지스 강의 모래알 만큼의 나쁜 생각이 있으며

---

15 아승지(阿僧祇) : 무수(無數), 무앙수(無央數)라 하여, ① 셀 수 없다는 뜻 ② 인도의 수량의 하나로 실제로는 거대한 수의 단위.

一一念中에 **皆有一劫**이니 **恒沙者**는 **不可數也**라.
일 일 념 중　 개 유 일 겁　　항 사 자　 불 가 수 야

낱낱의 생각 가운데에도 모두 일 겁의 시간이 들어 있다. 항사라는 것은 헤아릴 수 없는 숫자라는 뜻이다.

劫(겁) ① 위협하다 ② 빼앗다 ③ 부지런하다

以三毒惡念이 **如恒沙故**로 **言不可數也**라
이 삼 독 악 념　 여 항 사 고　 언 불 가 수 야

이 삼독의 나쁜 생각이 갠지스 강의 모래알만큼이나 많기 때문에 헤아릴 수 없다고 하는 것이다.

眞如之性이 **旣被三毒之所覆**인데
진 여 지 성　 기 피 삼 독 지 소 복

진여의 성품이 이미 삼독에 덮여 있을진댄

旣(기) 이미 / 被(피) ① 이불 ② 당하다(수동의 의미) / 覆(복) 뒤집히다 ※ 復(부) ① 다시 ② 덮다

若不超彼恒河沙惡之念이면 **云何名解脫**이리오.
약 불 초 피 항 하 사 악 지 념　　운 하 명 해 탈

만약 갠지스 강의 모래알만큼의 나쁜 생각을 조복받지 못하면 그것을 어찌 해달이라고 말하겠는가?

超(초) 넘다

今者에 **能除貪嗔癡等三毒心**
금 자　능 제 탐 진 치 등 삼 독 심

이제 탐욕과 성냄과 어리석음의 세 가지 독한 마음을 제거할 수 있다면,

等(등) 가지런하다

是則名爲度得三大阿僧祇劫이니라.
시 즉 명 위 도 득 삼 대 아 승 지 겁

이것은 즉 세 가지의 큰 아승지겁을 뛰어넘는 것이라고 말한다.

度(도) ① 법도 ② 넘다, 넘어서다

末世衆生이 **愚癡鈍根**으로 **不解如來**
말 세 중 생　우 치 둔 근　　불 해 여 래

말세중생이 어리석고 근기가 둔하여 여래의

愚(우) 어리석다 / 鈍(둔) 둔하다

甚深妙義三阿僧祇秘密之說하고
심 심 묘 의 삼 아 승 지 비 밀 지 설

깊고도 오묘한 이치와 삼 아승지겁의 비밀한 말씀을 알지 못하고

甚(심) 심하다 / 妙(묘) 묘하다 / 秘(비) ① 숨기다 ② 비밀

遂言歷此塵劫하야 方得成佛이라 하나니
수 언 력 차 진 겁　　방 득 성 불

마침내는 아승지겁이 지나야 비로소 성불할 수 있다고 말한다.

歷(력) 지내다

末劫에 豈不疑誤修行之人하야 退菩提之道也리오.
말 겁　기 불 의 오 수 행 지 인　　퇴 보 리 지 도 야

말법시대에 어찌 수행하고자 하는 사람을 그르치게 하여 깨달음의 길에서 물러나게 히는 것이 아니겠는가?"

疑(의) 의심하다 / 誤(오) 그릇하다 / 提(제) 끌다

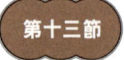

明三聚六波羅密[17]
명 삼 취 육 바 라 밀

삼취정계와 육바라밀

又問曰 菩薩摩訶薩이 **由持三聚淨戒**하고
우 문 왈 보 살 마 하 살   유 지 삼 취 정 계

또 혜가 스님이 질문했다. "보살마하살이 삼취정계를 지키고

訶(가) 꾸짖다 / 聚(취) 모이다

行六波羅密하야 **方成佛道**에 **今令學者**로
행 육 바 라 밀   방 성 불 도   금 령 학 자

육바라밀을 실천해야 불도를 이룰 수 있는데 지금 배우는 사

---

16 육바라밀(六波羅密) : 대승불교에서 보살이 열반에 이르기 위해 실천해야 할 여섯 가지 덕목으로 보시, 지계, 인욕, 정진, 선정, 지혜를 말함.

람으로 하여금

唯持觀心하고 **不修戒行**하면 **云何成佛**이닛고.
　　유 지 관 심　　　불 수 계 행　　　　운 하 성 불

오직 마음만을 관하게 하고 계행을 닦지 않게 한다면 어떻게 성불할 수 있겠습니까?"

持(지) ① 가지다 ② 보전하다 ③ 지키다

答曰 三聚淨戒者는 **則制三毒心也**니
　답 왈 삼 취 정 계 자　　즉 제 삼 독 심 야

달마 대사가 대답했다. "삼취정계란 것은 삼독의 마음을 끊는 것으로

制(제) ① 마르다 ② 억제하다

制一毒하야 **成無量善**이니라. **聚者**는 **會也**라.
　제 일 독　　　성 무 량 선　　　　취 자　　회 야

하나의 독을 끊으면 무량한 선법을 성취하게 된다. 취라는 것은 모인다는 의미로

以能制三毒하면 **卽有三無量善**하야
　이 능 제 삼 독　　　즉 유 삼 무 량 선

普會於心名三聚淨戒니라.
　보 회 어 심 명 삼 취 정 계

삼독을 끊으면 즉 세 가지 무량한 선법이 널리 마음에 모이기 때문에 삼취정계라고 이름한다.

普(보) 널리

六波羅密者는 **卽淨六根**이니 **胡名波羅密**이든
　육 바 라 밀 자　　즉 정 육 근　　　호 명 바 라 밀

육바라밀이라는 것은 즉, 육근이 청정한 것이다. 인도에서는 바라밀이라고 하고

漢言達彼岸이니 **以六根淸淨**하야 **不染世塵**하면
　한 언 달 피 안　　이 육 근 청 정　　　불 염 세 진

중국에서는 피안에 도달했다고 말하고, 즉 육근이 청정하여 세간의 번뇌에 물들지 않으면,

岸(안) 언덕

卽是出煩惱하야 **便至彼岸也**니 **故**로
　즉 시 출 번 뇌　　변 지 피 안 야　　고

名六波羅密이니라.
명 육 바 라 밀

즉 번뇌로부터 벗어나 저 언덕에 도달한다. 그러므로 이것을 육바라밀이라 한다."

煩(번) 괴로워하다 / 惱(뇌) 괴로워하다 / 便(편) 편하다, (변) 문득, 갑자기 / 至(지) 이르다

又問曰 如經所說하야 **三聚淨戒者**는
우 문 왈 여 경 소 설   삼 취 정 계 자

誓斷一切惡하고 **誓修一切善**하고 **誓度一切衆生**이어늘
서 단 일 체 악   서 수 일 체 선   서 도 일 체 중 생

또 혜가 스님이 질문했다. "경전에서 말씀하신 것처럼 삼취정계란 것은 일체의 악을 끊겠다고 서원하는 것이고, 일체의 선법을 닦겠다고 서원하는 것이며 일체 중생을 구하겠다고 서원하는 것입니다.

誓(서) 맹세하다 / 度(도) 법도

今者에 **唯言制三毒心**이라 하시니 **豈不文義**가
금 자   유 언 제 삼 독 심   기 불 문 의

有所乖也닛고.
유 소 괴 야

그런데 오직 삼독만 끊으라고 하시니 이것은 경전의 의미와

어긋나는 것이 아닙니까?"

乖(괴) ① 어그러지다 ② 배반하다

答曰 佛所說經은 **是眞實語**라 **應無謬也**니라.
답 왈 불 소 설 경　 시 진 실 어　　 응 무 류 야

달마 대사가 대답했다. "부처님께서 설하는 경전은 진실하여 결코 거짓이 없다.

謬(류) ① 그릇되다 ② 속이다

菩薩摩訶薩이 **於過去因中**의 **修菩薩行時**에
보 살 마 하 살　 어 과 거 인 중　　 수 보 살 행 시

보살마하살이 과거 보살행을 닦을 때에

爲對三毒하야 **發三誓願**하야 **持三聚淨戒**하시니라.
위 대 삼 독　　 발 삼 서 원　　　 지 삼 취 정 계

삼독을 끊기 위해 세 가지 서원을 세워 삼취정계를 지켰다.

對(대) 대답하다

常修戒하야 **對貪毒**하니 **誓斷一切惡故**며
상 수 계　　대 탐 독　　서 단 일 체 악 고

항상 계법을 닦는 것은 탐욕을 다스리기 위해서인데 일체의 악업을 끊겠다고 서원했기 때문이고

常修定하야 **對瞋毒**하니
상 수 정　　대 진 독

항상 선정을 닦는 것은 성냄을 다스리기 위해서인데

誓修一切善故며 **常修慧**하야 **對癡毒**하니
서 수 일 체 선 고　　상 수 혜　　대 치 독

誓度一切衆生故라.
서 도 일 체 중 생 고

일체의 선법을 닦겠다고 서원했기 때문이며 항상 지혜 닦는 것은 어리석음을 다스리기 위함인데 일체중생을 구제하겠다고 서원했기 때문이라.

慧(혜) 슬기로울

由持如是戒定慧[17]等三種淨法故로
유 지 여 시 계 정 혜   삼 종 등 정 법 고

이와 같이 계·정·혜 등 세 가지 종류의 청정법을 지킴으로써

超彼三毒惡業하야 **成佛道也**니라
초 피 삼 독 악 업   성 불 도 야

삼독의 악업을 조복하여 불도를 이룬다.

以能制三毒하면 **卽諸惡**이 **消滅故**로 **名之爲斷**이요.
이 능 제 삼 독   즉 제 악   소 멸 고   명 지 위 단

삼독을 끊으면 즉 모든 악업이 소멸되기 때문에 끊는다고 말한 것이다.

以能持三聚淨戒하면 **卽諸善**이 **具足故**로
이 능 지 삼 취 정 계   즉 제 선   구 족 고

삼취정계를 지키면, 즉 모든 선법이 갖추어지기 때문에

具(구) 갖추다

---

17 계정혜(戒定慧) : 불도의 수행자가 반드시 수학 실천해야 할 근본의 일로 ① 계(戒)는 비(非)를 방지하고 악을 그만 두는 것 ② 사리분별의 의식을 닦는 것을 정(定)이라 하며, ③ 의혹을 깨고 진실을 증명하는 것을 혜(慧)라 함.

名之爲修니 **以能斷惡修善則萬行成就**하야
명 지 위 수　이 능 단 악 수 선 즉 만 행 성 취

닦는다고 말한 것이다. 악을 끊고 선을 닦으면 일체의 수행이 성취되어

自他俱利하야 **普濟羣生故**로 **名之爲度**니
자 타 구 리　　보 제 군 생 고　　명 지 위 도

나와 남이 모두 이롭게 되어 널리 중생을 제도하기 때문에 건진다고 이름한 것이니

俱(구) 함께 / 利(리) ① 날카롭다 ② 화(和)하다 ③ 통하다 / 羣(군) ① 무리 ② 떼 ③ 지어 모이다 ④ 동료

故知所修戒行이 **不離於心**이라.
고 지 소 수 계 행　　불 리 어 심

그러므로 계행을 닦는 일도 마음을 벗어난 것이 아님을 알아야 한다."

心淨卽國土淨
심 정 즉 국 토 정

마음이 깨끗하면 국토도 깨끗하다

若自心淨이면 **一切衆生**이 **皆悉淸淨故**로
약 자 심 정   일 체 중 생   개 실 청 정 고

經에 **云**하사되 **心垢**하면 **卽衆生垢**요
경   운   심 구   즉 중 생 구

心淨하면 **卽衆生淨**이라 하시고
심 정   즉 중 생 정

만약 자기의 마음이 청정하면 일체중생이 모두(다) 청정해진
다. 그러므로 경전에 말씀하시기를 '마음이 더러우면, 즉 중생
(의 마음)이 더럽고 마음이 깨끗하면 곧 중생이 깨끗하여진다'
하셨으니

悉(실) 다, 모두 / 垢(구) ① 때 ② 티끌 ③ 더럽혀지다

又云하사되 **欲淨佛土**인데 **先淨其心**이요
우 운　　　욕 정 불 토　　　선 정 기 심

隨其心淨則佛土淨이라 하시니
수 기 심 정 즉 불 토 정

또 말씀하시길 '불국토를 깨끗이 하려면, 먼저 그 마음을 깨끗이 하라. 마음이 깨끗하면 따라서 바로 불국토가 깨끗해진다' 하시니

隨(수) 따르다

若能制得三種毒心하면 **三聚淨戒**가 **自能成就**하리라.
약 능 제 득 삼 종 독 심　　삼 취 정 계　　자 능 성 취

만약 세 가지 종류의 독한 마음을 제거하면 삼취정계는 자연히 성취된다."

重明六度
중 명 육 도

육도란 육바라밀을 일컫는다

又問曰 如經所說하야 六波羅密者는
우 문 왈 여 경 소 설　　육 바 라 밀 자

亦名六度니 所謂布施持戒忍辱精進禪定智慧라.
역 명 육 도　소 위 보 시 지 계 인 욕 정 진 선 정 지 혜

또 여쭙기를 "경전에서 말씀하신 것처럼 육바라밀이란 것은 또한 육도라 이름하는데, 보시·지계·인욕·정진·선정·지혜를 말합니다.

布(포) ① 베 ② 돈 ③ 화폐 / 忍(인) 참다 / 辱(욕) 욕되게 하다

今言六根淸淨이 **名爲六波羅密者**이니
금 언 육 근 청 정　　명 위 육 바 라 밀 자

지금 육근의 청정함이 육바라밀이라 한다 말하고

若爲通會며 **又度者**는 **其義云何**닛고.
약 위 통 회　　우 도 자　　기 의 운 하

어떻게 의미가 통하며 또 건넌다고 하는 것은 어떤 의미입니까?"

答曰欲修六度인데 **當淨六根**이요.
답 왈 욕 수 육 도　　당 정 육 근

달마 대사가 대답했다. "육바라밀을 닦으려면 항상 육근을 청정하게 해야 한다.

欲淨六根인데 **先降六賊**이니 **能捨眼賊**하야
욕 정 육 근　　선 항 육 적　　능 사 안 적

육근을 청정하게 하려면 먼저 육적을 항복시켜야 한다. 눈의 경계를 항복시키면,

降(항) 항복하다 / 捨(사) 버리다 / 眼(안) 눈

離諸色境하고 **心無固悋**이 **名爲布施**요.
이제색경　심무고린　명위보시

모든 현상[色境]을 벗어나서 마음에 인색함이 없어지므로 보시라고 말한다.

境(경) 지경, 곳, 장소 / 固(고) 굳다 / 悋(린) 아끼다

能禁耳賊하야 **於彼聲塵**에 **不令縱逸**이 **名爲持戒**요.
능금이적　어피성진　불령종일　명위지계

귀의 경계[耳賊]를 금하면 소리의 대상[聲塵]에 멋대로 방일하지 않게 하므로 지계라고 말한다.

縱(종) 늘어지다, 제멋대로, 맘대로, 방종하다 / 逸(일) 달아나다, 없어지다, 잃다, 숨다

能伏鼻賊하야 **等諸香臭**에 **自在調柔**가 **名爲忍辱**이요.
능복비적　등제향취　자재조유　명위인욕

코의 경계[鼻賊]를 굴복시켜 향기와 악취에 끄달리지 않으면 자유롭고 부드럽게 되므로 인욕이라 말한다.

伏(복) 엎드리다, 숨다, 굴복하다 / 鼻(비) 코 / 臭(취) 냄새 / 調(조) 고르다, 조절하다 / 柔(유) 부드럽다 / 辱(욕) 욕되게 하다

能制舌賊하야 **不貪邪味**하고
능 제 설 적　　불 탐 사 미

혀의 경계[舌賊]를 다스리려 삿된 맛을 탐내지 않고

舌(설) 혀 / 味(미) 맛

讚詠講說에 **無疲厭心**이 **名爲精進**이요
찬 영 강 설　　무 피 염 심　　명 위 정 진

칭송하고 설법하되 싫어하는 마음이 없으면 정진이라고 말한다.

讚(찬) 기리다, 조절하다, 칭찬하다 / 詠(영) 옳다, 노래하다 / 講(강) 익히다, 읽다, 풀이하다, 해석하다 / 疲(피) 지치다 / 厭(염) 싫다 / 精(정) 쓿은 쌀, 정미, 자세하다, 면밀하다

能伏身賊하여 **於諸觸欲**에 **湛然不動**이 **名爲禪定**이요.
능 복 신 적　　어 제 촉 욕　　담 연 부 동　　명 위 선 정

몸의 경계[身賊]를 이겨 모든 접촉에 의한 욕망[觸欲]에서 담연하여 움직임이 없으면 선정이라고 말한다.

觸(촉) 닿다, (불교)마음이 외물(外物)에 접촉되어 일어나는 심리 작용 / 湛(담) 즐기다, 빠지다, 탐닉하다

能調意賊하야 **不順無明**하고
능조의적   불순무명

뜻의 경계[意賊]를 조복시켜 무명을 따르지 않고

順(순) 순하다, 좇다, 도리를 따르다

常修覺慧하야 **樂諸功德**이 **名爲智慧**며 **又度者**는
항수각혜   낙제공덕   명위지혜   우도자

運也라.
운야

항상 깨달음의 지혜를 닦고 모든 공덕을 즐기면 지혜라고 말한다. 또 도(度)라는 것은 운반한다는 의미이다.

六波羅密은 **喩若船筏**하야 **能運衆生**하야 **達彼岸故**로
육바라밀   유약선벌   능운중생   달피안고

云六度니라.
운육도

육바라밀은 비유하면 배와 같은 것이어서 중생을 운반하여 저 언덕에 건네주기 때문에 육도라고 한다."

筏(벌) 떼, 뗏목, (바다 가운데에) 큰 배

明法乳
명법유

법의 우유

又問曰經文所說에 釋迦如來가 爲菩薩時에
우문왈경문소설 석가여래 위보살시

曾飮三斗六升乳糜하고 方成佛道라 하시니
증음삼두육승유미   방성불도

또 혜가 스님이 질문했다. "경전에는 석가모니 부처님께서(성불하기 이전) 보살이었을 때, 일찍이 서 말 여섯 되의 우유를 마시고 비로소 불도를 이루셨다고 했습니다.

乳(유) 젖 / 釋(석) ① 풀다 ② 풀리다 ③ 내버리다 / 飮(음) 마시다 / 升(승) 되, 피륙의 날을 세우는 단위 / 糜(미) 죽

卽先因食乳後에 方證佛果어늘 豈唯觀心하야
즉선인식유후   방증불과   기유관심

得解脫也닛고.
득 해 탈 야

즉 먼저 유유를 마신 후에 불과를 증득하셨는데 어찌하여 오직 마음만 관하면 해탈을 얻을 수 있다고 하십니까?"

果(과) 실과, 나무의 열매

答曰誠如所說하야 **無虛妄也**니라.
답 왈 성 여 소 설   무 허 망 야

달마 대사가 대답했다. "진실로 설하신 바와 같이 허망함이 없다.

必因食乳하야 **然始成佛**이니
필 인 식 유   연 시 성 불
佛所說食乳者는 **非是世間不淨之乳**요
불 소 설 식 유 자   비 시 세 간 부 정 지 유
乃是眞如之淸淨法乳니라.
내 시 진 여 지 청 정 법 유

반드시 우유를 마시고 나서 비로소 성불하였다. 부처님께서 말씀하신 우유는 세간의 더러운 우유와는 다르다. 이것은 진여의 청정한 법의 우유이다.

三斗者는 **三聚淨戒**요 **六升者**는 **六波羅密**이라.
삼 두 자   삼 취 정 계   육 승 자   육 바 라 밀

세 말이라는 것은 삼취정계를 말한 것이요. 여섯 되라는 것은 육바라밀을 말한 뜻이다.

佛이 **成道時**에 **由食此淸淨法乳**하야 **方證佛果**어늘
불 성 도 시 　 유 식 차 청 정 법 유 　 방 증 불 과

부처님께서 성불하실 때에 이러한 청정한 법유를 마셨기 때문에 비로소 불과를 증득할 수 있었다.

若言如來가 **食於世間婬欲和合**한
약 언 여 래 　 식 어 세 간 음 욕 화 합
不淨羶腥之乳者인데 **豈不成謗之甚乎**아.
부 정 전 성 지 유 자 　 기 불 성 방 지 심 호

만약 여래께서 세간의 음욕으로 엉킨[和合] 부정하고 누린내 나는 우유를 드셨다면 어찌 부처님을 심하게 비방하지 아니하겠는가?

婬(음) 음탕하다 / 羶(전) 누린내 / 腥(성) 비리다 / 謗(방) 헐뜯다, 비방하다

如來者는 **自是金剛不壞無漏之法身**이라.
여 래 자 　 자 시 금 강 불 괴 무 루 지 법 신

여래라는 것은 금강석과 같아서 파괴되지 않는 완전한 법신을 의미한다.

壞(괴) 무너지다

永離世間諸苦어늘 **豈須如是不淨之乳**하야
영 리 세 간 제 고　　　기 수 여 시 부 정 지 유

以免飢渴也리오.
이 면 기 갈 야

영원히 세간의 모든 고통으로부터 벗어났는데 어찌 이와 같은 세간 속의 부정한 우유를 마심으로써 갈증을 면하시려고 하겠는가?

飢(기) ① 주리다 ② 기아 / 渴(갈) 목마르다

如經所說하야 **此牛**는 **不在高原**하며 **不在下濕**하며
여 경 소 설　　차 우　부 재 고 원　　부 재 하 습

경전에서 이 소는 높은 언덕에 있지 않고 낮은 습지에도 있지 않으며

濕(습) 축축하다

不食粟莠糠麩하며 **不與特牛同羣**하며
불 식 속 릉 강 부　　불 여 특 우 동 군

곡식이나 찌꺼기도 먹지 않고 다른 잡된 소들과 어울리지 않는다.

粟(속) ① 조 ② 벼 ③ 찧지 아니한 곡식 / 莠(릉) 언덕 / 糠(강) 겨, 쌀겨 / 麩(부) ① 밀기우다 ② 밀을 쌓아 밀가루를 빼고 남은 찌꺼기

其牛身은 作紫摩金色이니 言此牛者는
기 우 신 작 자 마 금 색   언 차 우 자

則毗盧遮那佛[18]也라.
즉 비 로 자 나 불 야

이 소의 몸은 자마금색이라고 하셨다. 이 소는 즉 비로자나불인 것이다.

紫(자) 자줏빛 / 毗(비) 돕다 / 盧(로) 밥그릇 / 遮(차) 막다 / 那(나) 어찌

以大慈悲로 憐愍一切故로 於淸淨法體中에
이 대 자 비 연 민 일 체 고 어 청 정 법 체 중

流出如是三聚淨戒와
유 출 여 시 삼 취 정 계

대자대비로써 일체중생을 가엽게 여기시기 때문에 청정한 법체에서 흘러나오는 이와 같은 삼취정계와

憐(련) 불쌍히 여기다 / 愍(민) 근심하다

六波羅密微妙法乳하야 乳養一切求解脫者하나니
육 바 라 밀 미 묘 법 유   유 양 일 체 구 해 탈 자

육바라밀의 미묘한 법유로 해탈을 추구하는 모든 이를 양육

---

18 비로자나불(毗盧遮那佛) : 청정법신으로 불지의 광대무변함이 태양처럼 빛남을 상징함. 원만보신 노사나불과 함께 석가모니를 천백억화신이라 부름.

한다.
─────
微(미) 작다

飮如是淸淨之牛의 **淸淨之乳**하면
음 여 시 청 정 지 우   청 정 지 유

이러한 청정한 소의 청정한 우유는

非獨如來飮之成道라 **一切衆生**이
비 독 여 래 음 지 성 도   일 체 중 생

부처님께서 마시고 도를 이루셨을 뿐만 아니라 일체중생이

若能飮者는 **皆得成阿耨多羅三藐三菩提**[19]하나니라.
약 능 음 자   개 득 성 아 녹 다 라 삼 먁 삼 보 리

만약에 마시기만 하면 모두 위없는 바른 깨달음을 얻게 된다."
─────
耨(누) 김매다 / 藐(막) 아득하다

19　아녹다라삼먁삼보리(阿耨多羅三藐三菩提) : 무상정등정각, 혹은 무상정변지로 불과(佛果)의 지혜를 말하며 지상 최고의 깨달음을 가리킴.

修活聖殿
수 활 성 전

성전을 바르게 지어라

又問曰 佛說經中에 **令衆生**으로 **修造迦藍**하며
우 문 왈 불 설 경 중　영 중 생　　수 조 가 람

혜가 스님이 질문했다. "부처님께서는 경전 가운데 중생들로 하여금 가람을 짓고, 수리하며,

修(수) (터, 집, 길 따위를) 다져 만들다 / 活(활) 살다 / 殿(전) 큰 집 / 藍(람) 쪽

鑄寫形像하며 **燒香散花**하며 **燃長明燈**하고
주 사 성 상　　소 향 산 화　　연 장 명 등

불상을 만들고, 탱화를 그리며, 향을 피우고, 꽃을 올리고, 장명등을 밝히며,

鑄(주) 쇠 부어 만들다 / 寫(사) 베끼다 / 像(상) 형상 / 燒(소) 사르다 / 散(산) 흩다, 흩뜨리다 / 然(연) 사르다

日夜六時[20]行道하며 **持齋禮拜**하는
　　일 야 육 시　행 도　　　지 재 예 배

밤낮으로 여섯 차례 예불하거나, 재계를 지키며 예배하는 등,

齋(재) 몸과 마음을 삼가다 / 拜(배) 절, 절하다

種種功德으로 **皆成佛道**어늘 **若唯觀心**이
　　종 종 공 덕　　　개 성 불 도　　　약 유 관 심

여러 가지 공덕으로 모두가 불도를 이루거늘 만약 마음만 관하여

總攝諸行이라 하면 **說如是事**가 **應虛妄也**니다.
　　총 섭 제 행　　　　　설 여 시 사　응 허 망 야

모든 수행을 다 포섭한다 하시면 이러한 것은 허망한 말일 것입니다."

答曰佛所說經이 **有無量方便**하니
　답 왈 불 소 설 경　　유 무 량 방 편

대답을 하셨다. "부처님께서 경전을 설하신 방식에는 한량이 없는 방편이 있다.

20　육시(六時) : 주야를 육시라 함. 하루를 신조, 일중, 일몰, 초야, 중야, 후야의 6가지로 나눔.

一切衆生이 **鈍根狹劣**하야 **不悟甚深之義**일세.
일 체 중 생   둔 근 협 렬   불 오 심 심 지 의

일체중생은 근기가 둔하고 지혜가 부족하여 심오한 이치를 알지 못한다.

狹(협) 좁다 / 劣(렬) 못하다 / 悟(오) 깨닫다

所以로 **假有爲事**하야 **喩無爲理**하심이니
소 이   가 유 위 사   유 무 위 리

그러므로 상대적인 형상을 빌어서 함이 없는 이치를 비유함이니

假(가) 거짓

若復不修內行하고 **唯只外求**하야 **希望獲福**하면
약 부 불 수 내 행   유 지 외 구   희 망 획 복

無有是處니라.
무 유 시 처

만약에 안으로 행을 닦지 않고 오직 밖을 향해 구하면서 복을 받으려고 바라는 것은 옳지 못하다.

希(희) 바라다 / 獲(획) 얻다

言伽藍者는 **梵音**이요 **此言**은 **淸淨處也**라.
언 가 람 자   범 음   차 언   청 정 처 야

가람이라는 말은 범어요. 청정처라고 말한다.

伽(가) 절 / 梵(범) 범어

若永除三毒하고 **常淨六根**하야 **身心**이 **湛然**하고
약 영 제 삼 독   상 정 육 근   심 신   담 연

內外淸淨하면 **是則修伽藍也**요.
내 외 청 정   시 즉 수 가 람 야

만약 삼독을 영원히 없애고 육근을 항상 맑히며 몸과 마음이 담연하여 안과 밖이 청정하면 이것, 즉 가람을 조성하는 것이다.

鑄寫佛像
주 사 불 상

불상을 조성하고 그리다

又鑄寫形像者는 **卽一切衆生**이 **求佛道也**에
우 주 사 형 상 자 　 즉 일 체 중 생 　 구 불 도 야

또한 불상을 조성하고 (탱화를) 그린다는 것은 즉 모든 중생이 불도를 구하는 행위인 것이다.

所謂修諸覺行은 **假像如來眞容妙相**이니
소 위 수 제 각 행 　 가 상 여 래 진 용 묘 상

소위 모든 지혜로운 수행을 닦음은 부처님의 참모습과 묘한 형상을 임시로 형상화하는 것이다.

豈道鑄金銅之所作也리오.
기 도 주 금 동 지 소 작 야

어찌 금과 동을 주조하여 만들게 하는 것이겠는가?

銅(동) 구리

是故로 **求解脫者**는 **以身**으로 **爲爐**하고
시 고 구 해 탈 자 이 신 위 로

以法으로 **爲火**하며 **以智慧**로 **爲工匠**하고
이 법 위 화 이 지 혜 위 공 장

그러므로 해탈을 구하는 사람은 몸으로써 화로를 삼고 법으로 불을 삼으며 지혜로 공장을 삼고

爐(로) 화로

三聚淨戒와 **六波羅密**로 **以爲模樣**하야
삼 취 정 계 육 바 라 밀 이 위 모 양

鎔鍊身中眞如佛性하야
용 련 신 중 진 여 불 성

삼취정계와 육바라밀로 모양을 삼아 몸 가운데 있는 진여의 불성을 단련하여

模(모) 법, 법식, 모양, 틀 / 樣(양) 모양 / 鎔(용) 녹이다 / 鍊(련) 불리다

遍入一切戒律模中하고 如敎奉行케 하야
편입일체계율모중   여교봉행

온갖 계율의 틀 속에 넣어 가르침대로 행하되

遍(편, 변) 두루 / 律(률) 법 / 奉(봉) 받들다

一無缺漏하면 自然成就眞容之相이라.
일무결루   자연성취진용지상

하나도 빠트리지 않으면 자연히 부처님의 모습을 성취하리라.

缺(결) 이지러지다, 모자라다, 틈

所謂究竟에 常住微妙法身이요.
소위구경   상주미묘법신

이것을 끝까지[究竟] 항상 머무는 미묘한 법신이라 한다.

竟(경) 다하다 / 微(미) 작다 / 妙(묘) 묘하다

非是有爲敗壞之法이라
비시유위패괴지법

이것은 파괴되는 현상계[有爲]의 법이 아니다.

敗(패) 깨뜨리다 / 壞(괴) 무너지다

若人이 求道함에 不解鑄寫眞容하면
약 인   구 도   불 해 주 사 진 용

憑何輒言成功德也리오.
빙 하 첩 언 성 공 덕 야

만약 사람들이 도를 구하면서도 부처님[眞容]을 조성하거나 그릴 줄 모른다면 무엇에 근거해서 공덕을 이룬다고 말할 수 있겠는가?

寫(사) 베끼다 / 憑(빙) 기대다 / 輒(첩) 문득, 갑자기

五分香
오 분 향

오분법신을 향에 비유하다

燒香者는 亦非世間有相之香이요.
소향자 역비세간유상지향

향을 사른다는 것은 또한 세간의 형상이 있는 향이 아니라.

燒(소) 사르다 / 薰(훈) ① 향, 풀 ② 향내가 나다 ③ 향기

乃是無爲正法之香이라 薰諸臭穢하야
내시무위정법지향 훈제취예
斷無明惡業하야 悉令消滅케 하나니
단무명악업 실령소멸

절대[無爲] 정법의 향이다. 모든 더러운 냄새를 물리치고 무명의 악업을 끊어서 다 소멸케 한다.

臭(취) 냄새 / 穢(예) 더럽다 / 悉(실) 다, 모두

其正法香이 **有五種**이라 **一者**는 **戒香**이니
기 정 법 향 　 유 오 종 　 일 자 　 계 향

所謂能斷諸惡하며 **能修諸善**이요.
소 위 능 단 제 악 　 　 능 수 제 선

정법향에는 다섯 가지 종류가 있다. 첫째는 계향인데 모든 악을 끊고 모든 선을 닦는 것이다.

二者는 **定香**이니 **所謂深信大乘**하야 **心無退轉**이요.
이 자 　 정 향 　 　 소 위 심 신 대 승 　 　 심 무 퇴 전

둘째는 정향인데 대승을 깊이 믿어서 마음에 물러섬이 없는 것이다.

三者는 **慧香**이니 **所謂常於身心**에 **內外觀察**이요.
삼 자 　 혜 향 　 　 소 위 상 어 신 심 　 　 내 외 관 찰

셋째는 혜향인데, 항상 몸과 마음을 안팎으로 살피는[觀察] 것이다.

―――
察(찰) 살피다

四者는 **解脫香**이니 **所謂能斷一切無明結縛**이요.
사 자 　 해 탈 향 　 　 소 위 능 단 일 체 무 명 결 박

넷째는 해탈향이니 무명의 속박을 끊는 것이다.

―――
縛(박) 묶다

354　　　　　　　　　　　　　　　　달마어록

五者는 **解脫知見香**이니 **所謂覺察**이 **常明**하야
오 자   해 탈 지 견 향   소 위 각 찰   상 명
通達無礙니라.
통 달 무 애

다섯째는 해탈지견향인데 느끼고 살펴는 것이 항상 밝아서 걸림 없이 무애한 것을 말한다.

礙(애) 거리끼다

如是五香이 **名最上香**이니 **世間**에 **無比**하니라.
여 시 오 향   명 최 상 향   세 간   무 비

이와 같이 다섯 가지 향은 가장 훌륭한 향이니 세간에 비교할 수 없다.

佛이 **在世日**에 **令諸弟子**로 **以智慧火**로
불   재 세 일   영 제 제 자   이 지 혜 화

부처님께서 세상에 계실 때 모든 제자들로 하여금 지혜 불로서,

燒如是無價寶香하야 **供養十方一切諸佛**하시니라.
소 여 시 무 가 보 향   공 양 시 방 일 체 제 불

이와 같이 값진 보배 향을 사르어 시방의 일체 모든 부처님께 공양하라고 하셨다.

賈(가) 값

今時衆生이 **愚癡鈍根**으로 **不解如來眞實之義**하고
　　금 시 중 생　　우 치 둔 근　　　불 해 여 래 진 실 지 의

요즈음의 중생들은 어리석고 둔하여 부처님의 진실한 뜻을 이해하지 못하여

愚(우) 어리석다 / 鈍(둔) 무디다

唯將外火하야 **燒於世間沈檀薰陸質礙之香**하야
　　유 장 외 화　　　소 어 세 간 침 단 훈 육 질 애 지 향

오직 외형의 불로써 세간의 침향과 전단향, 훈육 등 형상이 있는 향을 사르면서

沈(침) 가라앉다 / 檀(단) 박달나무 / 陸(육) ① 뭍 ② 육지 / 質(질) ① 바탕 ② 꾸미지 아니한 본연 그대로의 성질

希望福報하나니 **云何可得**이리요.
　　희 망 복 보　　　　운 하 가 득

복을 바라니 어찌 얻을 수 있으랴.

散花
산 화

꽃을 올리다

又散花者는 **義亦如是**하니 **所謂演說正法諸功德花**하야
우 산 화 자   의 역 여 시   소 위 연 설 정 법 제 공 덕 화

또한 꽃을 올린다는 것은 다음과 같은 의미가 있다. 즉 정법의 여러 공덕의 꽃을 널리 설하여

演(연) 멀리 흐르다

饒益有情하며 **散治一切眞如之性**하야 **普施莊嚴**이니
요 익 유 정   산 치 일 체 진 여 지 성   보 시 장 엄

중생을 이롭게 하며 일체 진여의 성품을 두루 다스려서 장엄을 널리 베푸는 것이니

饒(요) 넉넉하다 / 治(치) 다스리다 / 嚴(엄) 엄하다

此功德花는 **佛所稱歎**이며 **究竟**[21]**常住**하야
차 공 덕 화   불 소 칭 탄   구 경   상 주

無凋落期니라
무 조 락 기

이러한 공덕의 꽃은 부처님께서 칭찬하신 것으로 구경에까지 항상 머물면서 시들거나 떨어지지 않는다.

稱(칭) 일컫다, 칭찬하다 / 歎(탄) 읊다, 노래하다, 칭찬하다 / 凋(조) 시들다 / 期(기) 기약하다, 만나다, 정하다

若復有人이 **散如是花**하면 **獲福無量**이어늘
약 부 유 인   산 여 시 화   획 복 무 량

어떤 사람이 이와 같은 꽃을 뿌리면 복이 한량이 없을 것이다.

獲(획) 얻다

若言如來가 **令諸弟子及衆生等**으로 **剪截艶綵**하며
약 언 여 래   영 제 제 자 급 중 생 등   전 절 염 채

만약 부처님께서 모든 제자와 중생들로 하여금 아름다운 꽃을 꺾고

剪(전) 자르다 / 截(절) 끊다 / 艶(염) 곱다 / 綵(채) 비단

21　구경(究竟) : 깨달음의 극치, 무명이 사라지고 깨달음의 본체가 나타나는 경지, 마음의 본원을 완전히 알아내는 경지로 여래지 혹은 불지를 가리킴.

傷損草木하야 **以爲散花**하면 **無有是處**니라.
　　상 손 초 목　　 이 위 산 화　　 무 유 시 처

풀과 나무를 잘라서 그것을 뿌리게 하셨다고 하면 옳지 않다.

揚(손) 덜다

所以者何오 **持淨戒者**는 **於諸天地森羅萬像**에
　　소 이 자 하　 지 정 계 자　 어 제 천 지 삼 라 만 상
不令觸犯이니
　불 령 촉 범

왜냐하면 청정한 계행을 지키는 사람은 천지 모든 삼라만상 들을 해쳐서는 안되기 때문이다.

誤損者도 **由獲大罪**거늘 **況復今者**에
　오 손 자　 유 획 대 죄　　 황 부 금 자

잘못하여 해치는 것도 큰 죄과를 받거늘 하물며 요즈음 사람 들이

誤(오) 그릇하다 / 況(황) 하물며

加毁淨戒하고 **傷損萬物**하야 **求於福報**인데
　가 훼 정 계　　 상 손 만 물　　 구 어 복 보
欲益反損이니 **豈有是乎**아.
　욕 익 반 손　　 기 유 시 호

청정한 계율을 깨뜨리고 만물을 해치면서 복의 보답을 구하여
이익이 되고자 하지만 손해를 입는데 어찌 옳다고 하겠는가?

加(가) 더하다 / 毁(훼) 헐다, 상처를 입히다

明燈
명 등

등불을 밝히는 법

又長明燈者는 **正覺心也**라.
우 장 명 등 자 정 각 심 야

또한 장명등이란 것은 바르게 깨달은 마음이다.

覺知明了를 **喩之爲燈**이니 **是故**로 **一切求解脫者**는
각 지 명 료 유 지 위 등 시 고 일 체 구 해 탈 자

常以身으로
상 이 신

즉 지각하는 것이 명료한 것을 등에 비유한 것이다. 그러므로 해탈을 추구하는 모든 것은 항상 몸으로써

爲燈臺하고 **心爲燈盞**하며 **信爲燈炷**하며
위 등 대　심 위 등 잔　신 위 등 주

등 받침을 삼고 마음으로써 등잔을 삼으며 믿음으로써 등의 심지를 삼아야 한다.

臺(대) ① 돈대 ② 물건을 얹는 대 / 等(등) 가지런하다 / 盞(잔) ① 잔 ② 만나다 ③ 정하다 / 炷(주) 등잔의 심지

增諸戒行하야 **以爲添油**하며
증 제 계 행　이 위 첨 유

또한 여러 계행을 점점 닦아 나가는 것으로써 보충하는 기름을 삼고

增(증) ① 붙다 ② 늘다 ③ 더하다 / 添(첨) 더하다

智慧明達이 **喩如燈光**이니 **常燃如是覺燈**하야
지 혜 명 달　유 여 등 광　　상 연 여 시 각 등

炤破一切無明癡暗이니라.
소 파 일 체 무 명 치 음

지혜를 밝게 통달함을 등불에 비유함이니 항상 이와 같이 깨달음의 등불을 밝힘으로써 일체무명과 어리석음을 쳐부수어 버린다.

燃(연) 사르다 / 炤(소) 밝다 / 破(파) 깨뜨리다

能以此法으로 **轉明開悟**하면 **卽是一燈**이 **燃百千燈**이라.
능 이 차 법　　　전 명 개 오　　　즉 시 일 등　　연 백 천 등

이러한 이치로써 차례대로 밝혀 깨달으면 즉시 하나의 등불이 백 천 개의 등불을 밝히게 된다.

以燈續明하야 **終無盡故**로 **故號長明**이니라.
이 등 속 명　　　종 명 진 고　　　고 호 장 명

등이 상속하여 밝아 마침내는 다함이 없는 까닭으로 장명등이라고 부른다.

續(속) 잇다 / 號(호) 부르짖다

過去에 **有佛**하시니 **名曰燃燈**이라 함도 **義亦如是**하니라.
과 거　　유 불　　　명 왈 연 등　　　　　의 역 여 시

과거에 한 부처님이 계셨는데, 이름이 가로되 연등이라고 한 것도 또한 이러한 이치에서이다.

愚癡衆生이 **不會如來方便之說**하고
우 치 중 생　　불 회 여 래 방 편 지 설

어리석은 중생들은 이러한 부처님의 방편의 말씀을 알지 못하고

便(편) 편하다

專行虛妄하야 **執着有爲**하야 **遂燃世間蘇油之燈**하야
　전 행 허 망　　집 착 유 위　　수 연 세 간 소 유 지 등
以炤空室하고 **乃稱依敎**라 하니 **豈不謬乎**아
　이 소 공 실　　내 칭 의 교　　　기 불 류 호

오로지 허망한 행동을 하고 상대적인 일에 집착한다. 그래서 세간의 등잔에 기름이나 태워서 빈 방을 밝히는 것으로써 경전에 의지한다고 말하니 어찌 잘못이 아니겠는가?

專(전) 오로지 / 着(착) 붙다 / 蘇(소) 차조기, (설) 땔나무 / 室(실) 집 / 稱(칭) 일컫다 / 依(의) 의지하다 / 謬(류) 그릇되다

所以者何오 **佛**이 **放眉間一毫之光**하야도
　소 이 자 하　불　　방 미 간 일 호 지 광

왜냐하면 부처님께서는 눈썹 사이의 한 터럭에서 광명을 놓으셔도

眉(미) 눈썹 / 毫(호) 가는 털

尙照十萬八千世界이든 **若身光**이
　상 조 십 만 팔 천 세 계　　약 신 광

오히려 십만 팔천 세계를 비추셨는데 만약 몸의 광명을

尙(상) 오히려 / 照(조) 비추다

盡現則普照十方하리니 **豈假如是世俗之燈**하야
진 현 즉 보 조 시 방　　　　기 가 여 시 세 속 지 등

以爲利益이리오.
이 위 이 익

다 나타내시면 시방세계를 두루 다 비추리니 어찌 이 같은 세속의 등으로 이익을 삼으리요?

普(보) 널리

審察斯理하면 **應不然乎**아.
심 찰 사 리　　　응 불 연 호

이 이치를 자세히 살피면 응당히 그렇지 않다고 하겠는가?(응당 그러하다.)

察(찰) 살피다 / 斯(사) 이(사물을 가리키는 대명사)

行道
행 도

도의 실천

又六時行道者는 所謂六根之中에
우 육시행도자 소위육근지중

또한 여섯 차례 도를 실천한다고 하는 것은 육근 가운데서

於一切時에 常行佛道니 佛者는 覺也라.
어 일체시 상행불도 불자 각야

일체 모든 때에 항상 불도를 실행한다는 것이다. 부처님이란 깨달았다는 뜻이다.

卽時修諸覺行하야 調伏六根하고 六情에 淸淨하야
즉시수제각행 조복육근 육정 청정

長時不捨를
장시불사

항상 모든 깨달은 행을 닦아서 육근을 제어함으로써 육정이 청정하여 영원히[長時] 버리지 않는 것을

捨(사) 버리다

名爲六時行道니라. 塔者는 身心也라.
명위육시행도   탑자   신심야

여섯 차례 도를 실천한다고 말한다. 탑이란 것은 몸과 마음을 말한다.

塔(탑) 탑

常令覺慧로 巡遶身心하야 念念不停이
상령각혜   순요신심   염념부정

名爲遶塔이니라.
명위요탑

항상 밝은 지혜로 몸과 마음을 순회하여 생각을 멈추지 않는 것을 탑돌이라고 말한다.

巡(순) 돌다 / 遶(요) 두르다 / 停(정) 머무르다

過去諸聖이 **曾行此道**하야 **得涅槃樂**이어늘
과 거 제 성   증 행 차 도   득 열 반 락

과거의 모든 성인들도 일찍이 이 도를 실천하여 열반의 즐거움을 얻으셨다.

今時世人의 **求解脫者**가 **不會斯理**하니 **何名行道**리오
금 시 세 인   구 해 탈 자   불 회 사 리   하 명 행 도

지금 사람들의 해탈을 구한다고 하면서도 이 이치를 알지 못하니 어찌 도를 행한다고 하겠는가?

竊見今時鈍根之輩가 **曾不內行**하고
절 견 금 시 둔 근 지 배   증 불 내 행

지금 어리석은 무리들을 살펴보니 안으로 실천행을 닦지 않고,

竊(절) ① 훔치다 ② ~하게 되자마자 / 輩(배) 무리

唯執外求하야 **將質礙身**하야 **遶世間塔**하야
유 집 외 구   장 질 애 신   요 세 간 탑

오직 집착하여 밖으로 구하게 되자 몸뚱아리에 끄달려 세간의 탑을

礙(애) 거리끼다

日夜走驟하니 **徒自疲勞而於眞性**에 **一無利益**이니라
일 야 주 취　　도 자 피 로 이 어 진 성　　일 무 이 익

밤낮으로 도느라 부질없이 스스로를 피로하게 만들어 참된 성품에는 조금도 이익이 없다.

走(주) 달리다 / 驟(취) 달리다 / 徒(도) 무리 / 疲(피) 지치다 / 勞(로) 일하다

迷愚之輩는 **甚誠可愍歟**인저.
미 우 지 배　　심 성 가 민 여

어리석은 무리들이 참으로 가엽구나!

愚(우) 어리석다 / 愍(민) 근심하다 / 歟(여) 어조사

齋戒
재 계

재계를 지키는 법

又持齋者는 **常須會意**니 **不達其理**하면
우 지 재 자   상 수 회 의   부 달 기 리
徒施虛功이니라.
도 시 허 공

재계를 지킨다는 것은 반드시 그 의미를 파악해야 한다. 이 이치를 알지 못하면 공연히 헛된 노력만 행하는 것이다.

齋(재) 재계하다

齋者는 **濟也**라 **所謂勤治身心**하야 **不令散亂**이요
재 자   제 야   소 위 근 치 신 심   불 령 산 란

재란 것은 바르게 한다는 뜻이다 즉, 몸과 마음을 부지런히

닦아서 산란하지 않게 하는 의미이다.

亂(란) 어지럽다

持者는 **護也**니 **所謂於諸戒行**에 **如法護持**하야
지 자 호 야   소 위 어 제 계 행   여 법 호 지

지란 것은 보호하고 유지한다는 뜻이다. 즉 모든 계행을 법답게 지키되

護(호) 보호하다

必須禁六情하고 **制三毒**하며 **勤修覺察**하야
필 수 금 육 정   제 삼 독   근 수 각 찰
淸淨身心함이니
정 기 신 심

반드시 육정을 금하고 삼독을 끊으며 부지런히 알아차리고 닦아서 몸과 마음을 청정하게 한다는 의미이다.

禁(금) 금하다 / 察(찰) 살피다

了如是義하면 **可名爲齋**니라.
요 여 시 의   가 녕 위 새

이러한 이치를 알아야 재계를 지킨다고 말한다.

齋食
재 식

재식하는 법

又持齋者는 **食有五種**하니 **一者**는 **法喜食**이니
우 지 재 자 　 식 유 오 종 　 　 일 자 　 법 희 식

또 재식에는 다섯 가지 종류의 식사가 있다. 첫째는 법희식이다.

喜(희) 기쁘다

所謂依如來正法하야 **歡喜奉行**이요
소 위 의 여 래 정 법 　 　 환 희 봉 행

부처님의 올바른 법에 의지하여 기쁜 마음으로 받들어 행하는 것이다.

依(의) 의지하다 / 歡(환) 기뻐하다

二者는 禪悅食이니 所謂內外澄寂하야 身心悅樂이요.
이 자 선 열 식   소 위 내 외 징 적   신 심 열 락

둘째는 선열식이다. 안과 밖이 맑고 고요하여 몸과 마음이 즐거운 것이요.

三者는 念食이니 所謂常念諸佛하야 心口相應이요.
삼 자 염 식   소 위 상 염 제 불   심 구 상 응

셋째는 염식이니 항상 모든 부처님을 생각하여 마음과 입이 서로 호응하는 것이다.

四者는 願食이니 所謂行住坐臥에 常行善願이요.
사 자 원 식   소 위 행 주 좌 와   상 행 선 원

넷째는 원식이다. 소위 행·주·자·와에 항상 좋은 원력을 행하는 것이요.

五者는 解脫食이니 所謂心常淸淨하야
오 자 해 탈 식   소 위 심 상 청 정

不染世塵이라.
불 염 세 진

다섯째는 해탈식이다. 마음이 항상 청정하여 세간의 번뇌에 물들지 않는 것이다.

塵(진) 티끌, 먼지

持五淨食者는 **名爲齋食**이니라. **若復有人**이
 지 오 정 식 자   명 위 재 식   약 부 유 인

不食如是五種淨食하고
 불 식 여 시 오 종 정 식

이와 같이 다섯 가지 청정한 식사를 지키는 것을 재식이라 부른다. 만약 어떤 사람이 이와 같은 다섯 가지의 청정한 음식을 먹지 않고

自言持齋라 하면 **無有是處**니라.
 자 언 지 재   무 유 시 처

스스로 재식을 지킨다고 하면 그것은 옳지 않다.

斷食
단 식

단식하는 법

又有斷食하니 **言斷食者**는 **斷無明惡業之食**이라.
우 유 단 식   언 단 식 자   단 무 명 악 업 지 식

또 단식이 있으니 음식을 끊는다는 것은 무명 악업의 음식을 끊는 것을 의미한다.

若輒觸者는 **名爲破齋**니 **齋若有破**하면
약 첩 촉 자   명 위 파 재   재 약 유 파

云何獲福이리오.
운 하 획 복

만약 문득[輒] 음식을 접하는 자는 재식을 파괴하는 자이다. 만약 파괴함이 있으면 어떻게 복을 얻겠는가?

獲(획) 얻다

世有迷愚하야 **不悟斯理**하고
세 유 미 우　　불 오 사 리

세간의 미혹한 사람들은 이러한 이치를 깨닫지 못하고

身心放逸하야 **造諸惡業**하면 **貪恣欲情**하야
신 심 방 일　　조 제 악 업　　탐 자 욕 정

몸과 마음을 방종하게 하여 온갖 나쁜 업을 짓는다. 또한 욕정을 마음껏 탐닉하면서

放(방) 놓다 / 逸(일) 달아나다 / 造(조) 짓다 / 恣(자) 방자하다

不生慙愧하면서 **唯斷外食**을 **自爲持齋**하니
불 생 참 괴　　유 단 외 식　　자 위 지 재

부끄러워할 줄 모르면서 오직 밖으로 음식만을 끊는 것을 스스로 재계를 지킨다 하니

慙(참) 부끄러워하다 / 愧(괴) 부끄러워하다

何異痴兒가 **見爛壞死屍**하고
하 이 치 아　　견 란 괴 사 시

어리석은 아이들이 썩은 시체를 보고

兒(아) 아이 / 爛(란) 문드러지다 / 壞(괴) 무너지다 / 屍(시) 주검

稱言有命이리오 **必無是處**니라.
칭 언 유 명　　　필 무 시 처

산 사람이라고 말하는 것과 어찌 다르겠는가? 반드시 그런 일은 있을 수 없다.

禮拜
예 배

예배하는 법

又禮拜者는 常如法也니 必須理體內明하고
우 예 배 자　상 여 법 야　필 수 이 체 내 명

또 예배란 것은 항상 법답게 하는 것이다. 반드시 이치의 본체는 안으로 밝으며

事相外變이라 理不可捨요 事有行藏이다.
사 상 외 변　이 불 가 사　사 유 행 장

사물의 겉모습은 밖으로 변화는 속성을 가지고 있다. 이치를 버릴 수 없는 것이며 사물은 드러난 측면과 숨은 측면이 있다.

變(변) 변하다 / 捨(사) 버리다

會如是義하야사 **乃名依法**이니라. **夫禮者**는 **敬也**요
회여시의　　　　내명의법　　　　부예자　　경야

이러한 의미를 이해해야 비로소 법에 의지한다고 말할 수 있다. 대개 예라고 하는 것은 공경한다는 뜻이요.

拜者는 **伏也**니 **所謂恭敬眞性**하며 **屈伏無明**이
배자　복야　　소위공경진성　　　굴복무명
名爲禮拜니라.
명위예배

배라고 하는 것은 굴복시킨다는 의미다. 즉 참된 성품을 공경하고 무명을 굴복시키는 것을 예배라고 이름한다.

屈(굴) 굽히다

以恭敬故로 **不敢毁傷**하며 **以屈伏故**로 **無令縱逸**이니
이공경고　　불감훼상　　　이굴복고　　무령종일

공경하기 때문에 손상시키지 않으며 굴복시켰기 때문에 방종하지 않는 것이다.

逸(일) 달아나다

若能惡情이 **永滅**하고 **善念**이 **恒存**하면
약능악정　영멸　　　선념　항존

만약 악한 생각이 영원히 사라지고 선한 생각이 항상 존재하면

恒(항) 항상

雖不現相이라도 **常爲禮拜**니라.
　수 불 현 상　　　상 위 예 배

비록 겉으로 나타내지 않더라도 항상 예배하는 것이다.

其相者는 **則身相也**라.
　기 상 자　　즉 신 상 야

그 모습이란 것은 몸으로 나타내는 모습이다.

欲爲令諸世俗으로 **表謙下心**이니 **故**로
　욕 위 령 제 세 속　　　표 겸 하 심　　　고
須屈伏外身하야 **現恭敬相**이니라.
　수 굴 복 외 신　　　현 공 경 상

모든 세간의 중생들로 하여금 겸손한 마음을 드러내게 하려 했기 때문에 반드시 몸을 굴복시키고 공경하는 모습을 나타내 보여야 한다.

表(표) ① 겉 ② 나타내다 ③ 드러내다 / 謙(겸) 겸손하다

用之則現하고 **捨之則藏**하나니
용 지 즉 현　　사 지 즉 장

쓰면 나타나고 쓰지 않으면 숨어 버린다.

擧外明內하야 **性相**이 **應也**니라.
거 외 명 내　　성 상　응 야

겉으로의 예배를 통하여 안의 지혜를 밝히는 일은 성품과 형상이 서로 호응해야 한다.

若復不行理法하고 **唯執外相**하면 **內則迷故**로
약 부 불 행 리 법　　유 집 외 상　　내 즉 미 고

縱於貪嗔癡하야 **常爲惡念**이요
종 어 탐 진 치　　상 위 악 염

만약 이러한 이치를 모르고 오직 겉으로 나타난 모습에 집착하면 안으로 미혹에 떨어지기 때문에 탐·진·치에 끄달려 항상 악업을 짓게 된다.

─────
縱(종) 늘어지다

外則空顯身相이니 **何名禮拜**리오
외 즉 공 현 신 상　　하 닝 예 배

겉으로 몸의 형상만을 나타내어 (가식으로 예경한다고 하나니)

관심론　　　　　　　　　　　　　　　　　　　381

어찌 예배라고 할 수 있겠는가?

顯(현) 나타내다

無慙於聖故로 **誑凡**은 **不免輪墮**하나니
　무 참 어 성 고　　광 범　　불 면 윤 타

성인에게 부끄러워할 줄도 모르는 어리석은 중생은 윤회에 떨어지는 것을 면하지 못하리라.

慙(참) 부끄러워하다 / 誑(광) 속이다 / 凡(범) 무릇 / 墮(타) 떨어지다

豈成功德이리오. **旣無所得**이어니 **云何求道**리오.
　기 성 공 덕　　　기 무 소 득　　　운 하 구 도

어찌 공덕을 이루겠는가? 이것은 아무런 이익이 없는데 어떻게 도를 구하겠는가?"

洗浴
세 욕

목욕하는 법

又問曰 如溫室經說하야 **洗浴衆僧**하면
우 문 왈 여 온 실 경 설　　세 욕 중 승

혜가 스님이 질문했다. "『온실경』에서는 여러 스님들을 목욕시켜 주면

洗(세) 씻다 / 浴(욕) 목욕하다

得福無量이라 하면 **此則憑何事法**하야사
득 복 무 량　　　　　차 즉 빙 하 사 법
功德始成이닛고.
공 덕 시 성

한량없는 복을 받는다 했습니다. 이것은 (구체적으로) 어떤 일

을 행해야 비로소 공덕이 이루어진다는 것입니까?

憑(빙) 기대다

若唯觀心하면 **可相應不**잇가.
　약 유 관 심　　가 상 응 불

만약 오직 마음만 관한다면 서로 통하겠습니까?"

答曰 洗浴衆僧者는 **非說世間有爲事也**라.
　답 왈 세 욕 중 승 자　　비 설 세 간 유 위 사 야

달마 대사가 말했다. "목욕시킨다고 하는 것은 세간의 유한한 일을 말한 것이 아니다.

世尊이 **當爾爲諸弟子**하야 **說溫室經**하사
　세 존　당 이 위 제 제 자　　설 온 실 경

세존께서 당시에 여러 제자들을 위하여 『온실경』을 설하시어

尊(존) 높다 / 爾(이) 너

欲令受持洗浴之法하시니 **是故**로 **假諸世事**하야
　욕 령 수 지 세 욕 지 법　　시 고　가 제 세 사

목욕하는 법을 잘 지키게 하려고 하셨다. 그러므로 세간의 일을 빌어서

譬喩眞宗하야 **隱說七事供養功德**하시니
비 유 진 종　　　은 설 칠 사 공 양 공 덕

진리를 비유로 나타내셨다. 즉 일곱 가지 일을 빌어서 공양 공덕을 설하신 것이다.

譬(비) 비유하다 / 供(공) 이바지하다

其七事者는 **一者**는 **淨水**요 **二者**는 **燃火**요
기 칠 사 자　　일 자　　정 수　　이 자　　연 화

일곱 가지 일이란 첫째는 맑은 물이요, 둘째는 불을 피우는 일이며,

三者는 **澡豆**요 **四者**는 **楊枝**요 **五者**는 **淨灰**요
삼 자　 조 두　　사 자　 양 지　　오 자　 정 회

셋째는 비누요, 넷째는 양치질하는 나무며, 다섯째는 맑은 재요,

澡(조) 씻다 / 楊(양) 버들 / 灰(회) 재, 재를 만들다

六者는 **酥膏**요 **七者**는 **內衣**니 **擧此七事**하야
육 자　 소 고　　칠 자　 내 의　　거 차 칠 사

喩於七法이라
유 차 칠 법

여섯째는 우유 기름이며 일곱째는 속옷이다. 이렇게 일곱 가시 일을 들어서 일곱 가지 법에 비유한 것이다.

酥(소) 연유 / 膏(고) 살찌다

一切衆生이 用此七法하야 沐浴莊嚴하면
일 체 중 생   용 차 칠 법   목 욕 장 엄

能除三毒無明垢穢하나니라.
능 제 삼 독 무 명 구 예

일체중생이 이러한 일곱 가지 법을 써서 목욕하고, 장엄하면 삼독무명의 더러운 때를 제거할 수 있다.

沐(목) 머리를 감다 / 嚴(엄) 엄하다 / 垢(구) 때 / 穢(예) 더럽다

其七法者는 一者는 法戒니 洗溫愆非함이
기 칠 법 자   일 자   법 계   세 온 건 비

일곱 가지 법은 첫째는 법과 계율이다. 잘못된 허물을 씻어내는 것은

愆(건) 허물

猶如淨水하야 去諸塵垢요 二者는 智慧니
유 여 정 수   거 제 진 구   이 자   지 혜

마치 맑은 물이 모든 더러운 때를 씻어내는 것이요. 둘째는 지혜이다.

觀察內外함이 猶如燃火하야 能溫淨水요.
관 찰 내 외   유 여 연 화   능 온 정 수

안과 밖을 관찰하는 것은 마치 불을 피우면 맑은 물이 따뜻해지는 것과 같은 것이다.

三者는 **分別**이니 **揀棄諸惡**함이 **猶如澡豆**하야
　삼자　　분별　　　간기제악　　　　유여조두

셋째는 분별이다. 모든 악을 가려내는 것은 마치 비누가

揀(간) 가리다 / 棄(기) 버리다 / 豆(두) 콩

能淨垢膩요 **四者**는 **眞實**이니 **斷諸妄語**함이
　능정구니　　사자　　진실　　　단제망어

모든 때를 없애는 것과 같은 것이다. 넷째는 진실이다. 온갖 거짓말을 끊어버리는 것은

膩(니) 미끄럽다, 기름기 / 決(결) 터지다

猶如楊枝하야 **能消口氣**요 **五者**는 **正信**이니
　유여양지　　　능소구기　　오자　　정신

마치 양치질하는 나무가 모든 입안의 나쁜 냄새를 제거하는 것과 같은 것이다. 다섯째는 바른 믿음이다.

決意無慮함이 **猶如淨灰摩身**하야 **能壁諸風**이요.
　결의무려　　　유여정회마신　　　　능벽제풍

뜻을 결정하면 다른 생각 없는 것은 마치 맑은 재로 몸을 문지르면 모든 풍병을 물리치는 것과 같은 것이다.

慮(려) 생각하다 / 灰(회) 재 / 辟(벽) 임금, 막다, 방어하다

六者는 **調息柔軟**이니 **伏諸剛强**함이
　　육 자　　조 식 유 연　　　복 제 강 강

여섯째는 호흡을 유연하게 조절하는 것이다. 온갖 조급한 성질을 조절하는 것이다.

息(식) 숨쉬다 / 軟(연) 부드럽다, 연하다 / 剛(강) 단단하다 / 强(강) 굳세다

猶如酥膏하야 **通潤皮膚**요
　유 여 소 고　　　통 윤 피 부

마치 우유 기름이 피부를 촉촉하게 해주는 것과 같은 것이다.

潤(윤) 젖다 / 皮(피) 가죽 / 膚(부) 살갗

七者는 **慚愧**니 **悔諸惡業**이 **猶如內衣**하야
　칠 자　　참 괴　　회 제 악 업　　유 여 내 의
遮蔽醜形이니
 차 폐 추 형

일곱째는 부끄러워할 줄 아는 것이다. 모든 악을 뉘우치게 하는 것은 마치 속옷이 추한 알몸을 가려주는 것과 같은 것이다.

慚(참) 부끄러워하다 / 愧(괴) 부끄러워하다 / 悔(회) 뉘우치다 / 蔽(폐) 덮다 / 醜(추) 추하다 / 形(형) 형상, 몸

以上七事는 **並是經中秘密之藏**이라.
이상칠사　병시경중비밀지장

이 일곱 가지 일은 모두 경전 가운데에 은밀하게 숨겨져 있다.

幷(병) 어우르다 / 秘(비) 숨기다

如來當爾爲諸大乘利根者說이요.
여래당이위제대승리근자설

부처님께서 대승의 모든 영리한 근기들을 위하여 설하신 것이고

乘(승) 타다

非爲小乘智淺下劣者凡夫所說이어늘 **以今人**이
비위소승지천하열자범부소설　　　이금인

無能悟解로다.
무능오해

소승의 지혜가 천박한 하열한 범부들을 위해 설하신 것은 아니다. 요즘 사람은 좀처럼 깨달을 수 없다.

智(지) 슬기 / 淺(천) 얕다 / 劣(열) 못하다 / 凡(범) 무릇

其溫室者는 **則身**이 **是也**라. **所以**로 **燃智慧火**하야
기온실자　 즉신　 시야　　소이　 연지혜화

온실이라고 하는 것은 바로 몸을 말하는 것이다. 즉 지혜의 불을 피워서

溫淨戒湯하고 **沐浴身中眞如佛性**이니
온 정 계 탕　　목 욕 신 중 진 여 불 성

청정한 계율의 탕 물을 따뜻하게 하여 몸 가운데 있는 진여불성을 목욕시키되

湯(탕) 넘어지다

受持七法하야 **以自莊嚴**이니라.
수 지 칠 법　　이 자 장 엄

일곱 가지 법을 받들어 스스로 장엄하는 것이다.

莊(장) 풀, 성하다

當爾比丘가 **聰明利智**로 **皆悟聖意**하고 **如說修行**하야
당 이 비 구　총 명 이 지　개 오 성 의　　여 설 수 행

당시의 비구들은 총명하고 지혜가 뛰어났기 때문에 모두 부처님의 뜻을 깨달아 가르침대로 수행한 결과,

聰(총) 귀 밝다

功德成就하면 **俱登聖果**하나니라.
　　공 덕 성 취　　　구 등 성 과

공덕을 성취하여 모두 성인의 지위에 올랐다.

俱(구) 함께

今時衆生이 **愚癡鈍根**으로 **莫測斯事**하고
　금 시 중 생　　우 치 둔 근　　　막 측 사 사

將世間水하야
　장 세 간 수

지금 중생들은 어리석고 근기가 둔하여 이러한 이치를 헤아리지 못하고 세간의 물로써

莫(막) 없다 / 測(측) 재다

洗質碍身하고 **自言依敎**라 하니 **豈非誤也**리오.
　세 질 애 신　　자 언 의 교　　　　기 비 오 야

현상의 몸뚱아리를 씻으면서 스스로 가르침에 의지한다고 말하니 어찌 잘못이 아니겠는가?

碍(애) 거리끼다

且眞如佛性은 **非是凡形**이라.
　차 진 여 불 성　　비 시 범 형

그리고 참된 불성은 일반적인 모습이 아니다.

且(차) 또

煩惱塵垢가 **本來無相**이어늘 **豈可將有碍水**하야
번 뇌 진 구   본 래 무 상   기 가 장 유 애 수
洗無明身이리오.
세 무 명 신

번뇌의 때라고 해도 본래 형상이 없거늘 어찌 세간의 물을 가지고 무명의 몸을 씻겠는가?

事不相應이니 **云何悟道**리오.
사 불 상 응   운 하 오 도

사리에 맞지 않거늘 어찌 도를 깨달을 수 있으리오.

若言碍身이 **得淸淨者**인데 **常觀此身**은
약 언 애 신   득 청 정 자   상 관 차 신

만약 이 몸을 청정하게 하고자 한다면 항상 이 몸은

本因貪慾하야 **不淨所生**이라. **臭穢騈闐**이
본 인 탐 욕   부 정 소 생   취 예 병 전

본래 탐욕으로 인하여 부정한 곳에서 생겨난 것, 그러니 냄새 나고 더러운 똥이 뒤섞여

臭(취) 냄새 / 穢(예) 더럽다, (니) 진흙 / 闐(전) 성하다

內外充塞하니 若洗此身하야 求於淨者인데
내 외 충 색　　약 세 차 신　　구 어 정 자

안팎으로 가득하구나! 하고 관하라 하니, 만약 이 몸을 씻어서 깨끗해지기를 바란다면

充(충) 차다 / 塞(새) 변방, (색) 막히다

猶如洗泥에 終無得淨이니
유 여 세 니　　종 무 득 정

마치 진흙을 씻더라도 영원히 맑아질 수 없는 것과 같다.

終(종) 끝나다

如此驗之하면 明知外洗가 非佛說也니라.
여 차 험 지　　명 지 외 세　　비 불 설 야

이로 미루어 보면, 겉몸을 씻는 것은 부처님께서 말씀하신 의도가 아님을 분명히 알 수 있다."

驗(험) 증험하다, (변) 나란히 하다

明念佛
명 염 불

염불을 밝히다

又問曰 經所說言에 **志心念佛**하면
우 문 왈 경 소 설 언   지 심 염 불
必得往生西方淨土라 하시니
필 득 왕 생 서 방 정 토

혜가 스님이 질문했다. "경전에서는 지극한 마음으로 염불하면 반드시 서방정토에 왕생할 수 있다고 하셨습니다.

以此妙門으로 **則應成佛**이어늘 **如何觀心**하야
이 차 묘 문   즉 응 성 불   여 하 관 심
求於解脫이닛고.
구 어 해 탈

이러한 미묘한 법문대로면 바로 성불할 수 있습니다. 그런데

어찌 마음만 관하여 해탈을 구하라고 말씀하십니까?"

答曰 夫念佛者는 當修正念이니
답 왈 부염불자　　당 수 정 념

달마 대사가 대답했다. "염불이란 마땅히 바른 생각을 닦는 것이다.

了義가 爲正이오 不了義가 爲邪라.
요 의　위 정　　불 요 의　위 사

궁극적인 의미를 바르다고 말하고, 궁극적이 아닌 의미를 삿되다고 한다.

正念은 必得西方이니라. 邪念이 云何達彼리오.
정 념　필 득 서 방　　　사 념　운 하 달 피

바른 생각은 반드시 정토에 왕생할 수 있지만 삿된 생각으로 어찌 서방정토에 왕생할 수 있겠는가?

佛者는 覺也니 所謂覺察身心하야
불 자　각 야　소 위 각 찰 신 심

부처란 깨달았다는 뜻이다. 즉 몸과 마음을 바르게 관찰하여

勿令起惡이요 **念者**는 **憶也**니
물 령 기 악　　염 자　억 야

악이 일어나지 않게 하는 것이다. 생각한다는 것은 기억한다는 뜻이다.

憶(억) 생각하다

所謂憶持戒行하야 **不忘精勤**이라.
소 위 억 지 계 행　　　불 망 정 근

즉 계행을 잘 기억하여 지키되 잊지 않고 열심히 정진하는 것이다.

了如是義하면 **名爲正念**이라 **故知念在於心**이요
요 여 시 의　　　명 위 정 념　　고 지 념 재 어 심

不在於言也니라.
부 재 어 언 야

이와 같은 이치를 알아야 비로소 바른 생각이라 말 할 수 있다. 그러므로 생각은 마음에 있는 것이지 말에 있는 것이 아님을 분명히 알아야 한다.

因筌求魚에 **得魚忘筌**이요 **因言得意**나
인 전 구 어　　득 어 망 전　　인 언 득 의

得意忘言이니라.
득 의 망 언

통발로 고기를 잡을 때 고기를 잡고 나면 통발은 잊어버린다는 말을 통해 그 의미를 알고 나면, 뜻은 얻고 말은 잊어버린다.

忘(망) 잊다 / 筌(전) 통발

既稱念佛之名인데 **須行念佛之體**라.
기 칭 염 불 지 명　　수 행 염 불 지 체

이미 염불이라는 명칭을 붙였다면 반드시 염불의 본체를 실천해야 한다.

若念無實體하고 **口誦空名**이면 **徒自虛空**이라.
약 념 무 실 체　　구 송 공 명　　도 자 허 공

有何成益이리요.
유 하 성 익

만약에 염불에 본체가 없고 입으로만 헛되이 명호를 부른다면 부질없이 헛된 것이니 무슨 이익이 있겠는가?

誦(송) 외다

且如誦之與念이 **名義**가 **懸殊**하니
차 여 송 지 여 념　명 의　현 수

또한 송히다는 것과 염한다는 것은 그 의미가 분명히 다르다.

懸(현) 매달다 / 殊(수) 죽이다 / 懸殊(현수) 동떨어지다, 멀리, 아득하다

在口曰誦이요 **在心曰念**이라.
　　재 구 왈 송　　　재 심 왈 념

입으로 부르는 것은 송한다고 하고 마음으로 하는 것은 염한다고 한다.

故知念從心起라 **名爲覺行之門**이요
　고 지 념 종 심 기　　　명 위 각 행 지 문

그러므로 염하는 것은 마음에서 일어나며 그것을 일러 깨달음을 여는 수행의 문이라고 한다.

誦在口中이니 **卽是音聲之相**이라.
　송 재 구 중　　　즉 시 음 성 지 상

송하는 것은 입에 있는 것이며 이것은 음성의 모습임을 알아야 한다.

執相求福이 **終無是乎**인저.
　집 상 구 복　　　종 무 시 호

형상에 집착하여 복을 구하면 그것은 결코 옳지 않다.

第二十九節
證明六道
증명육도

육도윤회를 밝히다

故로**經**에 **云**하사되 **凡所有相**이
고 경 운 범소유상

皆是虛妄이라 하시고
개시허망

그러므로 경전에서는 말하기를, '무릇 형상이 있는 것은 모두가 허망하다'고 하셨다.

又云若以色見我거나 **以音聲求我**하면 **是人**은
우운약이색견아 이음성구아 시인

行邪道라 **不能見如來**라 하시니
행사도 불능견여래

또한 '만약 형상으로써 나를 보려고 하거나 음성으로써 나를

구하려고 한다면 이 모든 사람은 사도를 행하는 자이니 결코 여래를 볼 수 없으리라'고 하셨다.

以此觀之컨대 **乃知事相**은 **非眞正也**니라.
　이 차 관 지　　내 지 사 상　　비 진 정 야

이로써 살펴볼 때 사물의 형상은 진실로 바르다고 할 수 없다.

故知過去諸聖所修功德이 **皆非外說**이요 **唯只論心**이니
　고 지 과 거 제 성 소 수 공 덕　　개 비 외 설　　유 지 논 심

그러므로 과거 여러 성인들이 닦은 공덕은 모두 다른 것이 아니라 오직 마음을 논하였을 뿐임을 알아야 한다.

只(지) 다만

心是衆聖之源이며 **心爲萬惡之主**라.
　심 시 중 성 지 원　　심 위 만 악 지 주

마음은 바로 여러 성인들의 근원이 되기도 하지만 마음은 모든 악의 주인이 되기도 한다.

涅槃常樂[22]이 由自心生이요.
열 반 상 락   유 자 심 생

열반상락이 마음에서 생김이요.

三界輪廻도 亦從心起니 心爲出世之門戶며
삼 계 윤 회   역 종 심 기   심 위 출 세 지 문 호

心是解脫之關津이라.
심 시 해 탈 지 관 진

삼계윤회 또한 마음으로부터 일어난다. 마음은 세간을 초월하는 문턱이며 마음은 해탈의 나루터이다.

知門戶者가 豈慮難成이며 識關津者가
지 문 호 자   기 려 난 성   식 관 진 자

何憂不達이리오.
하 우 부 달

문턱을 안다면 어찌 이루지 못할까 염려하겠는가? 나루터를 안다면 어찌 거기에 도달하지 못할까 걱정하리오.

慮(려) 생각하다 / 難(난) 어려워하다 / 識(식) 알다 / 關(관) 빗장 / 津(진) 나루터 / 憂(우) 근심하다

---

22 상락(常樂) : ① 상과 낙이 상주하여 고통이 없이 편함 ② 늘 즐거움으로 나아가 상락아정(常樂我淨)은 범부의 전도망상을 무상(無常), 무아(無我), 정(淨)으로 생각하여 영원하고 안락한 상태를 말함. 열반의 경지는 절대이고 고통과 더러움을 여읜 덕을 말함.

妄營佛像塔廟
망 영 불 상 탑 묘

바르게 불상과 절을 조성하라

竊見하니 今時淺識이 唯知立相爲功하고
절 견   금 시 천 식   유 지 입 상 위 공

요즈음의 어리석은 사람들을 가만히 살펴보면 오직 형상을 조성하는 것으로써 공덕을 삼는다.

營(영) 경영하다 / 廟(묘) 사당 / 竊(절) ① 훔치다 ② 살며시, 몰래, 자기 혼자서

廣費財寶하며 多傷水陸하야 妄營像塔하며
광 비 재 보   다 상 수 륙   망 영 상 탑

재물을 많이 허비하고 물과 땅을 많이 손상시키면서 헛되이 불상과 탑을 세운다.

費(비) 쓰다 / 財(재) 재물

虛役人功하야 **積木壘泥**하고 **塗靑畵綠**하며
허 역 인 공   적 목 루 니   도 청 화 록

사람들의 공력을 수고스럽게 하면서 나무와 흙을 쌓아올린다. 온갖 색깔을 써서 단청을 하여

役(역) 부리다 / 壘(루) 성, 쌓다 / 塗(도) 진흙 / 畵(화) 그림

傾心盡力하야 **損己迷他**하고 **未解慙愧**하니
경 심 진 력   손 기 미 타   미 해 참 괴

몸과 마음을 다 기울여 보지만 자기도 손해되고 남도 혼란스럽게 만든다. 그러나 부끄러워할 줄 모르니

傾(경) 기울다

何曾覺悟리오. **見有爲則勤勤愛着**하고 **說無相**하면
하 회 각 오   견 유 위 즉 근 근 애 착   설 무 상

則兀兀如迷로다.
즉 올 올 여 미

어찌 깨달을 수 있겠는가? 유위의 (함이 있는) 일에는 부지런하고 애착을 가지지만 절대 진리를 설명하면 즉 멍청하고 미혹하구나!

兀(올) 우뚝하다

且貪世上之小樂하고 不覺當來之大苦하니
차 탐 세 상 지 소 락   불 각 당 래 지 대 고

세상의 작은 쾌락을 탐닉하다가 미래의 세상에서 큰 고통을 깨닫지 못한다.

此之修學은 徒自疲勞니라. 背正歸邪하고
차 지 수 학   도 자 피 로   배 정 귀 사

誑言獲福이로다.
광 언 획 복

이러한 행위들은 부질없이 스스로를 피로하게 만들 뿐이며 올바른 길을 등지고 삿된 길로 가는 것이므로 결코 복을 얻을 수 없다.

勞(로) 일하다 / 背(배) 등 / 誑(광) 속이다 / 獲(획) 얻다

結歸觀心
결 귀 관 심

간절히 마음을 관하라

但能攝心內照하야 **覺觀**이 **常明**하고
단 능 섭 심 내 조   각 관   상 명

오직 마음을 잘 간수하고 안으로 비춰서 올바르게 관찰하여 항상 밝게 해야 한다.

結(결) 맺다

絶三毒心하야 **永使消亡**하고 **閉六賊門**하야
절 삼 독 심   영 사 소 망   폐 육 적 문

不令侵擾하면
불 령 침 요

세 가지 독한 마음을 끊어서 영원히 녹여 없애고 육적의 문을

잘 단속하여 다시는 침범하지 못하게 하면

絶(절) 끊다 / 使(사) 하여금 / 閉(폐) 닫다 / 侵(침) 범하다 / 擾(요) 어지럽다

自恒沙功德으로 **種種莊嚴**과 **無量法門**을
자 항 사 공 덕　　종 종 장 엄　　무 량 법 문

一一成就하야
일 일 성 취

갠지스 강의 모래알과 같은 공덕과 갖가지 장엄과 한량없는 법문을 모두 성취할 것이다.

超凡證聖이 **目擊非遙**라.
초 범 증 성　　목 격 비 요

범부를 초월하여 성인의 경지를 증득함이 눈 깜짝할 사이에 이루어지리라.

證(증) 증거 / 擊(격) 부딪치다 / 遙(요) 멀다, 아득하다

悟在須臾어니 **何煩皓首**리오.
오 재 수 유　　하 번 호 수

깨달음은 일순간에 있거늘 어찌 머리가 하얗게 되도록 괴로워하겠는가?

煩(번) 괴로워하다 / 皓(호) 희다 / 首(수) 머리

眞門幽秘를 **寧可具陳**가.
진 문 유 비   영 가 구 진

참된 법문은 깊고 비밀한데 어찌 다 말로 설명하리오.

幽(유) 그윽하다 / 秘(비) 숨기다 / 寧(녕) ① 편안하다 ② 문안하다, 친정 부모를 찾아보다 ③ 어찌 / 具(구) 갖추다 / 陳(진) 늘어놓다

略說觀心하야 **詳其少分**하니라.
약 설 관 심   상 기 소 분

마음 관하는 법을 간략히 설명하고자 조금이나마 자세히 밝히려 했다."

略(략) 다스리다 / 詳(상) 자세하다

偈頌
게 송

我本求心心自持
아 본 구 심 심 자 지

내가 본래 마음을 구하였으나 마음은 그냥 그 자리에 있더라.

求心不得待心知
구 심 부 득 대 심 지

마음을 구함에 마음을 기다려 알려고 하지 말라.

佛性不從心外得
불 성 부 종 심 외 득

불성은 마음 밖에서 따로 얻을 수 없음이니,

心生便是罪生時
심 생 변 시 죄 생 시

마음이 일어나는 즉시 죄가 일어나는 때이니라.

我本求心不求佛
아 본 구 심 불 구 불

내가 본래 마음을 구하고자 함이지 부처를 구한 것은 아니니,

了知三界空無物
요 지 삼 계 공 무 물

삼계가 공하여 한 물건도 없는 줄을 알지니라.

若欲求佛但求心
약 욕 구 불 단 구 심

부처를 구하고자 한다면 다만 마음만을 구할지니,

只這心心心是佛
<small>지 저 심 심 심 시 불</small>

단지 이 마음, 마음 하는 마음이 부처이니라.

觀心論 終

悟性論

오성론

夫道者는 **以寂滅¹爲體**하고 **修者**는
以離相爲宗이니라.

도(道)는 적멸로써 체를 삼고, 닦는다[修]는 것은 형상[相]을 떠나는[離] 것으로써 근본[宗]을 삼는다.

故經云하되 **寂滅是菩提**이니 **滅諸相故**니라 하고
佛者覺也니 **人有覺心**하야 **得菩提道**할새
故名爲佛이니라.

그러므로 경에 이르길 "적멸이 바로 보리(菩提)이니, 모든 형상[相]을 멸하였기 때문이니라." 하시고, 부처[佛]라는 것은 깨달음[覺]이니 사람에게는 깨닫는 마음[覺心]이 있어서 보리도(菩提道)를 얻기 때문에 부처라 한다.

---

1 적멸(寂滅) : 범어 nirvāṇa를 번역한 것이며 줄여서 멸(滅)이라고도 함. 평안해지는 상태. 번뇌의 불을 완전히 꺼버린 마음의 궁극적인 고요함으로 열반의 경계가 무상(無上)의 즐거운 곳임을 뜻하여 '적멸위락(寂滅爲樂)'이라 하기도 함.

經云하되 離一切諸相이 卽名諸佛이라 하니
경 운   이 일 체 제 상   즉 명 제 불

是知有相이 是無相之相이라.
시 지 유 상   시 무 상 지 상

경에 이르길 "일체 모든 상을 여의는 것을 곧 모든 부처라 부른다" 하시니, 이는 형상이 있는 모습[有相]이 곧 형상이 없는 모습[無相]의 상(相)인 줄 아는 것이다.

不可以眼見이요 唯可以智知니라.
불 가 이 안 견   유 가 이 지 지

육안으로 볼 수 있는 것이 아니요, 오직 지혜로써만 알 수 있는 것이다.

若聞此法者가 生一念信心하면 此人以發大乘하야
약 문 차 법 자   생 일 념 신 심   차 인 이 발 대 승

超三界니라.
초 삼 계

만약 이 법을 듣는 자가 한 생각 믿는 마음을 내면, 이 사람은 대승을 발함으로써 이에 삼계를 초월하게 된다.

三界者는 貪嗔癡가 是이니 返貪嗔癡하야
삼 계 자   탐 진 치   시   반 탐 진 치

爲戒定慧하면 **卽名超三界**니라.
위 계 정 혜　　　즉 명 초 삼 계

삼계(三界)라는 것은 탐내고 성내고 어리석은 것이다(탐냄[貪], 성냄[嗔], 어리석음[癡]을 말한다). 탐·진·치를 돌이켜 계(戒)·정(定)·혜(慧)로 삼으면 곧 삼계를 초월한다고 한다.

然이나 **貪嗔癡亦無實性**하야 **但據衆生而言矣**니라.
연　　탐 진 치 역 무 실 성　　　단 거 중 생 이 언 의

그러나 탐욕과 성냄과 어리석음이 또한 실다운 성품자성[實性]이 없어서 다만 중생을 의거해서 말했을 뿐이다.

據(거) 의거하다 / 矣(의) 어조사. 단정, 한정, 의문을 나타낼 때 사용

若能返照[2]하야 **了了見**하면 **貪嗔癡性**이 **卽是佛性**이요
약 능 반 조　　　요 료 견　　　탐 진 치 성　　즉 시 불 성

능히 돌이켜 비추어서[返照] 밝고 밝게 본다면 탐·진·치의 성품이 바로 불성이요,

貪嗔癡外에 **更無別有佛性**이니라.
탐 진 치 외　　갱 무 별 유 불 성

탐·진·치 이외에 결코 다른 불성은 없다.

2　반조(返照) : 회광반조(回光返照)의 줄임말로서 자신에게 내재한 지혜의 빛을 발하여 자기 자신을 반성하고 진실한 자신을 발견하는 것.

經云하되 諸佛從本來로 常處於三毒하야
경 운　　제 불 종 본 래　　상 처 어 삼 독

長養於白法[3]하고 而成於世尊이라 하니 三毒者는
장 양 어 백 법　　　이 성 어 세 존　　　삼 독 자

貪嗔癡也요.
탐 진 치 야

경에 이르길, "모든 부처님은 본래부터 항상 삼독에 처하여 청정한 법[白法]을 오래도록 길러서 세존이 되셨느니라." 하시니, 삼독이라는 것은 탐욕과 성냄과 어리석음이요,

---

養(양) 기르다, 사육하다

言大乘最上乘者는 皆是菩薩所行之處요 無所不乘이며
언 대 승 최 상 승 자　　개 시 보 살 소 행 지 처　　무 소 불 승

亦無所乘하야 終日乘하되 未嘗乘이 此爲佛乘이니라.
역 무 소 승　　　종 일 승　　　미 상 승　　차 위 불 승

대승(大乘)이니 최상승(最上乘)이니 하는 것은 모두 보살이 행할 바를 말하는 것이다. 타지 않는 바도 없고 또한 탄 바도 없어서 종일 타도 탄 바가 없으니 이것을 불승(佛乘)이라 한다.

嘗(상) 맛보다, 일찍이, 늘

3　백법(白法) : 결백 청정한 법인 선법(善法)을 말함. 계, 정, 혜의 삼학(三學)과 보시, 지계, 인욕, 정진, 선정, 지혜의 육도(六度) 등 선근공덕의 유루(有漏)의 선법을 일컬음.

經云하되 **無乘爲佛乘也**라 하니 **若人知六根不實**하고
경 운   무 승 위 불 승 야   약 인 지 육 근 부 실
五蘊假名하야 **遍體[4] 求之**하야도 **必無定處**하니
오 온 가 명   편 체 구 지   필 무 정 처

경전에서 이르길 "무승(無乘)이 불승이라." 하시니, 만약 사람이 육근은 참되지 않고 오온이 거짓된 이름임을 안다면, 온몸으로 찾을지라도 반드시 정해진 곳은 없음을 알게 된다.

蘊(온) 쌓다, 모으다

當知此人은 **解佛語**니라.
당 지 차 인   해 불 어

이런 사람은 부처님의 말씀을 이해하는 사람이다.

經云하되 **五蘊窟宅**이 **名禪院**이요, **內照開解**하면
경 운   오 온 굴 택   명 선 원   내 조 개 해
卽大乘門이며 **可不明哉不憶一切法**이
즉 대 승 문   가 불 명 재 불 억 일 체 법
乃名爲禪定이라 하니
내 명 위 선 정

경에 이르길, "오온의 집[窟宅]이 바로 선원(禪院)이요, 안으로

---

4   편체(遍體) : 혼신(渾身), 만신(滿身)과 같음.

비추어 열어 알면 곧 대승의 문이며, 명확하지 않는 일체법을 기억하지 않는 것을 선정[禪]이라 이름하느니라." 하시니,

---

窟宅(굴택) 소굴, 지하의 주거지, 동굴

若了此言者는 **行住坐臥**가 **皆禪定**이요.
　약 료 차 언 자　　행 주 좌 와　　개 선 정

만약 이 말을 깨달은 사람은 다니고[行], 머무르고[住], 앉고[坐], 눕는 것[臥]이 모두 선정이요,

知心是空하면 **名爲見佛**이니 **何以故**오.
　지 심 시 공　　명 위 견 불　　　하 이 고

마음이 공한 줄 알아 부처님을 보았다고 한다. 왜 그러한가?

十方諸佛이 **皆以無心**으로 **不見於心**이
　시 방 제 불　 개 이 무 심　　 불 견 어 심

名爲見佛이라 하느니라.
　명 위 견 불

시방의 모든 부처님께서는 다 무심(無心)으로 마음을 보지 않는 게 부처님을 보는 것[見佛]이 된다고 말하기 때문이다.

捨身不悋이 名大布施이며 離諸動定이
사 신 불 린   명 대 보 시   이 제 동 정

名大坐禪이니라.
명 대 좌 선

몸을 사리지 않는 것을 훌륭한 보시[大布施]라 하며, 모든 움직이는 것[動]과 고요한 것[定]을 여의는 것을 훌륭한 좌선[大坐禪]이라 말한다.

悋(린) 아끼다, 소중히 여기다

何以故오.
하 이 고

어째서인가?

凡夫一向動하고 小乘一向定하니
범 부 일 향 동   소 승 일 향 정

謂出過凡夫小乘之坐禪을 名大坐禪이니라.
위 출 과 범 부 소 승 지 좌 선   명 대 좌 선

범부는 한결같이 움직이고, 소승(小乘)은 한결같이 고요하니, 범부와 소승의 좌선을 벗어난 것을 훌륭한 좌선이라고 한다.

若作此會者는 一切諸相을 不求自解며
약 작 차 회 자   일 체 제 상   불 구 자 해

만약 이 도리를 안다면 일체 모든 상을 구하지 않아도 저절로 알 것이며,

一切諸病을 **不治自差**이니 **此皆大禪定力**이니라.
일 체 제 병　　불 치 자 차　　　차 개 대 선 정 력

일체 모든 병을 다스리지 않아도 저절로 나을 것이니, 이것이 모두 훌륭한 선정의 힘이다.

凡將心求法者는 **爲迷**요 **不將心求法者**는 **爲悟**며
범 장 심 구 법 자　　위 미　　부 장 심 구 법 자　　위 오
不著文字名解脫이요
부 저 문 자 명 해 탈

대개 마음을 가지고 법을 구한 이는 미혹해지고, 마음을 가지지 않고 법을 구하는 이는 깨닫게 되며, 문자에 집착하지 않는 것을 해탈이라 하며,

---

將(장) 장수, 장차, 거느리다 / 迷(미) 미혹하다, 유혹하다

不染六塵[5]名護法이며 出離生死名出家요
불 염 육 진 명 호 법　　출 리 생 사 명 출 가

여섯 경계[六塵]에 물들지 않는 것을 호법(護法)이라 하며, 생사를 벗어나는 것을 출가라 하며,

染(염) 물들이다, 적시다

不受後有名得道며 不生妄想名涅槃이요
불 수 후 유 명 득 도　　불 생 망 상 명 열 반

다음 생의 몸[後有]을 받지 않는 것을 도를 얻었다[得道]고 하며, 망상을 내지 않는 것을 열반이라 하고,

不處無明爲大智慧며 無煩惱處名般涅槃[6]이요
불 처 무 명 위 대 지 혜　　무 명 번 처 명 반 열 반

무명에 처하지 않는 것을 대지혜라 하며, 번뇌가 없는 곳을 반열반이라 하고,

5　육진(六塵) : 중생의 마음을 더럽히는 여섯 가지. 눈으로 보는 색경(色境), 귀로 듣는 성경(声境), 코로 냄새를 맡는 향경(香境), 입으로 맛을 아는 미경(味境), 몸으로 느끼는 촉경(触境), 마음으로 아는 법경(法境)을 말함.

6　반열반(般涅槃) : 범어 parinirvāṇa의 음역으로 원적(圓寂)이라 번역한다. 열반과 같은 뜻으로 영원히 일체의 번뇌와 재난을 끊은 경지를 말함. 석존이 무여열반(無餘涅槃)에 드는 것을 가리킴.

無心相處名爲彼岸[7]이니라.
무 심 상 처 명 위 피 안

상(相)이 없는 곳을 피안이라 한다.

迷時有此岸이나 **若悟時無此岸**이니라.
미 시 유 차 안   약 오 시 무 차 안

미혹할 때에는 차안(此岸)이 있으나, 깨달을 때에는 차안이 없다.

何以故오.
하 이 고

왜 그러한가?

爲凡夫一向住此나 **若覺最上乘者**는 **心不住此**하고
위 범 부 일 향 주 차   약 각 최 상 승 자   심 부 주 차
亦不住彼니
역 부 주 피

범부는 한결같이 여기에 머무르지만, 만약 최상승(最上乘)을 깨닫는다면 마음이 여기에 머무르지 않고 또한 저기에도 머무르지 않는다.

---

7   피안(彼岸) : 진리를 깨닫고 도달할 수 있는 이상적 경지를 나타낸 말.

故能離於此彼岸也이니라.
고 능 이 어 차 피 안 야

그러므로 차안과 피안을 벗어나는 것이니라.

若見彼岸異於此岸하면 **此人之心已得無禪定**이라.
약 견 피 안 이 어 차 안　　차 인 지 심 이 득 무 선 정

만약 피안이 차안과 다르다고 본다면 이 사람의 마음에는 이미 선정이 없는 것이다.

煩惱名衆生하고 **悟解名菩提**하나니
번 뇌 명 중 생　　오 해 명 보 리

번뇌를 중생이라 하고, 깨달아 아는 것을 보리(菩提)라 하니,

亦不一不異하야 **只隔其迷悟耳**니라.
역 불 일 불 이　　지 격 기 미 오 이

또한 같지도 않고 다르지도 않아서 단지 그 미혹함과 깨달음이 간격이 있을 뿐이다.

隔(격) 사이가 뜨다, 거리, 치다 / 耳(이) 귀, 어조사

迷時에는 **有世間可出**이나 **悟時**에는 **無世間可出**이니
미 시　　유 세 간 가 출　　오 시　　무 세 간 가 출

미혹할 때에는 벗어날 세간이 있으나, 깨달을 때에는 벗어날 세간이 없다.

平等法中에는 **不見凡夫異於聖人**이니라.
　평등법중　　불견범부이어성인

평등한 법에는 범부가 성인과 다르다는 것을 볼 수 없다.

經云하되 **平等法者**는 **凡夫不能入**하고
　경운　　평등법자　범부불능입

聖人不能行이라 하니
　성인불능행

경에 "평등법(平等法)이란 범부는 능히 들어가지 못하고, 성인은 능히 행하지 못하는 것이니라." 하시니

平等法者는 **唯有大菩薩與諸佛如來行也**니라.
　평등법자　유유대보살여제불여래행야

평등법은 오직 대보살과 모든 부처님만이 행하시는 것이다.

唯(유) 오직, 누구, 대답하다 / 與(여) 주다, 참여하다, 어조사

若見生異於死하고 **動異於靜**하면 **皆名不平等**하고
약 견 생 이 어 사 동 이 어 정 개 명 불 평 등

만약 삶이 죽음과 다르고, 움직임이 고요함과 다르다고 본다면 모두 불평등이라 하고,

不見煩惱異於涅槃이 **是名平等**이니라.
불 견 번 뇌 이 어 열 반 시 명 평 등

번뇌가 열반과 다르다고 보지 않는 것을 평등이라 한다.

何以故오.
하 이 고

왜 그러한가?

煩惱與涅槃이 **同是一性空故**라.
번 뇌 여 열 반 동 시 일 성 공 고

번뇌와 열반이 다 같이 하나의 성품으로 공(空)하기 때문이다.

是以로 **小乘人妄斷煩惱**하고 **妄入涅槃**하야
시 이 소 승 인 망 단 번 뇌 망 입 열 반

爲涅槃所滯이나
위 열 반 소 체

그러므로 소승의 사람은 망령되게 번뇌를 끊고, 망령되이 열반에 들어가서 열반에 막히는 바가 되지만,

妄(망) 망령되다, 허망하다, 속이다, 대개 / 斷(단) 끊다, 결단하다, 단념하다 / 滯(체) 막히다, 빠지다, 골똘하다

菩薩知煩惱性空하야도 **即不離空**으로
보 살 지 번 뇌 성 공　　즉 불 리 공
故常在涅槃이니라.
고 상 재 열 반

보살은 번뇌의 성품이 공한 줄 알더라도 곧 공한 것을 여의지 않기 때문에 항상 열반에 있게 된다.

涅槃者는 **涅而不生**이요 **槃而不死**이니 **出離生死**를
열 반 자　열 이 불 생　　반 이 불 사　　출 리 생 사
出般涅槃이니라.
명 반 열 반

열반은 열(涅)은 나지 않음이요, 반(槃)은 죽지 않는 것이다. 따라서 생사(生死)를 벗어나는 것을 열반이라 한다.

心無去來하면 **即入涅槃**이니 **是知涅槃**이 **即是空心**이요
심 무 거 래　　즉 입 열 반　　시 지 열 반　즉 시 공 심

마음에 가고 옴이 없으면 곧 열반에 드는 것이다. 이렇게 열

반은 곧 텅 빈 마음임을 알아야 한다.

諸佛入涅槃者는 爲在無妄想處이며
<small>제 불 입 열 반 자　위 재 무 망 상 처</small>

모든 부처님께서 열반에 드신다고 하심은 곧 망상이 없는 것이며,

菩薩入道場者는 卽是無煩惱處이니라.
<small>보 살 입 도 량 자　즉 시 무 번 뇌 처</small>

보살이 도량(道場)에 들어간다고 함은 곧 번뇌가 없는 것이다.

空閑處者는 卽是無貪嗔癡也이니
<small>공 한 처 자　즉 시 무 탐 진 치 야</small>

텅 비어 한가한 곳[空閑處]이란 곧 탐욕과 성냄과 어리석음이 없는 것이니,

貪爲欲界요 嗔爲色界며 癡爲無色界이니라.
<small>탐 위 욕 계　진 위 색 계　치 위 무 색 계</small>

탐심은 욕계가 되고, 성냄은 색계가 되고, 어리석은 마음은 무색계가 된다.

若一念心生하면 即入三界요 一念心滅하면
약 일 념 심 생　　즉 입 삼 계　　일 념 심 멸

即出三界이니
즉 출 삼 계

만약 한 찰나 마음이 생기면 곧 삼계에 들어가게 되고 한 찰나 마음이 멸하면 곧 삼계를 벗어나게 된다.

是知三界生滅과 萬法有無가 皆由一心[8]이니라.
시 지 삼 계 생 멸　　만 법 유 무　　개 유 일 심

이것은 삼계의 생멸과 만법의 유무가 모두 일심에서 비롯되기 때문이다.

凡言一法者는 似破瓦石竹木無情[9]之物하니
범 언 일 심 자　　사 파 와 석 죽 목 무 정 지 물

대개 일심(一心)이란 깨진 기와조각, 대나무 등의 무정물과 같은 것으로

似(사) 닮다, 같다, 흉내 내다 / 破(파) 깨뜨리다, 무너지다, 무너지다, 다하다 / 瓦(와) 기와, 질그릇, 실패

8　일심(一心) : 우주의 근본 원리로서 만유의 실체인 절대 무이(無二)의 심성, 진여(眞如), 여래장심(如來藏心)을 말함.

9　무정(無情) : 정신의 작용이 없는 것으로 돌, 산, 바다 등과 같은 무정물의 총칭. 유정(有情)의 반대.

若知心是假名하야 **無有實體**하면
약 지 심 시 가 명　　무 유 실 체

만약 마음이 거짓 이름이어서 실체가 없는 줄을 안다면

即知自家之心 亦是非有이며 **亦是非無**이니라.
즉 지 자 가 지 심 역 시 비 유　　역 시 비 무

곧 자기의 마음 또한 있지 않고, 없지도 않은 것임을 알리라.

何以故오.
하 이 고

어째서 그러한가?

凡夫一向生心하니 **名爲有**요
범 부 일 향 생 심　　명 위 유

범부는 한결같게 마음을 내려 하니 '있다[有]'함이요,

小乘一向滅心하니 **名爲無**이나
소 승 일 향 멸 심　　명 위 무

소승은 한결같게 마음을 멸하려 하니 '없다[無]'고 하지만,

菩薩與佛未曾生心하고 **未曾滅心**하니
보 살 여 불 미 증 생 심　　미 증 멸 심
名爲非有非無心이니라.
명 위 비 유 비 무 심

보살과 부처님께서는 일찍이 마음을 낸 적이 없었고, 일찍이 마음을 멸한 적도 없었으니 있지도 않고 없지도 않는 마음이라 한다.

曾(증) 일찍, 곧, 거듭나다

非有非無心이 **此名爲中道**[10]니라.
비 유 비 무 심　　차 명 위 중 도

있지도 않고 없지도 않는 마음, 이것을 중도(中道)라 한다.

是知持心學法은 **則心法俱迷**요
시 지 지 심 학 법　　즉 심 법 구 미

이 마음을 가지고 법을 배우는 것은 곧 마음[心]과 법(法)을 함께 알지 못하는 것이다.

俱(구) 함께, 갖추다, 같다

10　중도(中道) : 범어 maddhyamā-pratipad를 번역한 말로서 이변(二邊), 곧 양극단이 멀어지므로 얻을 수 있는 것. 생멸(生滅), 상단(常斷), 일이(一異), 내출(來出) 등의 이변을 초월하여 얻은 중정(中正)한 도라는 뜻으로 중로(中路), 혹은 단순히 중(中)이라고도 함.

不持心學法은 **則心法俱悟**이니라.
부 지 심 학 법   즉 심 법 구 오

마음을 가지지 않고 법을 배우는 것은 곧 마음과 법을 함께 깨닫는 것이다.

凡迷者는 **迷於悟**하고 **悟者**는 **悟於迷**이니라.
범 미 자   미 어 오   오 자   오 어 미

대개 미혹이란 깨달음에 미혹한 것이요, 깨달음이란 미혹을 깨달은 것이다.

正見之人은 **知心空無**하야 **即超迷悟**하되
정 견 지 인   지 심 공 무   즉 초 미 오

無有迷悟하니 **始名正解正見**이니라.
무 유 미 오   시 명 정 해 정 견

바른 견해[正見]를 가진 사람은 마음이 텅 비어 없는 줄 알아서 곧 미혹과 깨달음을 초월하되 미혹과 깨달음이 없으니, 이것을 바르게 알고 바르게 본다[正解正見]고 말한다.

色不自色이라 **由心故色**이며 **心不自心**이라
색 부 자 색   유 심 고 색   심 부 자 심

由色故心이니 **是知心色兩相俱生滅**이니라.
유 색 고 심   시 지 심 색 양 상 구 생 멸

색(色)은 스스로 색이 아니라 마음으로 말미암기 때문에 색이며, 마음은 스스로 마음이 아니라 색으로 말미암기 때문에 마음이니, 마음과 색의 두 가지 모습[相]이 모두 생멸이 있음을 알라.

有者有於無요 **無者無於有**이니 **是名眞見**이니라.
유 자 유 어 무   무 자 무 어 유   시 명 진 견

있다[有]는 것은 없음[無]에 대하여 있음이요, 없다[無]는 것은 있음[有]에 대하여 없음이니, 이것을 참되게 보는 것[眞見]이라 한다.

夫眞見者는 **無所不見**하고 **亦無所見**하야
부 진 견 자   무 소 불 견   역 무 소 견

見滿十方하야 **未曾有見**이니라.
견 만 시 방   미 증 유 견

참되게 본다는 것은 보지 않는 바가 없고 또한 보는 바가 없어서, 보는 것이 시방에 가득하여 일찍이 보는 게 있지 않다.

何以故오
하 이 고

왜 그러한가?

無所見故며 **見無見故**라 **見非見故**로 **凡夫所見**은
무 소 견 고　　　견 무 견 고　　　견 비 견 고　　　범 부 소 견
皆名妄想이니라.
개 명 망 상

보는 바가 없기[無所見] 때문이며, 보아도 보는 게 없기[見無見] 때문이며, 보아도 보는 게 아니기[見非見] 때문에 범부가 보는 바는 모두 망상(妄想)이라 한다.

若寂滅無見하면 **始名眞見**이니라.
약 적 멸 무 견　　　　시 명 진 견

만약 적멸하여 보는 바가 없으면 비로소 참되게 본다[眞見]고 한다.

心境相對하야 **見生於中**하니 **若內不起心**하면
심 경 상 대　　　　견 생 어 중　　　　약 내 불 기 심
則外不生境이니
즉 외 불 생 경

마음[心]과 경계[境]가 상대하여 그 가운데 본다는 것이 생겨나니, 만약 안에서 마음을 일으키지 않으면, 곧 밖에서 경계가 생기지 않는다.

境(경) 지경, 경우, 경계 / 對(대) 대답하다, 대하다 / 起(기) 일다, 일으키다

境心俱淨하니 **乃名爲眞見**이요 **作此解時**를
경 심 구 정　　　내 명 위 진 견　　　작 차 해 시

乃名正見이며
내 명 정 견

마음과 경계가 함께 고요하니 이에 참되게 본다[眞見]고 하며, 이러한 것을 알게 될 때를 이에 바르게 본다[正見]고 하며,

---

此(차) 이, 이곳, 이것 / 乃(내) 이에, 너, 접때, 2인칭 대명사

不見一切法을 **乃名得道**라 **不解一切法**을
불 견 일 체 법　　내 명 득 도　　불 해 일 체 법

乃名解法이니라.
내 명 해 법

일체법을 보지 않음을 이에 도를 얻었다[得道]고 하며, 일체법을 이해하지 않은 것을 이에 법을 이해한다[解法]고 할 것이다.

何以故오
하 이 고

왜 그러한가?

見與不見을 **俱不見**이니
견 여 불 견　　구 불 견

본다[見]는 것과 보지 않는다[不見]고 하는 건 함께 보지 않는 것이기 때문이다.

故로 **解與不解**를 **俱不解故**로 **無見之見**이
　고　　해여불해　　구불해고　　무견지견
乃名眞見이요 **無解之解**가 **乃名大解**니라.
　내명진견　　　무해지해　　　내명대해

그러므로 안다[解]는 것과 알지 못한다[不解]는 것도 함께 알지 못하는 것이다. 그러므로 본다는 것 없이 보는 게 참되게 보는 것이요, 안다는 것 없이 아는 게 참되게 아는 것[眞解]이라 한다.

夫正見者는 **非直見於見**하고 **亦乃見於不見**이라.
　부정견자　　비직견어견　　　역내견어불견

참되게 본다고 할 때는 바로 보는 것을 볼 뿐만 아니라 또한 보지 못하는 것도 보는 경우이다.

眞解者는 **非眞解於解**하고 **亦乃解於不解**이니
　진해자　　비진해어해　　　역내해어불해

참되게 이해하는 것은 아는 것을 알 뿐만 아니라 알지 못하는 것도 아는 경우이다.

凡有所解는 **皆名不解**이요
범 유 소 해　　개 명 불 해

대개 아는 바가 있다는 것은 모두 알지 못한다는 말이다.

無所解者가 **始名正解**하나니 **解與不解**는
무 소 해 자　시 명 정 해　　　해 여 불 해
俱非解也니라.
구 비 해 야

아는 바가 없는 것을 비로소 참되게 안다고 말한다. 알고[解]
알지 못함[不解]은 모두 아는 것이 아니다.

經云하되 **不捨智慧**를 **名愚癡**라 하니
경 운　　불 사 지 혜　　명 우 치

경에 "지혜를 버리지 않는 것을 어리석음이라 한다." 하시니,

捨(사) 버리다, 베풀다, 내버려 두다 / 愚癡(우치) 매우 어리석고 못남

以心爲空하면 **解與不解俱是眞**이요 **以心爲有**하면
이 심 위 공　　해 여 불 해 구 시 진　　　이 심 위 유
解與不解俱是妄이니라.
해 여 불 해 구 시 망

마음이 공(空)해지면 아는 것[解]과 알지 못하는 것[不解]이

모두 진실[眞]이요, 마음을 가지게[有] 되면 아는 것[解]과 알지 못하는 것[不解]이 모두 허망[妄]이다.

若解時에는 **法逐人**하고 **若不解時**에는 **人逐法**하며
약 해 시 법 축 인 약 불 해 시 인 축 법

만약 알 때에는 법(法)이 사람을 좇으나 만약 알지 못할 때에는 사람이 법을 좇는다.

逐(축) 쫓다, 빠르다, 멧돼지

若法逐於人하면 **則非法成法**하고 **若人逐於法**하면
약 법 축 어 인 즉 비 법 성 법 약 인 축 어 법

則法成非法하고
즉 법 성 비 법

만약 법이 사람을 좇으면 곧 법이 아닌 것[非法]이 법이 되고, 만약 사람이 법을 좇으면 법이 법 아닌 것이 된다.

若人逐於法하면 **則法皆妄**이며 **若法逐於人**하면
약 인 축 어 법 즉 법 개 망 약 법 축 어 인

則法皆眞이니
즉 법 개 진

만약 사람이 법을 좇으면 곧 법이 모두 허망[妄]하며, 만약 법

이 사람을 좇으면 법이 모두 진실[眞]하다.

妄(망) 망령되다, 허망하다, 속이다

是以로 **聖人**은 **亦不將心求法**하고 **亦不將法求心**하며
시 이 　 성 인 　 역 부 장 심 구 법 　 　 역 부 장 법 구 심

그러므로 성인은 또한 마음[心]을 가지지 않고 법을 구하고, 또한 법을 가지지 않고 마음을 구하며,

亦不將心求心하고 **亦不將法求法**이니라.
역 부 장 심 구 심 　 　 역 부 장 법 구 법

또한 마음을 가지지 않고 마음을 구하고 또한 법을 가지지 않고 법을 구한다.

所以로 **心不生法**하고 **法不生心**하니
소 이 　 심 불 생 법 　 　 법 불 생 심

그래서 마음은 법을 내지 아니하고 법은 마음을 내지 않는다.

心法이 **兩寂故**로 **常爲在定**이니라.
심 법 　 양 적 고 　 상 위 재 정

마음과 법이 둘 다 고요하기[寂] 때문에 항상 정(定)에 있다고 한다.

衆生心生則佛法滅하고 **衆生心滅則佛法生**하고
중생심생즉불법멸　　중생심멸즉불법생

중생의 마음[衆生心]이 일어나면 곧 불법(佛法)이 멸하고, 중생의 마음이 멸하면 불법이 일어나며,

心生則眞法滅하고 **心滅則眞法生**하느니
심생즉진법멸　　심멸즉진법생

마음이 일어나면 곧 참된 법[眞法]이 멸하고, 마음이 멸하면 곧 참된 법이 일어나니,

已知一切法이 **各各不相屬**하니
이 지 일 체 법　　각 각 불 상 속

이미 일체법이 각기 서로 속하지 않음을 알라.

―――

屬(속) 붙다, 무리, 붙임

是名得道人이요
시 명 득 도 인

이를 도를 얻은 사람[得道人]이라 부른다.

知心不屬一切法하면 **此人常在道場**이니라.
지 심 불 속 일 체 법　　차 인 상 재 도 량

마음이 일체법에 속하지 아니함을 알면 이 사람은 항상 도량(道場)에 있는 것이다.

道場(도량) 불도를 닦는 곳, 도장

迷時에는 **有罪**이나 **解時**에는 **無罪**이니라.
　미 시　　유 죄　　해 시　　　무 죄

미혹할 때에는 죄(罪)가 있으나 깨달았을 때에는 죄가 없다.

何以故오.
　하 이 고

왜 그러한가?

罪性이 **空故**니라.
　죄 성　　공 고

죄의 성품[罪性]이 텅 비어 있기 때문이다.

若迷時에는 **無罪見罪**하고 **若解時**에는
　약 미 시　　무 죄 견 죄　　약 해 시

即罪無罪이니라.
　즉 죄 무 죄

만약 미혹할 때에는 죄가 없는 것[無罪]을 죄로 보고, 만약 깨달았을 때에는 죄를 죄가 없는 것임을 알게 된다.

何以故오 **罪無處所故**니라.
하 이 고　죄 무 처 소 고

어째서 그러한가? 죄에는 처소(處所)가 없기 때문이다.

處所(처소) 사람이 살거나 임시로 머무는 곳

經云하되 **諸法**이 **無性**하니 **眞用**을 **莫疑**하라.
경 운　　제 법　무 성　　진 용　막 의

疑即成罪라 하니
의 즉 성 죄

경에 "모든 법은 성품이 없으니 참된 작용[眞用]을 의심치 말라, 의심하면 곧 죄가 된다." 하셨다.

莫(막) 없다, 저물다, 부정이나 금지의 조사 / 疑(의) 의심하다, 서다, 비기다

何以故오
하 이 고

왜 그러한가?

罪因疑惑而生이니 **若作此解者**는 **前世罪業**이
죄 인 의 혹 이 생   약 작 차 해 자   전 세 죄 업

即爲消滅하나니라.
즉 위 소 멸

죄는 의혹으로 인해서 생김이니, 만약 이렇게 이해를 하는 자는 전생[前世]의 죄업을 곧 소멸하게 된다.

迷時에는 **六識五陰**이 **皆是煩惱生死法**이나
미 시   육 식 오 음   개 시 번 뇌 생 사 법

미혹할 때에는 육식과 오음이 모두 번뇌의 생사법이지만,

識(식) 알다, 적다, 기록함 / 陰(음) 응달, 말을 않다, 가리다

悟時에는 **六識五陰**이 **皆是涅槃無生死法**이니
오 시   육 식 오 음   개 시 열 반 무 생 사 법

깨달았을 때에는 육식과 오음이 모두 열반의 생사가 없는 법[無生死法]이므로

修道之人은 **不外求道**어다.
수 도 지 인   불 외 구 도

도를 닦는 사람은 밖에서 도를 구하지 말라.

何以故오 **知心**이 **是道**라.
　　　하 이 고　　지 심　　시 도

왜냐하면 마음을 아는 것이 도(道)이기 때문이다.

若得心時하면 **無心可得**이요
　약 득 심 시　　　무 심 가 득

만약 마음을 얻으려고 한다면 마음은 가히 얻을 수 없고,

若得道時하면 **無道可得**이니
　약 득 도 시　　　무 도 가 득

만약 도를 얻으려고 한다면 도를 가히 얻을 수 없다.

若言將心求道得者는 **皆名邪見**이니라.
　약 언 장 심 구 도 득 자　　개 명 사 견

만약 마음을 가지고 도를 구하여 얻었다고 말한다면 모두 사견(邪見)이다.

邪(사) 간사하다, 나머지, 느릿하다

迷時에는 **有佛有法**이나 **悟無佛無法**이니라.
　미 시　　　유 불 유 법　　　오 무 불 무 법

오성론

미혹할 때에는 부처님[佛]도 있고 법(法)도 있지만, 깨달으면 부처님도 없고 법도 없다.

何以故오 **悟即是佛法**이니라.
　하 이 고　　오 즉 시 불 법

왜 그러한가? 깨달음이 곧 부처님의 법[佛法]이기 때문이다.

夫修道者는 **身滅道成**이어늘
　부 수 도 자　　신 멸 도 성

수도(修道)는 몸을 멸하여 도를 이루는 것이다.

亦如甲折樹生이니 **此業報身**은 **念念無常**하야
　역 여 갑 절 수 생　　차 업 보 신　　염 념 무 상
無一定法하야
　무 일 정 법

또한 껍질이 갈라지면 나무가 생기는 것과 같아 이 업보(業報)의 몸은 순간순간 무상(無常)하여 하나도 정해진 법이 없다.

折(절) 꺾다, 편안한 모양 / 樹(수) 나무, 심다 / 業(업) 업, 생계, 순서, 기초

但隨念修之하되 **亦不得厭生死**하고 **亦不得愛生死**하며
　단 수 념 수 지　　역 부 득 염 생 사　　역 부 득 애 생 사

다만 순간순간을 따라서 닦되 또한 생사를 싫어하지도 말고, 또한 생사를 좋아하지도 말라.

但(단) 다만, 한갓, 부질없이 / 隨(수) 따르다, 거느리다, 몸에 지니다 / 厭(염) 싫다, 누르다, 젖다, 빠지다

但念念之中에 **不得妄想**하면 **則生證有餘涅槃**하고
단 념 념 지 중   부 득 망 상   즉 생 증 유 여 열 반
死入無生法忍[11]하리라.
사 입 무 생 법 인

단, 찰나 가운데에 모두 망상(妄想)을 부리지 않는다면, 곧 살아서는 유여열반(有餘涅槃)을 증득하고, 죽어서는 무생법인(無生法忍)에 들게 된다.

證(증) 증거, 증명하다, 법칙, 간하다 / 餘(여) 남다, 나머지, 남기다, 죄다 / 忍(인) 참다, 질기다, 잔인하다, 견디어내다

眼見色時에 **不染於色**하고
안 견 색 시   불 염 어 색

눈이 색을 볼 때에 색에 물들지 않고,

---

11 무생법인(無生法忍) : 무생(無生)의 법리(法理), 곧 불생불멸의 진여를 깨달아 알고, 거기에 안주하여 움직이지 않는 것으로 보살이 초지나 7, 8, 9지에서 얻는 깨달음을 말함. 인(忍)은 인가(認可), 인지(認知)라는 뜻으로 확실히 그렇다고 인정하는 것임.

耳聞聲時에 **不染於聲**하면 **皆解脫也**니라.
이 문 성 시　불 염 어 성　　개 해 탈 야

귀가 소리를 들을 때에 소리에 물들지 않으면 모두 해탈하게 된다.

眼不著色하면 **眼爲禪門**이요
안 불 착 색　　안 위 선 문

눈이 색에 집착하지 않으면 눈은 선문(禪門)이 되고,

耳不著聲하면 **耳爲禪門**이니
이 불 착 성　　이 위 선 문

귀가 소리에 집착하지 않으면 귀도 선문이 된다.

總而言컨대 **見色有見色性**는 **不著**이요 **常解脫**이요
총 이 언　　견 색 유 견 색 자　불 착　　상 해 탈
見色相者는 **常繫縛**이니
견 색 상 자　　상 계 박

총괄해서 말한다면 색(色)의 본성을 보는 자는 물들지 않고 항상 해탈을 이룬다. 색의 형상을 보는 이는 항상 얽매이게 된다.

總(총) 거느리다, 꿰매다, 그물, 모이다 / 繫縛(계박) 몸이나 손 따위를 움직이지 못하도록 묶음

不爲煩惱所繫縛者는 **卽名解脫**이요
불 위 번 뇌 소 계 박 자   즉 명 해 탈

更無別解脫이니라.
갱 무 별 해 탈

번뇌에 얽매이지 않는 것을 곧 해탈(解脫)이라 말하고, 결코 다른 해탈이 있는 게 아니다.

善觀色者는 **色不生於心**하고 **心不生色**하며
선 관 색 자   색 불 생 어 심   심 불 생 색

卽色與心俱淸淨이니
즉 색 여 심 구 청 정

색을 잘 관찰하면 색이 마음에서 생긴 것이 아니고, 마음이 색에서 생긴 것이 아니며 곧 색과 마음이 함께 청정한 줄 보게 된다.

無妄想時에는 **一心是一佛國**이요
무 망 상 시   일 심 시 일 불 국

망상이 없을 때에는 하나의 마음[一心]이 바로 하나의 부처님 나라[一佛國]요,

有妄想時에는 **一心是一地獄**이니라.
유 망 상 시   일 심 시 일 지 옥

망상이 있을 때에는 하나의 마음[一心]이 바로 하나의 지옥[一地獄]이다.

衆生造作妄想하야 **以心生心**으로 **故常在地獄**이나
중생조작망상　이심생심　　고상재지옥

중생이 망상을 조작(造作)하여 마음으로써 마음을 내기 때문에 항상 지옥(地獄)에 있지만

菩薩觀察妄想하야 **不以心生心**하니 **常在佛國**[12]이니라.
보살관찰망상　불이심생심　　상재불국

보살은 망상을 관찰하여 마음으로써 마음을 내지 않으니 항상 부처님 나라[佛國]에 있게 된다.

若不以心生心하면 **則心心入空**하야 **念念歸靜**하야
약불이심생심　즉심심입공　염념귀정
從一佛國으로 **至一佛國**하나니
종일불국　지일불국

만약 마음으로써 마음을 내지 않는다면 곧 마음과 마음이 공

12　불국(佛國) : 불찰(佛刹), 불토(佛土)라고 한다. 부처님의 나라, 부처님의 계시는 국토, 또는 부처님이 교화하는 국토. 정토(淨土)는 본래 불국이지만 예토(穢土)도 역시 부처님이 교화하는 곳이므로 불국이라 함.

(空)에 들어서 생각마다 고요함[靜]으로 돌아가 하나의 불국[一佛國]를 지나 하나의 부처님의 나라에 이르게 된다.

若以心生心하면 **則心心不靜**하야 **念念歸動**하야
약 심 이 생 심　　즉 심 심 부 정　　염 념 귀 동
從一地獄으로 **歷一地獄**하나니라.
종 일 지 옥　　역 일 지 옥

만약 마음으로써 마음을 내면 곧 마음과 마음이 고요하지 않아서 생각마다 움직이면, 하나의 지옥을 거쳐 또 하나의 지옥을 지나가게 된다.

歷(역) 지내다, 뛰어넘다, 모두, 만나다

若一念心起하면 **則有善惡二業**하야 **有天堂地獄**하고
약 일 념 심 기　　즉 유 선 악 이 업　　유 천 당 지 옥

만약 한 생각이 마음에서 일어나면 곧 선(善)과 악(惡)의 두 업이 있어서, 천당(天堂)과 지옥(地獄)이 있다.

若一念心不起하면 **即無善惡二業**하야
약 일 념 심 불 기　　즉 무 선 악 이 업
亦無天堂地獄이니 **爲體**는 **非有非無**니라.
역 무 천 당 지 옥　　위 체　　비 유 비 무

그러나 만약 한 생각이 마음에서 일어나지 않으면 곧 선과 악

의 두 업이 없어서 또한 천당과 지옥도 없으므로 본체[體]가 되는 것은 유(有)도 아니고 무(無)도 아니다.

在凡即有이나 **在聖即無**이니
　재 범 즉 유　　재 성 즉 무

범부에게는 있지만 성인에게는 없는 것이다.

聖人은 **無其心**하니 **故胸臆空洞**하야 **與天同量**하니
　성 인　무 기 심　　고 흉 억 공 동　　여 천 동 량

성인은 그 마음이 없기 때문에 가슴[胸臆]이 텅 비어 하늘처럼 트이니

胸(흉) 가슴, 마음, 앞 / 臆(억) 가슴, 단술, 감주

心得涅槃時에 **即不見有涅槃**이니라.
　심 득 열 반 시　즉 불 견 유 열 반

· 마음이 열반을 얻었을 때에 곧 열반이 있음을 보지 못한다.

何以故오 **心是涅槃**이니
　하 이 고　심 시 열 반

왜냐하면 마음이 바로 열반이기 때문이다.

若心外更見涅槃하면 **此名著邪見也**니라.
약 심 외 갱 견 열 반   차 명 착 사 견 야

만약 마음 밖에서 다시 열반을 본다면 이를 일러 사견(邪見)에 집착한다고 한다.

一切煩惱는 **爲如來種心**이라 **爲因煩惱而得智慧**하나니
일 체 번 뇌   위 여 래 종 심   위 인 번 뇌 이 득 지 혜

일체의 번뇌는 여래의 씨앗이니 번뇌를 인해서 지혜를 얻게 되기 때문이다.

種(종) 씨, 심다, 늦벼

只可道煩惱生如來이나 **不可得道煩惱是如來**이니라.
지 가 도 번 뇌 생 여 래   불 가 득 도 번 뇌 시 여 래

다만 번뇌가 여래를 낸다고 말할 수 있으나, 번뇌가 바로 여래라고는 말할 수 없다.

故로 **身心爲田疇**하고 **煩惱爲種子**하며
고   신 심 위 전 주   번 뇌 위 종 자

智慧爲萠牙하고 **如來喩於穀也**니라.
지 혜 위 맹 아   여 래 유 어 곡 야

그래서 몸과 마음은 밭두렁[田疇]이 되고, 번뇌는 종자(種子)가

되며, 지혜는 싹[萌牙]이 되고, 여래는 곡식[穀]에 비유하였다.

疇(주) 두둑, 논밭, 북돋우다, 무리 / 喩(유) 비유하다, 설명하다, 이해하다 / 穀(곡) 곡식, 양식, 착하다, 기르다

佛在心中함이 如香在樹中하니
불 재 심 중   여 향 재 수 중

부처가 마음 가운데에 있는 것이 마치 향기[香]가 나무 가운데에 있는 것과 같아서

煩惱若盡하면 佛從心出이요 朽腐若盡하면
번 뇌 약 진   불 종 심 출   후 부 약 진
香從樹出이니
향 종 수 출

번뇌가 만약 다하면 부처가 마음으로부터 나오고, 썩은 것이 만약 다하면 향기가 나무로부터 나오게 된다.

盡(진) 다하다, 진력하다, 정성, 죄다 / 朽(후) 썩다, 쇠하다, 썩은 냄새, 부패함 / 腐(부) 썩다, 썩이다, 악취가 나다

即知樹外無香하고 心外無佛이니라.
즉 지 수 외 무 향   심 외 무 불

그러니 나무 밖에 향기가 없듯 마음 밖에 부처가 없음을 알아야 한다.

若樹外有香이라 하면 **即是他香**이요
약 수 외 유 향　　　즉 시 타 향

만약 나무 밖에 향기가 있다면 곧 이것은 다른 향기요,

心外有佛이라 하면 **即是他佛**이니
심 외 유 불　　　즉 시 타 불

마음 밖에 부처가 있다면 곧 이것은 다른 부처이다.

心中에 **有三毒者**는 **是名國土穢惡**이요
심 중　유 삼 독 자　시 명 국 토 예 오

마음 가운데 삼독이 있다는 것은 곧 국토가 더럽다[穢惡]는 말이요,

穢(예) 더럽다, 더러운 곳, 거칠다

心中에 **無三毒者**는 **是名國土清淨**이니라.
심 중　무 삼 독 자　시 명 국 토 청 정

마음 가운데 삼독이 없다는 것은 곧 국토가 청정(清淨)하다는 말이다.

經云하되 若使國土로 不淨穢惡充滿이면
경운   약사국토   부정예오충만

諸佛世尊於中出者는 無有是處니라 하니
제불세존어중출자   무유시처

경에 "만약 국토가 깨끗하지 않고 더럽고 악한 것으로 가득 채워져 있다면 모든 부처님[諸佛]께서 그 가운데서 나온다는 것은 있을 수 없느니라." 하셨다.

不淨穢惡者는 即無明三毒是요
부정예오자   즉무명삼독시

깨끗하지 않고 더럽고 악한 것이란 바로 무명과 삼독이요,

諸佛世尊者는 即淸淨覺悟心是니라.
제불세존자   즉청정각오심시

모든 부처님이란 곧 청정하게 깨달은 마음[淸淨覺悟心]이다.

一切言語가 無非佛法이라
일체언어   무비불법

일체의 언어가 불법 아닌 것이 없다.

若能無其所言하면 而盡日言而是道요
약 능 무 기 소 언　　이 진 일 언 이 시 도

만약 능히 그 말한 바가 없으면 곧 날[日]이 다하도록 말한다 해도 이것은 도(道)요,

若能有其所言하면 即終日默而非道라
약 능 유 기 소 언　　즉 종 일 묵 이 비 도

만약 능히 그 말한 바가 있으면 곧 종일토록 침묵하여도 도가 아니다.

默(묵) 잠잠하다, 조용하다, 없다, 어둡다

是故로 如來言不乘默하고
시 고　여 래 언 불 승 묵

그러므로 여래의 말씀은 침묵과 어그러지지 않고,

乘(승) 타다, 수레, 탈것

默不乘言하며
묵 불 승 언

침묵은 말씀과 어그러지지 않으며,

言不離默이니
언 불 이 묵

말과 침묵이 다르지 않으니,

悟此言默者는 **皆在三昧**니라.
오 차 언 묵 자   개 재 삼 매

이 말씀과 침묵을 깨닫는 이는 모두 삼매에 있게 된다.

若知時而言하면 **言亦解脫**이요,
약 지 시 이 언   언 역 해 탈

만약 때를 알아 말한다면 말도 또한 해탈(解脫)이요,

若不知時而默하면 **默亦繫縛**이니
약 부 지 시 이 묵   묵 역 계 박

만약 때를 알지 못하고 침묵하면 침묵도 또한 얽매임[繫縛]이 된다.

是故로 **言若離相**하면 **言亦名解脫**이요
시 고   언 약 이 상   언 역 명 해 탈

이리하여 말이 만약 상(相)을 여의면 말도 또한 해탈이라 한다.

默若著相하면 **默亦繫縛**이니라.
묵 약 착 상　묵 역 계 박

침묵이 만약 상(相)에 집착하면 침묵도 얽매임이 된다.

夫文字者는 **本性解脫**[13]이니라.
부 문 자 자　본 성 해 탈

문자(文字)의 본래 성품은 해탈이다.

文字不能就繫縛이나 **繫縛自來就文字**이니라.
문 자 불 능 취 계 박　계 박 자 래 취 문 자

문자가 능히 얽매임[繫縛]에 나아가는 것은 아니지만, 얽매임이 스스로 문자로 나아가는 것이다.

就(취) 이루다, 좇다, 나가다, 시작하다

法無高下이어늘
법 무 고 하

법에는 높고 낮음이 없다.

13　본성해탈(本性解脫) : 그 자신이 본래 속박을 벗어나 있는 것.

若見高下하면 **非法也**이니
약 견 고 하   비 법 야

만약 높고 낮음을 본다면 이것은 법이 아니다[非法].

非法爲筏이요
비 법 위 벌

법이 아닌 것은 뗏목[筏]이요,

筏(벌) 떼, 뗏목

是法爲人이니라.
시 법 위 인

이 법은 사람[人]이 된다.

筏者는 **人乘其筏者**하야 **卽渡於非法**이 **則是法也**니라.
벌 자   인 승 기 벌 자   즉 도 어 비 법   즉 시 법 야

뗏목[筏]은 사람이 그 뗏목을 타고서 곧 법이 아닌 것[非法]을 건너가게 하는 것이므로 곧 이것이 법이다.

若世俗言컨대 **卽有男女貴賤**이나
약 세 속 언   즉 유 남 여 귀 천

만약 세속적으로 그것을 말한다면 곧 남녀(男女)와 귀천(貴賤)이 있고,

以道言之컨대 即無男女貴賤이니라.
이 도 언 지　　즉 무 남 여 귀 천

도(道)로써 그것을 말한다면 곧 남녀와 귀천이 없다.

是以로 天女悟道에 不變女形이요
이 시　　천 녀 오 도　　불 변 여 형

그러므로 천녀(天女)가 도를 깨달음에 여인의 모습을 바꾸지 않았음이요,

車匿[14]解眞에 寧離賤稱乎이리오.
차 익　　해 진　　영 이 천 칭 호

차익(車匿)이 진리를 아는 데 어찌 천하다는 명칭을 떠나겠는가?

匿(익) 숨다, 사특하다, 숨기다, 숨은 죄 / 寧(영) 편안하다, 문안하다, 공손하다 / 稱(칭) 일컫다, 저울, 기리다

14　차익(車匿) : 범어 Channa를 번역한 것으로, 천탁가(闡鐸迦)라고 음역. 싯달타 태자가 성을 떠나 고행의 첫 길을 떠날 때에 흰말 건척을 끌던 마부의 이름.

此盖非男女貴賤이요
차 개 비 남 녀 귀 천

이것은 모두 남녀와 귀천이 없음이요,

皆由一相也니라.
개 유 일 상 야

모두 하나의 형상에서 비롯되었다.

天女於十二年中에 **求女相**하야도 **了不可得**하고
천 녀 어 십 이 년 중   구 여 상   요 불 가 득

천녀가 12년 동안 여자의 모습을 구하여도 마침내 얻지 못하고,

即知於十二年中求男相하야도 **亦不可得**이니
즉 지 어 십 이 년 중 구 남 상   역 불 가 득

곧 십이 년 동안 남자의 모습을 구해도 끝내 얻지 못했음을 알라.

十二年者는 **即十二入**[15]**是也**니라.
십 이 년 자   즉 십 이 입   시 야

15 　십이입(十二入) : 십이처(十二處)와 같음. 일체의 마음 작용이 일어나게 하는 근거가 되는 곳. 인식 주관인 육근(六根)과 인식 대상인 육경(六境)을 말하며, 이 두 가지의 접촉에 따라 모든 생각이 일어남.

12년이란 것은 곧 십이입(十二入)이다.

離心無佛이요 離佛無心이니
이 심 무 불　　이 불 무 심

마음[心]을 떠나서 부처[佛]가 없고, 부처를 떠나서 마음은 없다.

亦如離水無冰이 亦如離冰無水이니라.
역 여 이 수 무 빙　역 여 이 빙 무 수

마치 물[水]을 떠나서 얼음[冰]이 없는 것과 같고, 또한 얼음을 떠나 물이 없는 것과 같다.

凡言離心者는 非是遠離於心이요
범 언 이 심 자　　비 시 원 리 어 심

마음을 떠나서 부처가 없다는 말은 마음에서 멀리 떠나지 않는 것으로

但使不著心相이니라.
단 사 불 착 심 상

다만 마음의 형상[心相]에 집착하지 않게 한 것이다.

經云하되 **不見相**이 **名爲見佛**이라 하니
경 운　　불 견 상　명 위 견 불

即是離心相也니라.
즉 시 이 심 상 야

경에 "형상[相]을 보지 않는 것이 부처를 보는 것[見佛]이니라." 하시니, 즉 이 마음의 형상을 떠난 것이다.

離佛無心者는 **言佛從心出**이니 **心能生佛**이니라.
이 불 무 심 자　언 불 종 심 출　　심 능 생 불

부처를 떠나서 마음이 없다는 것은 부처가 마음으로부터 나온다는 말로 마음이 능히 부처를 낸다는 뜻이다.

然이나 **佛從心生而心未嘗生於佛**이니
연　　　불 종 심 생 이 심 미 상 생 어 불

그러나 부처가 마음으로부터 나왔지만 마음이 일찍이 부처를 낳지 않았다.

──────
嘗(상) 맛보다, 시험하다, 일찍이, 늘

亦如魚生於水이나 **水不生於魚**이니라.
역 여 어 생 어 수　　수 불 생 어 어

마치 고기[魚]가 물[水]에서 살지만 물이 고기를 낳지 못하는 것과 같다.

欲觀於魚는 未見魚而先見水하고
욕 관 어 어   미 견 어 이 선 견 수

물고기를 보려고 하는 사람은 아직 물고기를 보지 못했지만 먼저 물을 보고,

欲觀於佛者는 未見佛而先見心이니
욕 관 어 불 자   미 견 불 이 선 견 심

부처를 보고자 하는 사람은 아직 부처를 보지 못했지만 먼저 마음을 보게 되니,

即知已見魚者는 忘於水하고
즉 지 사 견 어 자   망 어 수

已見佛者는 忘於心이니라.
사 견 불 자   망 어 심

즉, 물고기를 본 사람은 물을 잊고, 부처를 본 사람은 마음을 잊을 줄 알아야 한다.

若不忘於心하면 尙爲心所惑이요
약 불 망 어 수   상 위 심 소 혹

만약 마음을 잊지 못하면 오히려 마음에 미혹해지게 되고,

尙(상) 존중하다, 아직, 오래다 / 惑(혹) 미혹하다

若不忘於水하면 尚被水所迷이니
　약 불 망 어 수　　상 피 수 소 미

만약 물을 잊지 못하면 오히려 물에 미혹해질 것이다.

衆生與菩提가 亦如水與冰하야
　중 생 여 보 리　　역 여 수 여 빙
三毒所燒하면 即名衆生이요
　삼 독 소 소　　즉 명 중 생

중생과 보리(菩提)가 또한 물과 얼음과 같아서 삼독에 불타면 곧 중생(衆生)이라 하고,

燒(소) 사르다, 불태움

爲三界解脫所淨하면 即名菩提며
　위 삼 계 해 탈 소 정　　즉 명 보 리

삼계를 해탈하여 청정해지면 곧 보리라 한다.

爲三冬所凍하면 即名爲冰이요
　위 삼 동 소 동　　즉 명 위 빙

겨울의 석 달[三冬]에 얼면 곧 얼음[冰]이라 하지만

爲三夏所消하면 卽名爲水이니
위 삼 하 소 소   즉 명 위 수

여름의 석 달[三夏]에 녹으면 곧 물[水]이라 한다.

若捨却冰하면 卽無別水이요
약 사 각 빙   즉 무 별 수

만약 얼음을 버리고 물리치면 따로 물은 없고,

若棄却衆生하면 則無別菩提이니
약 기 각 중 생   즉 무 별 보 리

만약 중생을 버리고 물리치면 따로 보리는 없다.

明知冰性이 卽是水性이요
명 지 빙 성   즉 시 수 성

얼음의 성품이 곧 물의 성품[水性]이요,

水性이 卽是冰性이니라.
수 성   즉 시 빙 성

물의 성품이 곧 얼음의 성품[冰性]임을 분명히 알아야 한다.

衆生性者는 即菩提性也니
　중 생 성 자　즉 보 리 성 야

중생의 성품이라는 것은 곧 보리의 성품[菩提性]이다.

衆生與菩提同一性하야**只如烏頭**¹⁶**與附子共根耳**니라.
　중 생 여 보 리 동 일 성　　지 여 오 두　여 부 자 공 근 이

중생과 보리는 동일한 성품으로 마치 오두(烏頭)와 부자(附子)가 같은 뿌리인 것처럼,

但時節不同하야**迷悟二境**일새 **故**로
　단 시 절 부 동　　미 오 이 경　　고

다만 시절(時節)이 같지 아니하여 미혹함과 깨달음의 경계가 다르기 때문에

有衆生菩提二名矣니라.
　유 중 생 보 리 이 명 의

중생과 보리의 두 이름이 있을 뿐이다.

16　오두(烏頭) : 오두라고도 하는 부자(附子)는 전통 약재로 단방으로 쓰면 치명적 독이 되고, 복령[茯]·감초(甘草)와 같이 쓰면 신진대사 기능을 회복시키는 특효약이 됨. 이런 까닭으로 예부터 '묘약'으로 불려 왔음. 부자가 약이나 독이 될지는 전적으로 쓰는 사람에게 달려 있는 것.

是以蛇化爲龍에 **不改其鱗**이요
시 이 사 화 위 용　불 개 기 린

뱀[蛇]이 변해 용(龍)이 되어도 그 비늘[鱗]을 바꾸지 못하고,

鱗(린) 비늘, 비늘 있는 동물의 총칭, 배열하다

凡變爲聖에 **不改其面**하나니
범 변 위 성　　불 개 기 면

범부[凡]가 변하여 성인[聖]이 되나 그 얼굴[面]은 고쳐지지 않는다.

但知心者는 **智內照**하고 **身者**는 **戒外貞**이니
단 지 심 자　 지 내 조　　신 자　 계 외 정

다만 마음은 지혜로써 안을 비추고, 몸은 계로써 밖을 곧게 함을 알아야 한다.

衆生度佛하고 **佛度衆生**이 **是名平等**이니라.
중 생 도 불　　불 도 중 생　 시 명 평 등

중생이 부처를 제도하고 부처가 중생을 제도하는 것을 평등(平等)이라 한다.

衆生度佛者는 **煩惱生悟解**요
중생도불자   번뇌생오해

중생이 부처를 제도한다는 것은 번뇌(煩惱)가 깨달음[悟解]을 내는 것이요,

佛度衆生者는 **悟解滅煩惱**니
불도중생자   오해멸번뇌

부처가 중생을 제도한다는 것은 깨달음이 번뇌를 멸하는 것이다.

非無煩惱요 **非無悟解**니 **是知非煩惱**이면
비무번뇌   비무오해   시지비번뇌
無以生悟解요
무이생오해

그러므로 번뇌가 있으면 깨달음이 생길 수 있으니, 그러므로 번뇌가 아니면 깨달을 수 없음을 알고,

非悟解이면 **無以滅煩惱**이니라.
비오해   무이멸번뇌

깨달음이 아니면 번뇌를 멸할 수도 없는 것을 알아야 한다.

若迷時에는 佛度衆生하고 若悟時에는
약 미 시　　불 도 중 생　　약 오 시
衆生度佛이니라.
중 생 도 불

만약 미혹할 때에는 부처가 중생을 제도하고, 만약 깨달았을 때에는 중생이 부처를 제도하느니라.

何以故오 佛不自成이요
하 이 고　　불 부 자 성

왜냐하면 부처는 스스로 이루는 게 아니라

皆由衆生度故로 諸佛以無明爲父하고
개 유 중 생 도 고　　제 불 이 무 명 위 부
貪愛爲母라 하니
탐 애 위 모

모두 중생을 말미암아 제도되기 때문에 모든 부처는 무명(無明)으로써 아버지를 삼고 탐애(貪愛)로써 어머니를 삼는다고 한다.

無明貪愛가 皆是衆生別名也이니
무 명 탐 애　　개 시 중 생 별 명 야

무명과 탐애가 모두 중생의 다른 이름이다.

衆生與無明이 **亦如左掌與右掌**하야 **更無別也**니라.
중생여무명   역여좌장여우장   갱무별야

중생과 무명은 왼 손바닥과 오른 손바닥이 같아서 결코 다른 것이 아니다.

掌(장) 손바닥, 맡다, 받들다

迷時에는 **在此岸**[17]이나 **悟時在彼岸**이니
미시   재차안   오시재피안

미혹한 때에는 차안에 있으나 깨달았을 때에는 피안에 있게 된다.

若知心空不見相하면 **則離迷悟**하고
약 지 심 공 불 견 상   즉 리 미 오

만약 마음이 공(空)함을 알아 형상[相]을 보지 않으면 곧 미혹함과 깨달음을 여의고,

旣離迷悟하면 **亦無彼岸**이니라.
기 리 미 오   역 무 피 안

이미 미혹함과 깨달음을 여의면 또한 피안도 없다.

---

17 차안(此岸) : 열반인 피안(彼岸)에 상대되는 말로, 깨닫지 못하고 고생하며 살아가는 상태.

如來不在此岸하고 **亦不在彼岸**이면 **不在中流**[18]이니
여래불재차안　역부재피안　　부재중류

여래는 차안에 있지 않고, 또한 피안에 있지도 않으며, 중류(中流)에도 있지 않다.

中流者는 **小乘人也**요
중류자　소승인야

중류라는 것은 소승의 사람[小乘人]이요

此岸者는 **凡夫也**요 **彼岸者**는 **菩提也**니라.
차안자　범부야　피안자　보리야

차안이란 것은 범부(凡夫)요, 피안이란 것은 보리(菩提)이다.

佛有三身[19]**者**하니 **化身報身法身**이라
불유삼신　자　　화신보신법신

부처님께서는 세 가지 몸[三身]이 있으시니, 화신(化身), 보신(報身), 법신(法身)이다.

18　중류(中流) : 생사의 차안(此岸)과 열반의 피안(彼岸) 사이를 흐르는 번뇌를 가리킴.
19　삼신(三身) : 범어 trī-kāya를 번역한 것으로 법신(法身, dharma-kāya)·보신(報身, sambhoga-kāya)·응신(應身, nirmāṇa-kāya)을 말함. 응신은 화신(化身)이라고도 함. 그리고 법상종에서 주장하는 삼신설로는 자성신(自性身)·수용신(受用身)·변화신(變化身)이 있음.

化身亦云應身이니
화 신 역 운 응 신

화신은 또 응신이시니

若衆生常作善時하면 **卽化身現**하고
약 중 생 상 작 선 시   즉 화 신 현

만약 중생이 항상 선근(善根)을 지으면 곧 화신으로 나타나시고,

修智慧時卽報身現하며 **覺無爲卽法身常現**하나니
수 지 혜 시 즉 보 신 현   각 무 위 즉 법 신 상 현

지혜(智慧)를 닦으면 곧 보신으로 나타나시어 무위(無爲)를 깨달으면 곧 법신으로 나타나신다.

飛騰十方隨宜救濟者는 **化身佛也**이요
비 등 시 방 수 의 구 제 자   화 신 불 야

시방(十方)을 날아올라[飛騰] 마땅히 해야 할 바를 구제하시는 분은 화신불(化身佛)이요.

騰(등) 오르다, 올리다, 타다, 도약하다 / 隨(수) 따르다, 거느리다, 몸에 지니다, 따라서 / 宜(의) 마땅하다, 형편이 좋다, 마땅히 ~할 만하다

斷惑修善하야**雪山成道者**는**報身佛也**이요
　단 혹 수 선　　설 산 성 도 자　　보 신 불 야

미혹을 끊고 선을 닦아 설산(雪山)에서 성도하신 분은 보신불(報身佛)이요,

無言無說하야**湛然常住者**는
　무 언 무 설　　담 연 상 주 자

法身佛也니라.
　법 신 불 야

말함이 없고 설함이 없어서 항상 맑게[湛然] 머무는 분은 법신불(法身佛)이시다.

湛(담) 즐기다, 가득히 차다, 잠기다

若論至理컨대 **一佛尚無**이어늘 **何得有三**이리오
　약 론 지 리　　일 불 상 무　　　하 득 유 삼

만약 지극한 이치를 논한다면 한 부처님도 오히려 없거늘, 어찌 세 분이 있다 하겠는가?

此言三身者는 **但據人知**하야 **有上中下**하니
　차 언 삼 신 자　　단 거 인 지　　　유 상 중 하

여기서 말하는 삼신(三身)이라는 것은 다만 사람의 지혜에 의

거하여 상, 중, 하가 있기 때문이다.

謂(위) 이르다, 생각하다, 이름 / 據(거) 의거하다, 움키다, 근거로 삼다

下智人은 **妄興福力**하야 **妄作化身佛**하고
하 지 인　망 흥 복 력　　망 작 화 신 불

지혜가 낮은 사람[下智人]은 헛되이 복력(福力)을 일으켜서 헛되이 화신불을 짓고,

中智人은 **妄斷煩惱**하야 **妄作報身佛**하며
중 지 인　망 단 번 뇌　　망 작 보 신 불

지혜가 중간인 사람[中智人]은 헛되이 보리를 증득하여 헛되이 법신불을 지으며,

上智人은 **妄證菩提**하야 **妄作法身佛**이나
상 지 인　망 증 보 리　　망 작 법 신 불

지혜가 높은 사람[上智人]은 헛되이 보리를 증득하여 헛되이 법신불을 지으며,

上上智人은 **內照圓寂**하야 **明心即佛**하고
상 상 지 인　내 조 원 적　　명 심 즉 불

不待心而得佛이니라.
　부 대 심 이 득 불

지혜가 최상인 사람[上上智人]은 안으로 둥글고 고요함[圓寂]을 비추어서 마음을 밝혀 곧 부처이니, 마음으로 상대하여 부처가 되는것은 아니다.

三身與萬法은 **皆不可取**이며 **不可說**이니
　삼 신 여 만 법　　개 불 가 취　　　불 가 설

삼신과 만법(萬法)이 모두 가히 취할 수 없고 가히 설할 수 없는 것이다.

此即解脫心於大道也니라.
　차 즉 해 탈 심 어 대 도 야

이것이 바로 대도를 성취한 해탈의 마음이다.

經云하되 **佛不說法**하고 **不度衆生**하며
　경 운　　　불 불 설 법　　　부 도 중 생

不證菩提라 함이 **此之謂矣**니라.
　부 증 보 리　　　　차 지 위 의

경에 "부처는 법을 설하지 않고 중생을 제도하지 않으며 보리를 승득하지도 않느니라."라고 하신 말씀은 바로 이것이다.

衆生造業하야 **業造衆生**하고
중생조업　업조중생

중생이 업을 지어서 업이 중생을 만드는 것이다.

今世造業하야 **後世受報**가 **無有脫時**하니
금세조업　후세수보　무유탈시

금세(今世)에 업을 지어서 후세(後世)에 과보[業]를 받는 것이 벗어날 때가 없으니,

唯有至人은 **於此身中**에 **不造諸業故**로 **不受報**니라.
유유지인　어차신중　부조제업고　불수보

오직 지극함이 있는 사람은 이 몸 안에 모든 업을 짓지 않기 때문에 과보를 받지 않는다.

經云하되 **諸業不造**하면 **自然得道**라 하니
경운　제업부조　자연득도

豈虛言哉이리오
기허언재

경에 "모든 업(業)을 짓지 않으면 자연히 도(道)를 얻느니라." 하시니, 어찌 헛된 말씀이겠는가?

豈(기) 즐기다, 바라다, 일찍이 / 虛(허) 비다, 비우다, 틈 / 哉(재) 어조사, 비로소, 재앙, 처음으로

人能造業이나 **業不能造人**이니
　인 능 조 업　　업 불 능 조 인

사람은 업을 지을 수 있지만 업은 사람을 지을 수 없으니,

人若造業하면 **業與人俱生**하고
　인 약 조 업　　업 여 인 구 생

사람이 만약 업을 지으면 업과 사람이 함께 생겨나고,

人若不造業하면 **業與人俱滅**이니
　인 약 부 조 업　　업 여 인 구 멸

사람이 만약 업을 짓지 않으면 업과 사람이 함께 멸한다.

是知業由人造하야 **人由業生**이로다.
　시 지 업 유 인 조　　인 유 업 생

이는 업이 사람으로 말미암아 지어져서 사람이 업으로 인해서 생겨났음을 알아야 한다.

人若不造業하면 **即業無有人生也**이니
　인 약 부 조 업　　즉 업 무 유 인 생 야

사람이 만약 업을 짓지 않으면 업이 사람을 말미암아 니오지 않을 것이고,

亦如人能弘道이나 **道不能弘人**이니라.
　　역 여 인 능 홍 도　　　도 불 능 홍 인

역시 사람이 도(道)를 넓힐 수 있으나 도가 능히 사람을 넓히지 못하는 것과 같다.

今之凡夫가 **往往造業**하고 **妄說無報**라 하니
　금 지 범 부　　왕 왕 조 업　　　망 설 무 보

豈不苦哉아
　기 불 고 재

요즘 보통 사람[凡夫]들이 때때로[往往] 업을 짓고도 망령되게 과보가 없다고 말하니 어찌 괴롭지 않겠는가?

若以至義論之컨대 **前心造後心報**를 **何有脫時**리오
　약 이 지 의 논 지　　전 심 조 후 심 보　　하 유 탈 시

만약 지극한 이치로써 논하건대, 앞마음[前心]이 짓고 뒷마음[後心]이 과보를 얻으니 어찌 벗어날 때가 있겠는가?

若前心不造하면 **即後心無報**이어늘
　약 전 심 부 조　　즉 후 심 무 보

亦安得妄見業報哉리오
　역 안 득 망 견 업 보 재

만약 앞 마음이 짓지 않으면 곧 뒷 마음이 과보가 없으니 또한 어찌 망령되게 업보(業報)를 볼 수 있겠는가?

經云하되 **雖信有佛**이나 **言佛苦行**이라 하면
경 운   수 신 유 불   언 불 고 행

是名邪見이요
시 명 사 견

경에 "비록 부처님께서 계신다고 믿으나 부처님께서 고행하셨다고 말한다면 이것은 삿된 견해[邪見]라 한다.

邪(사) 간사하다, 나머지, 느릿하다

雖信有佛이니 **言佛有金鏘**[20] **馬麥之報**[21]라 하면
수 신 유 불   언 불 유 금 장 마 맥 지 보

是名信不具足하며 **是一闡提**[22]라 하니
시 명 신 불 구 족   시 일 천 제

비록 부처님께서 계신다고 믿더라도 부처님께 금장(金鏘)과 마맥(馬麥)의 과보가 있다고 말한다면 믿음이 구족하지 못한

20 　금장(金鏘): 금으로 만든 창.
21 　마맥지보(馬麥之報): 부처님께서 마맥을 먹게 된 인연이『중본기경(中本起經)』『불식마맥품(佛食馬麥品)』제15(大正藏 4권, p.162c~)에 나옴. '부처님께서 수란연(隨蘭然)마을에 이르러, 브라만인 아기달(阿祇達)의 청을 받기로 약속하였다. 그런데 마군(魔群)에 미혹되어 이를 행치 않으려 함을 알고, 마부(馬夫)가 바치는 마맥(馬麥)을 석 달 동안 먹었다. 나중에 아기달은 이를 알고 부처님께 사죄하여 법안정(法眼淨)을 얻게 되었다. 이때 부처님은 여러 비구들에게 부처가 마맥을 먹게 된 인연을 설했다.'라고 함.
22 　일천제(一闡提): 이칸티카(icchantika)의 음역. 선근(善根)이 끊어진 자[斷善根], 불교의 신심을 갖고 있지 않은 자[信不具足]라고 한역. 불성(佛性), 즉 부처가 될 가능성이 없다는 의미에서 무성(無性)이라고도 함. 그러나『열반경』에서는 '일체의 중생이 모두 불성을 갖고 있다(一切衆生悉有佛性)'고 하여 궁극적으로는 이들도 성불할 수 있다고 봄.

것이라 하고, 이것을 일천제(一闡提)다."라고 하셨다.

鏘(장) 금옥소리, 금옥이 부딪혀 나는 소리 / 麥(맥) 보리, 묻다, 작다

解聖法者는 名爲聖人이요
해 성 법 자 명 위 성 인

성인의 법을 이해하는 자는 성인이 된다고 하고,

解凡法者는 名爲凡夫라
해 범 법 자 명 위 범 부

범부의 법을 이해하는 자는 범부가 된다고 한다.

但能捨凡就聖法하면 卽凡夫가 成聖人矣니라.
단 능 사 범 취 성 법   즉 범 부   성 성 인 의

다만 범부의 법을 버리고 성인의 법에 나아갈 수 있으면 곧 범부가 성인이 된다.

世間愚人은 但欲遠求聖人하고
세 간 우 인 단 욕 원 구 성 인

不信慧解之心爲聖人也니라.
불 신 혜 해 지 심 위 성 인 야

세간의 어리석은 사람은 다만 멀리서 성인을 구하려 하고, 깨

달은 지혜로운 마음[慧解之心]이 성인임을 믿지 않는다.

愚人(우인) 어리석은 사람 / 欲(욕) 하고자 하다, 바라다, 탐내다

經云하되 **無智人中**에 **莫說此經**하라 하니
경 운　　무 지 인 중　　막 설 차 경

경에 "지혜가 없는 사람 가운데에서 이 경을 설하지 말라." 하시니

此經者는 **心也**이며 **法也**이니
차 경 자　심 야　　법 야

이 경은 마음이며 법이다.

無智之人은 **不信此心解法**하야 **成於聖人**하고
무 지 지 인　불 신 차 심 해 법　　성 어 성 인

지혜가 없는 사람은 이 마음이 법을 알아 성인이 되는 것을 믿지 않고,

但欲遠求外學하야 **愛慕空中香色等事**하니
단 욕 원 구 외 학　　애 모 공 중 향 색 등 사

다만 멀리 밖에서 배움을 구하고자 하여 허공 가운데서

향기와 색 등의 일을 좋아하니

慕(모) 그리워하다, 뒤따르다, 바라다, 높이다

皆墮邪見하야 **失心狂亂**이니라.
　개 타 사 견　　실 심 광 난

모두 삿된 견해에 떨어져서 마음을 잃고 광란[狂亂]의 상태가 된다.

墮(타) 떨어지다, 무너지다, 깨뜨리다, 들어가다

經云하되 **若見諸相非相**하면 **即見如來**라 하니
　경 운　　약 견 제 상 비 상　　즉 견 여 래

경에 "만약 모든 형상[相]이 형상이 아니라고 본다면 곧 여래를 보리라." 하시니,

八萬四千法門이 **盡由一心而起**라.
　팔 만 사 천 법 문　　진 유 일 심 이 기

팔만사천 법문이 다 일심(一心)으로 말미암아 일어난 것이다.

盡(진) 다하다, 진력하다, 정성

若心相內淨하야 **猶如虛空**하면
약 심 상 내 정　　유 여 허 공

만약 마음의 형상[心相]이 안으로 깨끗하여 마치 허공과 같아지면

即出離身心內에 **八萬四千煩惱爲病本也**라.
즉 출 리 신 심 내　　팔 만 사 천 번 뇌 위 병 본 야

곧 몸과 마음 안의 팔만사천 번뇌병(煩惱病)의 근본을 벗어나게 된다.

凡夫當生憂死하고 **臨飽愁飢**하니 **皆名大惑**이니라.
범 부 당 생 우 사　　임 포 수 기　　개 명 대 혹

범부는 살아서는 죽음을 근심하고 배부르면 굶주림을 근심하니, 모두 크게 미혹된 것이다.

愁(수) 시름, 슬퍼하다 / 飢(기) 주리다, 기아, 흉년, 모자라다

所以로 **至人不謀其前**하고 **不慮其後**하야
소 이　　지 인 불 모 기 전　　불 려 기 후

그러므로 지극한 사람은 그 앞을 도모하지 않고 그 뒤를 염려하지 않으며,

謀(모) 꾀하다, 일을 물어 의논하다 / 慮(려) 생각하다, 조사하다, 사려함, 검토함

無戀當今하니 **念念歸道**로다.
무 연 당 금   염 념 귀 도

현재를 연연하지 않고 순간순간 도에 돌아갈 뿐이다.

夜坐偈云
야 좌 게 운

一更[23]**端坐結跏趺**하야 **怡神寂照胸同虛**로다
일 경   단 좌 결 가 부   이 신 적 조 흉 동 허

曠劫由來不生滅커늘 **何須生滅滅生渠**리오
광 겁 유 래 불 생 멸   하 수 생 멸 멸 생 거

一切諸法皆如幻하야 **本性自空那用除**리오
일 체 제 법 개 여 환   본 성 자 공 나 용 제

若識心性非形像하면 **湛然不動自如如**[24]니라
약 식 심 성 비 형 상   심 연 부 동 자 여 여

일경(一更)에 결가부좌로 단정히 앉아서
맑은 정신[怡神]으로 고요히 비추니 가슴이 허공과 같구나.
광겁(曠劫)에 본래 생멸이 없었거늘
어찌 모름지기 생멸이 저를 멸하거나 생기게 하리오.
일체의 모든 법은 모두 환상과 같아서

---

23 일경(一更) : 하룻밤을 오경(五更)으로 나눈 첫째 부분. 저녁 7시에서 9시 사이로, 초경(初更)이라고도 함.
24 여여(如如) : 범어 tathatā를 번역한 것으로 그와 같은 것, 본래 그러한 것, 생멸변화(生滅變化)하지 않는 것 등의 의미를 가진 말로서 사물의 진실한 실상을 가리킴.

본성이 스스로 공(空)할 뿐이니 어찌 제거하려 하리오.
만약 심성(心性)이 형상(形像)이 아닌 줄 안다면
고요히 그 자리에 움직이지 않고 저절로 여여(如如)하리라.

二更凝神轉明淨하야　不起憶想眞如性이로다
이 경 응 신 전 명 정　　불 기 억 상 진 여 성
森羅萬像便歸空하니　更執有空還是病이니라
삼 라 만 상 변 귀 공　　갱 집 유 공 환 시 병
諸法本自非空有나　　凡夫妄想論邪正하니
제 법 본 자 비 공 유　　범 부 안 상 론 사 정
若能不二[25]其居懷하면　誰道即凡非是聖이
약 능 불 이　기 거 회　　수 도 즉 범 비 시 성

이경(二更)에 정신을 집중하여 더욱 밝고 깨끗해서
생각[憶想]을 일으키지 않으면 진여의 성품이요
삼라만상이 함께 공(空)으로 돌아가니
다시 공(空)이 있다 집착하면 도리어 병이니라.
모든 법이 본래 스스로 공(空)과 유(有)가 아님이나
범부의 망상으로 사(邪)와 정(正)을 논하니
만약 능히 둘이 아닌 이치를 품고 살아간다면
누가 곧 범부가 성인이 아니라고 말하겠는가?

25　불이(不二) : ① 두 개가 대립함이 없음. ② 일실(一實)의 이치가 평등하여 피차의 분별이 없음.

三更心淨等虛空하야 遍滿十方無不通하니
삼 경 심 정 등 허 공　　편 만 시 방 무 불 통
山河石壁無能障하고 恒沙世界在其中이로다
산 하 석 벽 무 능 장　　항 사 세 계 재 기 중
世界本性眞如性이요 亦無本性即含融이니
세 계 본 성 진 여 성　　역 무 본 성 즉 함 융
非但諸佛能如此라 有情之類普皆同이로다
비 단 제 불 능 여 차　　유 정 지 류 보 개 동

삼경(三更)에 마음은 깨끗하기가 허공과 같아서
온 시방에 두루 통하지 않는 게 없으며,
산하(山河)와 석벽(石壁)이 능히 막을 수 없고
항하사 세계도 그 가운데에 있도다.
세계의 본래의 성품[本性]은 진여의 성품이요,
또한 본성 없는 것을 곧 원융(圓融)하게 포함하니
비단 모든 부처님도 이와 같은 뿐만 아니라
유정(有情)의 무리도 두루 다 한가지로다.

四更無滅亦無生하야 量與虛空法界平이라
사 경 무 멸 역 무 생　　양 여 허 공 법 계 평
無去無來無起滅이며 非有非無非暗明이니
무 거 무 래 무 기 멸　　비 유 비 무 비 암 명
無起諸見如來見이요 無名可名眞佛名이라
무 기 제 견 여 래 견　　무 명 가 명 진 불 명

唯有悟者應能識이나 **未會衆生猶若盲**이로다
유유오자응능식　　　미회중생유약맹

사경(四更)에 멸함이 없고 또한 생함이 없어서
양(量)이 허공과 더불어 법계에 평등함이라.
오고, 가고, 일어나고, 멸함이 없으며
유(有), 무(無), 어둡고 밝음[明暗]도 아니니
제견을 일으키지 않는 것이 여래지견이요
이름 붙일 이름이 없는 것이 진불의 이름이네.
오직 깨달은 자만이 응당 잘 알 것이요
알지 못하는 중생은 마치 눈먼 자 같네.

五更般若照無邊하야 **一念不起歷三千**이로다
오경반야조무변　　　일념불기역삼천
欲見眞如平等性인댄 **愼勿生心即目前**이니라
욕견진여평등성　　　신물생심즉목전
妙理玄奧非心測하니 **不用尋逐令疲極**하라
묘리현오비심측　　　불용심축령피극
若能無念即眞求요 **更若有求還不識**이니라
약능무념즉진구　　　갱약유구환불식

오경(五更)에 반야가 끝없이 비추어
한 생각 일으키지 않고 삼천 세계를 지나감이로다.
진여(眞如)의 평등한 성품을 보고자 한다면
삼가 마음을 일으키지 말지니 곧 눈앞[目前]이니라.
묘한 이치[妙理]는 그윽하고 오묘[玄奧]하여

마음으로 헤아릴 수 없으니
지극히 피곤하게 찾아 쫓지 말지어다.
만약 능히 무심(無心)하면 곧 참된 구함이지만
다시 만약 구함이 있으면 도리어 알지 못하리라.

眞性頌
진 성 송

圓明淨至身은　滅照忘空理로다
원 명 정 지 신　　멸 조 망 공 리

緣情性離眞하고 極妙常終始로다
연 정 성 리 진　　극 묘 상 종 시

원만하여 밝고 맑은 지극한 몸은
비춤[照]도 없애고 공(空)한 이치도 잊음이로다.
망정[情]으로 인연한 성품은 참됨[眞]을 여의고
지극한 묘[極妙]는 마침과 시작이 항상 하도다.

悟性論 終

　　　　始　圓　明　淨
　　終　　　　　　　　　空
　妙　　　　　　　　　　　滅
　極　　　　　　　　　　　闇
　眞　　　　　　　　　　　方
　　腫　　　　　　　　　晝
　　　　日　夜　盡　明

부록
참사람 결사문

참
사
람
결
사
문

참사람은 자각한 사람의 참모습입니다. 따라서 참사람은 유물(唯物)에도 유심(唯心), 무의식, 하느님, 불조(佛祖)에도 구속받지 아니하며 전혀 상(相)이 없이 일체상(一切相)을 현성(現成)함으로써 현성한 것에나, 현성하는 자체에도 걸리지 않습니다. 또 공간적으로는 광대무변한 세계를 형성하고, 시간적으로는 영원 무한한 역사를 창조하는 절대주체입니다.

현대사회는 과학문명의 발전으로 물질이 풍부해지고 교통, 통신, 정보가 편리하게 바뀌었습니다. 하지만 인간이 주체성을 잃고 욕망만을 추구하는 결과를 가져오고 말았습니다. 따라서 인류는 지금 멸망하느냐 생존하느냐는 문명사적인 한계 상황에 놓여 있습니다. 이 시점에서 인류를 구제할 수 있는 사상은 어디에도 걸림 없는 자유자재한 '참사람주의'뿐입니다.

참사람 입장에서는 욕망적 인간이나 이성적 인간은 생사를 벗어날 수 없는 생명으로 봅니다. 이 생사적 생명이 절대 부정되어 크게 죽어서[大死], 다시 절대 긍정되어 크게 살아나는[大活] 데에 영원의 생명이 소생하는 사람의 참모습이 있습니다. 이 경우 크게 죽음[大死]이나 크게 살아남[大活]은 모두의 자각적 경험입니다. 이 경험은 시간적, 공간적 경험이 아니라 시공을 초월해서 시공의 근원이 그 스스로 이룩하는 경험이나 주체적, 선험적 경험이라 하겠습니다.

이 참사람 생명관은 시간, 공간을 초월한 영원의 생명관으로 모든 인간, 모든 생물, 나아가 대자연까지 절대적 존엄성을 지니고 있다고 봅니다. 그러므로 모든 생물과 대자연을 존중하고 보호하여야 합니다.

참사람은 일체의 한정(限定)을 끊고 형상을 끊을 뿐만 아니라 무한의 자기 부정을 자유로 하는 것이므로, 무(無)라고도 합니다. 무한하게 자기 부정하는 무에서 무한의 능동적 적극성이 나오므로 주체라고 합니다. 이 주체는 무한히 자기 부정하고, 무한히 자기 실현하여 일체 중에 자유자재하게 활동합니다.

이 근원적 주체적 참사람은 세계를 형성하고 역사를 창조하는 작용을 합니다.

능동적 주체로서 참사람은 어디에도 걸림 없이 자유자재합니다. 우리가 참사람으로 살 때 이 참사람은 현대 과학문명의 노예로 전락한 인류를 해방시킬 수 있습니다.

현재의 인간생활은 번잡번망(煩雜繁忙)하기 짝이 없으며, 전 지구적으로 욕망철학이 유행하고 있습니다. 인간이 욕망대로 살아간다면 질서가 파괴되고 사회가 혼란하게 됩니다. 더구나 사회생활의 기본이 되는 가정까지 파괴되고 있으니 인류의 미래는 참으로 우울한 빛깔을 띠고 있습니다. 그러나 참사람 주의로 세계를 건설하고 역사를 창조한다면 멸망에 처한 인류를 구제할 수 있습니다.

참사람 근본구조는 인류를 초월하면서 개별적으로는 무애자재(無碍自在)합니다. 참사람은 사심과 사리사욕이 없어, 진실하고 공명정대하면서 한량없는 자비심이 저절로 우러나옵니다. 이러한 참사람의 사회는 서로 신의를 지키고 서로 존중하며 서로 도와 평화스러운 세계를 건설할 수 있습니다.

현대의 최대문제는 지구환경의 파괴와 생태계의 오염이라고 할 수 있습니다. 산성비라든가 오존층 파괴라든가 사막의 증대화라든가 공기 오염, 강과 바다의 수질오염 등은 인류의 생존에 위협을 줄 뿐만 아니라 지구상의 모든 생물에게도 심각한 영향을 주고 있습니다. 이것은 현대과학문명의 원리바탕이 되고 있는 서양철학이 인간에 의한 자연 지배를 합리화하고 있기 때문입니다.

그런데 참사람 입장에서는 인간과 대자연을 불이일체(不二一體)로 보며, 영원의 생명으로 보고 있습니다. 이 입장에서 인간이 대자연을 잘 보호하고 존중한다면 지구환경 파괴와 생태계 오염을 막을 수 있고 나아가 전 지구를 청정불국토(清淨佛國土)로 장엄할 수 있습니다.

현대의 세계평화문제는 인류가 멸망하느냐 생존하느냐 하는 문제일 뿐 아니라, 지구상의 모든 생물까지도 전멸하느냐 생존하느냐 하는 절대적 위기의 문제입니다.

현대인들은 세계사를 발전의 관점에서 보는 듯합니다. 현대는 모순과 대립이 내포되어 있는데 이 모순과 대립이 서로 투쟁하여 이루어진 결과를 이른바 '발전'이라고 보는 것입니다.

그러한 사람들이 강력히 주장하는 것은 변증법적(辨證法的) 목적론의 역사관입니다. 하지만 그런 역사관으로는 진실한 평화는 성

취할 수 없습니다. 지금, 여기에서의 평화는 있을 수 없고 항상 미래에 이루어질 수 있다고 기대할 뿐입니다.

그런데 참사람에 있어서 평화는 바로 지금 현재입니다. 여기에서 대립과 모순은 바로 이 본래적(本來的) 자비 평화를 바탕으로 하여 존재하고 있는 것입니다. 한 예로 가정의 사랑을 들 수 있는데, 한 가정의 사랑은 미래에 이루어질 수 있는 것이 아니라 항상 현재에 있습니다. 가족의 의견이 서로 다를 수 있지만, 이것을 투쟁으로 해결하려고 하면 가정파탄이 올 터인데 사랑의 바탕에서 해결하려고 하면 가정을 지킬 수 있는 것입니다. 기독교에서는 절대적 사랑(아가페)은 신만이 가지고 있고 인간은 신의 절대적 사랑에서 파생된 이차적인 것이라 하겠습니다.

하지만 참사람은 절대적 사랑의 주체로서 사람은 누구나 본래 자비의 주체입니다. 신의 절대적 사랑은 신과 인간사이의 불평등한 주종적 관계를 전제로 하고 있지만, 참사람의 참사랑은 횡적 넓이의 평등이며, 종적 깊이의 평등입니다.

이와 같이 횡(橫)과 종(縱)으로 평등한 것이 참으로 평등의 자비이며 무연대비(無緣大悲)라고 할 수 있습니다. 이것은 애견(愛見)의 자비가 아니라 대지혜를 근거로 하는 절대 평등의 사랑이라고 할 수 있습니다. 이 자비는 대안심(大安心)의 경지이니 절대 근원적 인간의 주체입니다.

현재 세계는 세계화를 부르짖고 있습니다만, 지금까지 '국가'라고 하는 것은 범세계적인 근거에서 성립된 것이 아니라 세계와는 별개의 입장에서 성립된 것입니다. 그래서 세계를 위한 국가가 아니라 도리어 국가를 위한 세계가 되어 버렸습니다.

이렇게 되면 국가지상주의가 되어 국가간의 이해관계에 문제가 생길 때는 결국 국가이기주의로 나아가지 않을 수 없습니다. 이런 경우 이기주의적 국가를 간섭하고 조정할 수 있는 초국가적 국제연합체가 있더라도 결국에 가서는 간섭하고 조정할 수 없는 것이 현실입니다.

현대에는 초국가적이라고 하는 국제법도 국가이기주의의 한계 내에서만 효력을 발생할 뿐 최후에 가서는 권위를 갖지 못하고 결국 유린당하고 맙니다. 세계와 국가의 관계는 개체 사이를 연결시켜 주는 이상적인 조화를 상실했습니다. 그래서 세계 평화가 항상 위협받고 있는 것이 현실입니다.

초국가적 기관이라고 하는 국제연합은 현재의 '국가'라고 하는 것이 의연히 존속하고 있는 한, 양적으로는 모든 국가를 한데 엮어 놓았을 뿐, 질적으로는 개별국가의 국가이기주의 속성을 그대로 드러낸 채 오히려 국가이기주의의 각축장이 되어 버렸습니다. 초국가적 기관은 현재의 국가들이 전일적 일(全一的一)로 돌아가서 전체적 일(全體的一)의 가운데로 해소해 버리는 근본적 부정이 있지 아니하면 본질적으로 성립될 수 없다고 하겠습니다.

지금까지는 개별국가가 절대주체가 되어 있었지마는, 이번에는 역으로 세계가 주체가 되어서 그 세계의 자기 한정으로 된 자치기관 같은 것이 내부로부터 자발적으로 만들어져서 그것이 '질적으로 다른 새로운 국가'로 형성되어져 나와야 합니다.

참사람은 절대적 주체로서 본래로 자비의 주체이며 지금 현재의 주체입니다. 따라서 참사람은 자비를 동기로 해 행위합니다.

인간의 참모습은 본래로 참사람이니, 모든 인간이 자비로 행위할 때 이 지구는 종횡무진하게 자비의 그물로 포용된 세계가 됩니다.

그래서 폭력성, 잔악성이 살아 있는 현실세계를 절대적 사랑의 자비로 포용하여 우애로운 세계를 건설합시다.

현대의 진보에 대한 신념은 과학의 발전에 의해 더욱 지지되고 있습니다. 생산력의 증대, 교통, 통신, 정보력의 비약적 발전으로 현대인은 역사가 진보하고 있다고 신앙하고 있습니다. 과학을 발전시킴으로 인간은 무한히 진보한다고 믿고 있습니다.

근대주의자, 시민주의자, 미래주의자는 진보의 신념으로 살고 있습니다. 오늘의 지성인은 진보적이라는 것을 자랑으로 여기며 '보수적'이라는 말은 '반동적'이라는 의미와 같게 되어 악(惡)의 의미를 띠게 되었습니다.

현재의 젊은이들이 나이 먹은 사람들을 시대에 뒤떨어진 것으로 보고 존경하지 않는 것은 이것을 반영하는 풍조입니다. 그런데 이제는 인간과 이성의 진보의 신념을 가지고는 인류가 살아남을 수 없다는 것을 많은 지성인들이 이야기하고 있습니다.

결론적으로 인류역사는 역사창조 원리가 어떠한가, 또 거기에 따르는 역사창조가 어떠한가에 의해서 흥할 수도 있고 망할 수도 있으며, 발전할 수도 있고 퇴보할 수도 있습니다.

인류가 훌륭하게 잘 살려면 인간주의도 초월하고 신의 노예로부터도 자유로이 해방되어 어디에도 걸리지 아니하고 활발발(活鱍鱍) 무애자재하며 융통무변(融通無變)한 참사람주의로 새 역사를 창조해야 하겠습니다.

참사람을 확철대오(廓徹大悟)해서 참사람에게도 걸리지 아니하여 호호탕탕(浩浩蕩蕩) 자유자재하게 되지는 못하더라도 참사람 서원에 따라 새 역사를 창조하여 진실하고 행복한 세계를 건설합시다.

참
사
람
서
원

1. 무상무주(無相無住)의 참 나를 깨달아 자비로운 생활을 합시다.

2. 어디에도 걸림 없이 자유자재하여 세계 인류가 평등하고 평화스럽게 사는 역사를 창조합시다.

3. 자기와 인류와 생물과 우주가 영원의 유일생명체(唯一生命體)이면서 각각 별개이므로 서로 존중하고, 서로 도와서 집착 없이 진실하고 바르게 행하며 아름다움을 사랑하는 세계를 건설합시다.

지은이 보리달마

인도 출신이지만 남북조 시대에 중국으로 건너와 활동한 선승으로, 중국 선종의 초조(初祖)이자 석가모니 부처님으로부터 28대 조사로 꼽힌다. 산스크리트어로는 보디다르마(Bodhi-dharma), 한역하여 보리달마(菩提達磨), 또는 달마(達磨)라고 부른다. 남인도 향지국(香至國) 왕의 셋째 아들로 태어났으나 출가하여 반야다라 존자에게 가르침을 받았다. 520년경 중국 광주로 들어와 남경에서 양(梁) 무제(武帝)를 만나 문답한 후, 양자강을 건너 북위의 숭산(崇山) 소림사(少林寺)에 가서 9년 동안 벽관(壁觀)하였다고 한다. 소림사에 머물 때 훗날 선종 2조가 되는 혜가(慧可)와의 만남에 대한 이야기가 유명하다. 혜가에게 『능가경(楞伽經)』과 가사를 주면서 그의 법을 전하고 입적하였다고 한다. 행적에 대해서는 수많은 전승설화가 존재하지만 정확한 전기는 알려지지 않았다. "달마어록"이라는 이름으로 전해지는 기록은 보리달마의 법문을 모은 것으로, 그가 입적한 당시가 아닌 후대에 기록된 것이다.

옮긴이 일수(一守)

스물세 살에 우연히 만난 스님을 따라 대흥사로 출가하였다. 본사는 백양사, 은사 스님은 학봉 지선 스님. 1983년 해인사 강원과 1984년 해인사 율원을 졸업하고, 해인사 선원에서 첫 안거를 시작한 후, 통도사, 불국사, 봉암사, 백양사, 수도암, 칠불사, 태안사, 천은사, 혜운정사, 인제 용화선원 등 제방 선원에서 70안거를 성만했다. 백양사 운문선원 선원장 및 유나, 서울 성북동 법천사 운문선원 선원장, 조계사 자율선원 선원장을 역임하였다. 현재 백양사 고불선원 수좌로 수행 정진하고 있다.

달마어록
초기 선종의 사상을 엿보다

2020년 12월 15일 초판 1쇄 발행
2023년 1월 27일 초판 2쇄 발행

지은이 보리달마 • 옮긴이 일수
발행인 박상근(至弘) • 편집인 류지호 • 상무이사 김상기 • 편집이사 양동민
책임편집 김소영 • 편집 김재호, 양민호, 권순범, 최호승, 하다해 • 디자인 쿠담디자인
제작 김명환 • 마케팅 김대현, 이선호 • 관리 윤정안
콘텐츠국 유권준, 정승채
펴낸 곳 불광출판사 (03169) 서울시 종로구 사직로10길 17 인왕빌딩 301호
　　　　대표전화 02) 420-3200 편집부 02) 420-3300 팩시밀리 02) 420-3400
　　　　출판등록 제300-2009-130호(1979. 10. 10.)

ISBN 978-89-7479-871-0 (03220)

값 28,000원

잘못된 책은 구입하신 서점에서 바꾸어 드립니다.
독자의 의견을 기다립니다. www.bulkwang.co.kr
불광출판사는 (주)불광미디어의 단행본 브랜드입니다.